弗布克工作手册系列

供应链管理职位工作手册

弗布克 编著

人民邮电出版社
北　京

图书在版编目（CIP）数据

供应链管理职位工作手册 / 弗布克编著. -- 北京：
人民邮电出版社，2022.10
　（弗布克工作手册系列）
　ISBN 978-7-115-59989-6

　Ⅰ. ①供… Ⅱ. ①弗… Ⅲ. ①供应链管理—手册
Ⅳ. ①F252.1-62

中国版本图书馆CIP数据核字(2022)第161038号

内 容 提 要

　　本书从供应链组织设计、业务运营、管理提升三个层面，对供应链管理的各项工作如合同管理、支付管理、风险管理、绩效管理、客户管理、过程管理等进行了详细介绍。本书兼具时效性、操作性与工具性，在提供相应的供应链管理理论知识的同时，还辅以大量的模板和示例，为供应链管理者提供了一套可以落地实施的整体化解决方案，有利于其提升业务水平和管理水平。

　　本书适合企业供应链管理人员、中高层管理人员、企业咨询师及培训师使用，也可以作为开设供应链管理课程的院校的教材。

　◆ 编　　著　弗布克
　　责任编辑　陈　宏
　　责任印制　彭志环
　◆ 人民邮电出版社出版发行　　　　　北京市丰台区成寿寺路 11 号
　　邮编 100164　电子邮件 315@ptpress.com.cn
　　网址 https://www.ptpress.com.cn
　北京市艺辉印刷有限公司印刷
　◆ 开本：787×1092　1/16
　　印张：18　　　　　　　　　　　　2022 年 10 月第 1 版
　　字数：300 千字　　　　　　　　　2022 年 10 月北京第 1 次印刷

定　价：79.80 元

读者服务热线：（010）81055656　印装质量热线：（010）81055316
反盗版热线：（010）81055315

广告经营许可证：京东市监广登字 20170147 号

"弗布克工作手册系列" 序

"弗布克工作手册系列"图书旨在为企业员工提升岗位技能、细化工作任务、明确工作规范。书中将岗位工作**目标化、制度化、流程化、技能化、方法化、案例化、方案化**，为读者提供各种可以借鉴的范例、案例、模板、制度、流程、方法和工具，以帮助读者提升岗位技能和高效执行工作。

技能是强国之基、立业之本。技能人才是支撑中国制造、中国创造的重要力量。在**"技能提升"**和**"技能强企"**行动中，企业每个岗位都急需一套可以"拿来即用、学了能用"的培训教材，企业可以通过提升技能提高各岗位人员的执行力和工作效能。而只有**落实到位、高效执行、规范执行、依制执行、依标执行**，才能确保企业合规运营，提高企业的运营效能，进而增强企业的核心竞争力。

提质增效是企业核心竞争力的体现。企业如果没有一套合理的**执行体系、标准体系、规范体系、制度体系**和**流程体系**，不将每项工作通过具体的方法、方案、方式落地，那么一切管理都会浮于表面、流于形式，成为**"表面化"**管理和**"形式化"**管理。

本系列图书通过岗位**职责清晰化、工作流程化、管理制度化、执行方案化**，使**"人事合一""岗适其人，人适其事"**。其中，通过明晰职责，让读者知道自己具体应当干什么事情，需要什么技能，需要哪些工具；通过细化执行，让读者知道自己应该怎么干，思路是什么，方案是什么，应该关注哪些关键环节和关键问题；通过制度、流程、方法、方案设计，让读者知道自己应该遵循哪些标准和程序，应该按照哪些规范去执行工作。

本系列图书具有以下三个鲜明的特点。

（1）拿来即用。本系列图书按照有思路、有规划、有方案、有方法、有工具的"五有

1

原则"进行编写，读者可根据自己企业的实际情况，对适用的内容拿来即用。

（2）拿来即改。本系列图书提供的各种模板，包括但不限于制度、流程、方案、办法、细则、规范、文书、报告，读者都可以根据自己企业的实际情况修改使用或者直接套用。

（3）拿来即参。对于不能拿来直接使用或者修改后使用的模板，读者可以用作自己工作的参考，学习这种设计的思路，掌握模板背后的设计思维，运用这种思维去解决工作中的实际问题。

因此，本系列图书不仅适合基层员工使用，也适合管理者使用。

北京弗布克管理咨询有限公司

2022 年 7 月

前言

《供应链管理职位工作手册》是"弗布克工作手册系列"中的一本，是首次被纳入该系列。

伴随着供应链的发展，供应链管理能力已经成为企业核心竞争力的一部分。鉴于此，弗布克从组织设计、业务运营、管理提升这三个角度出发，编写了这本《供应链管理职位工作手册》，以供执行者参考、管理者借鉴和新人学习。

本书第一章介绍了供应链组织设计。作者从组织架构设计到职能与职责设计，从定岗定编定员到任职资格设计和岗位说明书设计，对相关内容做了详细介绍。此外，作者还提供了拿来即用的组织架构、职能分解、三定、任职资格和岗位说明书模板，为供应链企业的管理者、执行者提供了可以参考的样例。

本书第二章系统地介绍了供应链管理的八大业务运营环节，为供应链业务运营者梳理了工作内容，整理了问题，总结了痛点，提供了制度，设计了流程，给出了工具，分享了经验；为供应链业务执行者提供了可以借鉴的模板和样例。

本书第三章到第八章分别介绍了供应链管理中的合同管理、支付管理、风险管理、绩效管理、客户管理和过程管理共六个方面的内容，不仅为管理者介绍了供应链管理体系、制度、流程、案例、方法、技巧，而且从过程控制、过程协同、过程监管等角度详细分析了供应链过程管理中应该控制什么、协同什么、监管什么。

本书第九章从精益、精细、精进这三个角度介绍了供应链管理模型和方法。精益、精细、精进既是市场对供应链管理提出的新要求，也是供应链管理的发展趋势。

本书遵循从组织到业务再到管理的整体设计思路，为供应链组织设计、业务学习和管理提升提供了一个整体解决方案。希望本书对读者业务水平和管理水平的提升会有一定的帮助。

在使用本书时，读者可根据自己企业的实际情况和工作具体要求，对书中提供的范例、制度、流程、技巧、方法进行适当的修改，以使其更符合企业实际，从而提高供应链管理工作成效。

书中的不足之处，敬请广大读者指正。

北京弗布克管理咨询有限公司

2022 年 7 月

|目录|

第 2 章
供应链业务运营

第8章
供应链过程管理

第 9 章
供应链精益精细精进管理

第1章
供应链组织设计

1.1 组织架构设计

1.1.1 设计供应链组织架构时应考虑的因素

设计通用组织架构时应考虑的因素主要包括企业发展战略、文化理念、技术、人力资源、企业规模及企业所处的发展阶段等方面。设计供应链组织架构时应重点考虑以下八个因素。

1.协同管理

供应链协同管理就是利用协同原理，针对供应链上各节点企业的合作所进行的管理，是供应链上各节点企业为了提高供应链的整体竞争力而进行的彼此协调和相互努力，以实现供应链系统协调并产生协同效应。

在进行供应链组织架构设计时必须考虑协同管理，协同管理主要包括战略协同、信息协同、生产协同、仓储协同、物流协同等方面的协同。

2.控制管理

供应链控制管理主要是针对供应链风险所进行的管理，在进行供应链组织架构设计时要考虑如何识别风险、分析风险、评估风险，并对风险进行控制。

3.高效管理

高效管理是在限定的时间内精确地把产品送到精确的地点。为了保质保量地将产品送到客户或经销商的手中，在进行供应链组织架构设计时必须考虑高效管理。

4.风险管理

供应链风险主要源于供给、需求、环境、政策等因素。为了确保供应链整体流程的安

1

全、高效，在设计供应链组织架构时往往要考虑规避风险。

5. 绩效管理

在进行供应链组织架构设计时要包含对供应链整体运营绩效的实时评价和分析，绩效管理不仅包括对内部绩效的衡量，还包括对外部绩效及供应链综合绩效的衡量。

6. 改善管理

为使供应链整体达到最优，企业要对供应链进行改善，减少供应链内部消耗，实现整体利益最大化。

7. 供应商管理

供应商对供应链组织架构设计的影响体现在采购物资的质量、交货的时间、供应渠道的稳定程度、物资流通能力等方面。

8. 客户管理

为了建立、维护和发展稳定的客户关系，企业的全部经营生产活动都要从满足客户的需求出发，提供客户所需的产品和服务。

1.1.2 制造企业的供应链组织架构设计

设计制造企业的供应链组织架构时主要关注企业生产、制订生产计划、监控产品质量。制造企业的供应链组织架构如图 1-1 所示。

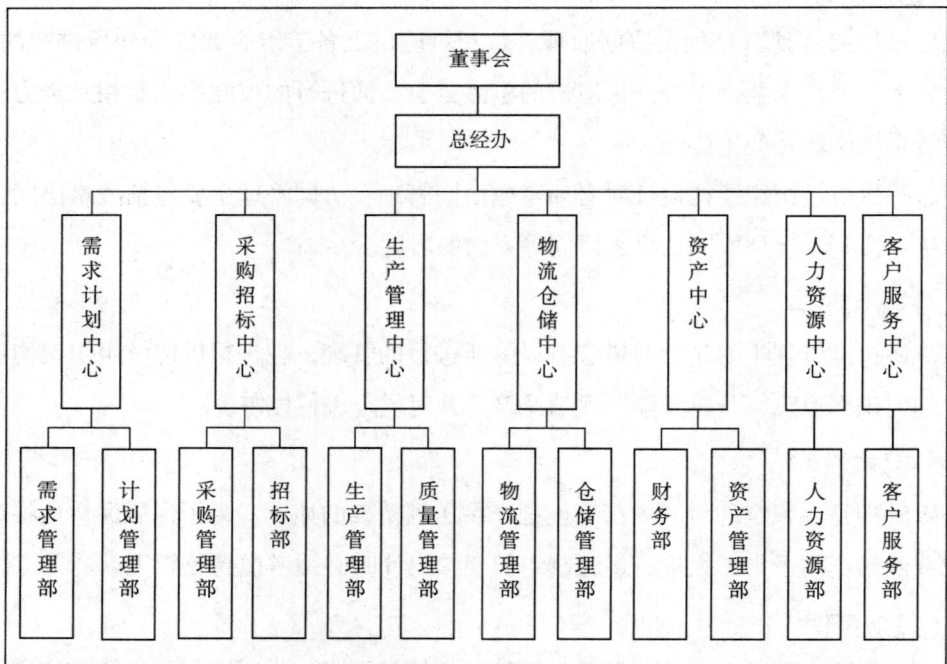

图 1-1　制造企业的供应链组织架构

1．1．3　零售和快消品企业的供应链组织架构设计

设计零售企业的供应链组织架构时主要关注如何将产品或服务提供给消费者或组织。零售企业的供应链组织架构如图 1-2 所示。

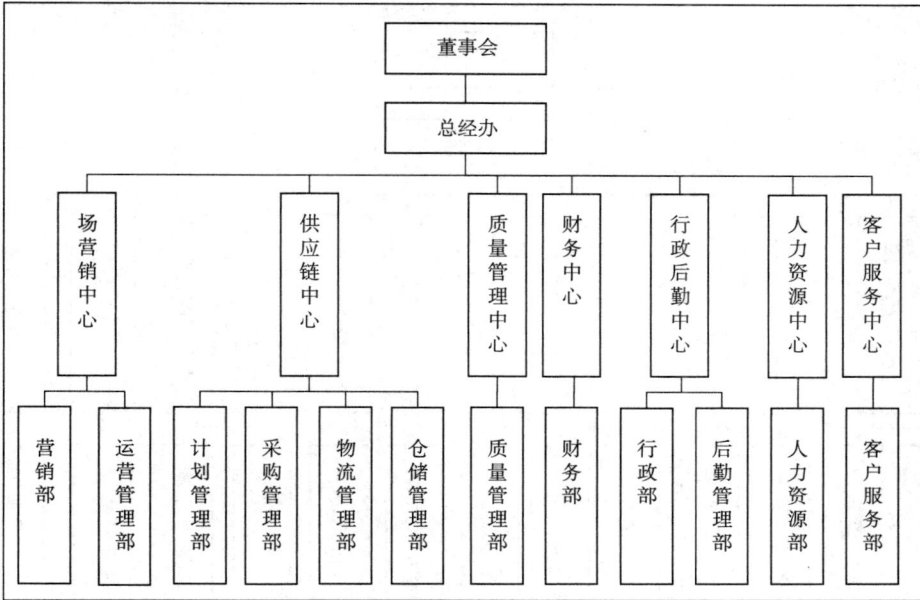

图 1-2　零售企业的供应链组织架构

设计快消品企业的供应链组织架构时主要关注如何将消费品送到客户手中。快消品企业的供应链组织架构如图 1-3 所示。

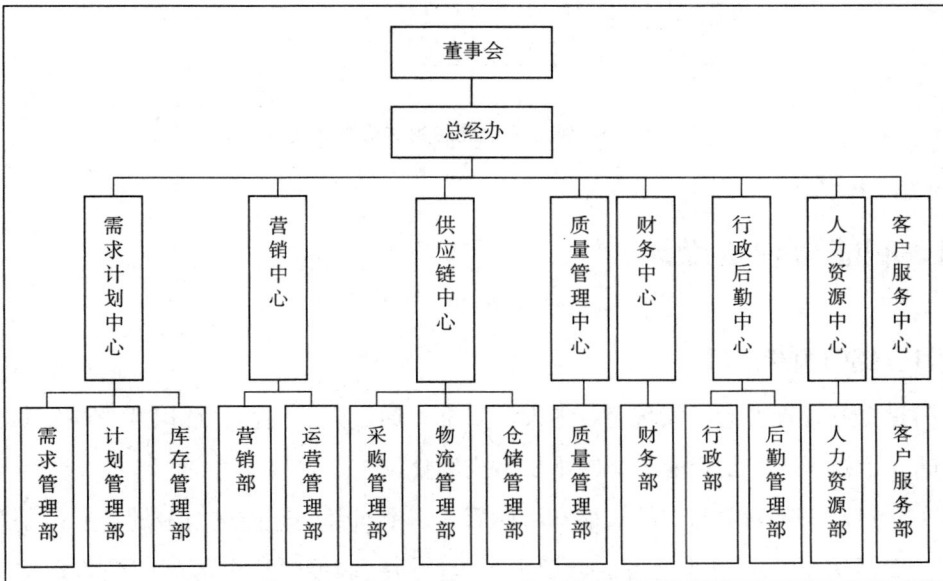

图 1-3　快消品企业的供应链组织架构

1．1．4　供应链企业通用的组织架构设计

设计供应链企业通用的组织架构时主要围绕计划、采购、生产、仓储、交付、物流等功能来设置部门，具体如图1-4所示。

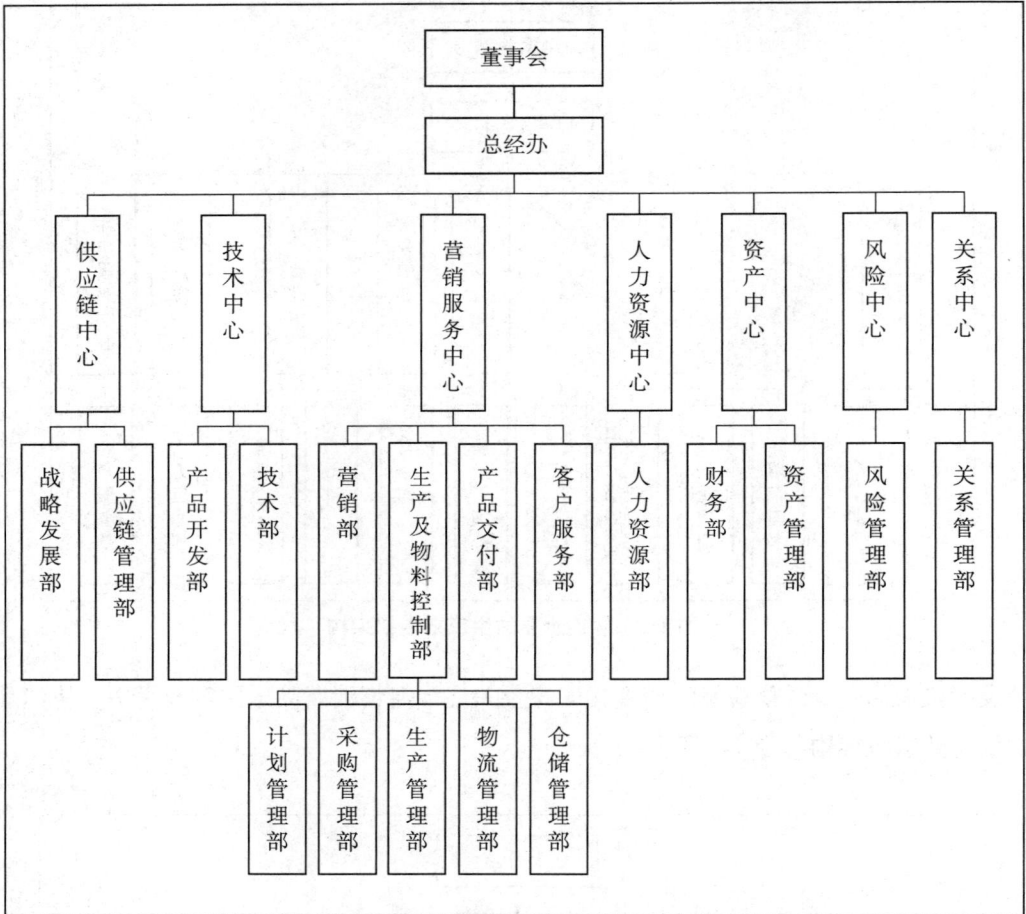

图 1-4　供应链企业通用的组织架构

1．2　职能与权责设计

1．2．1　部门职能分解

部门是企业管理者为了实现企业的发展目标，通过分工协作、承担某一部分工作职能而构建的一个组织，它是企业组织的重要组成部分。

在实践中，企业确定部门的职能和目标后，需要对部门职能进行分解，并编制职能分解表。一般情况下，部门职能可以分解为三级。一级职能是这个部门应该承担的主要职

能，二级职能是完成一级职能所需要完成的工作内容，三级职能是为了完成二级职能所需要做的一些具体工作事项。

相关部门的职能分解如下。

1．战略发展部

根据企业所处的经济环境和发展目标，供应链企业的战略发展部主要负责拟定企业的战略发展方向并监督战略的实施。战略发展部职能分解如表 1-1 所示。

表 1-1　战略发展部职能分解

一级职能	二级职能	三级职能
制定愿景与战略	评估外部环境	◆ 收集行业和地区的经济发展趋势信息 ◆ 了解国家对相关产业的态度和扶持政策 ◆ 开展市场调研活动，了解竞争对手的产品信息和相关优势 ◆ 围绕战略目标，甄别符合条件的供应商
	评估内部环境	◆ 根据企业的组织架构，分析企业的组织特征 ◆ 围绕企业的生产经营活动，分析企业的内部运营状况 ◆ 围绕新兴技术，分析企业所用的系统和技术 ◆ 识别企业核心竞争力
	建立战略愿景	通过评估内外部环境建立战略愿景
管理业务战略	评估战略方案	◆ 企业经营模式或市场环境发生变化时，评估现有战略方案 ◆ 制定考察标准，围绕目标或战略结果开展各项评估活动
	制定可持续战略	◆ 制定战略的过程应贯彻环保、节能、绿色的可持续发展理念 ◆ 了解并遵守经营所在地的法律法规
管理战略举措	制定战略举措	◆ 根据战略目标的优先级制定战略举措 ◆ 基于业务价值或客户价值制定战略举措 ◆ 与利益相关方进行研讨，制定战略举措
	评估战略举措	◆ 确定每个战略优先级的业务价值 ◆ 确定每个战略优先级的客户价值
	选择战略举措	◆ 对战略举措的优先级进行排序 ◆ 与利益相关方沟通选择战略举措
	执行战略举措	按照优先级执行战略举措

2．产品开发部

供应链企业的产品开发部主要负责确定客户的开发需求、与供应商确定产品开发计划、对供应商提供的产品进行测试和准备交付，以及对产品发布后的事项进行管理，包括确定产品的修订计划、管理产品的生命周期、管理专利和版权等事项。产品开发部职能分解如表 1-2 所示。

表 1-2　产品开发部职能分解

一级职能	二级职能	三级职能
研究产品（服务）	进行产品（服务）研究	◆ 识别开发产品（服务）的新技术 ◆ 评估新兴技术融入产品（服务）的可行性
	生成产品（服务）概念	◆ 收集或分析新产品（服务）的相关需求 ◆ 评估新产品（服务）需求的可行性 ◆ 识别已有产品（服务）可改进的方面
开发产品（服务）	沟通需求，开发产品（服务）	◆ 沟通产品（服务）的设计或具体开发需求，确定开发产品（服务）的设计规格、型号、大小、交付期限、预算等 ◆ 选择合适的供应商开发产品（服务） ◆ 评估产品（服务）的可行性
	测试产品（服务）	◆ 研究市场供需情况，确定产品（服务）是否符合市场需求 ◆ 邀请客户对产品（服务）进行测试，调查客户的满意度并获得相关意见和建议 ◆ 根据市场调查和利益相关方需求确定技术改进要求
	交付产品（服务）	◆ 确定产品（服务）交付的具体流程和要求 ◆ 负责安装和验证产品（服务）的交付流程
管理产品（服务）	管理产品（服务）组合	◆ 针对市场需求情况评估客户已有产品（服务）的绩效 ◆ 负责确认产品（服务）是否与企业的业务战略相匹配 ◆ 根据客户需求或消费者反馈提供产品（服务）的修订计划
	管理产品（服务）的生命周期	◆ 负责制订新产品（服务）的开发计划、按期导入新产品（服务），终止过期的产品（服务） ◆ 负责识别和优化绩效指标，评估并审查产品（服务）
	管理专利、版权和监管要求	◆ 负责关注市场同类产品，评估产品专利和版权侵权情况 ◆ 保护产品（服务）的产权和版权，确定监管要求
	管理产品（服务）数据	◆ 负责对已开发的产品（服务）的相关物料清单进行归档保存 ◆ 负责管理和维护质量检验文件及工艺规格数据

3. 营销部

供应链企业的营销部主要负责分析客户意向、市场趋势和市场情报，设计营销策略，制定具体的销售方案。营销部职能分解如表 1-3 所示。

表 1-3　营销部职能分解

一级职能	二级职能	三级职能
理解市场和客户	分析客户和市场情报	◆ 研究客户和市场，分析市场、行业趋势及竞争对手 ◆ 评估企业现有的产品（服务），评估企业内外部业务环境
开发、管理营销计划	开发营销预算	◆ 确定与企业业务战略相匹配的营销计划 ◆ 核算营销成本，制定营销预算

（续表）

一级职能	二级职能	三级职能
开发、管理营销计划	管理定价	◆ 根据销量预测定价，执行定价计划 ◆ 根据市场需求和客户反馈评估定价绩效，根据绩效评估结果优化定价计划
	管理推广活动	◆ 组织人员按照计划执行推广活动 ◆ 根据推广活动效果评估推广活动绩效
制定销售策略	开发销售预测	◆ 收集并整理企业当前和历史订单信息，分析销售趋势和模式 ◆ 根据分析结果，生成销售预测
	开发销售预算	◆ 计算产品的市场份额及营业额，确定可变成本和固定成本 ◆ 计算产品的净利润，核定总体销售预算
管理销售计划	管理潜在客户或机会	◆ 抓住市场趋势，获取潜在客户或机会 ◆ 确定并满足客户需求
	管理销售提案、投标和报价	◆ 优化客户需求，获取客户的计划、报价请求并进行评估 ◆ 理解客户业务和要求，制定解决方案和交付方式，向客户展示投标、计划、报价 ◆ 探讨并修订投标、计划、报价
	管理销售订单	◆ 接收和处理客户的销售订单，收集和维护客户信息 ◆ 处理订单售后需求和订单查询等工作
	管理销售合作伙伴	◆ 为销售合作伙伴提供销售支持、产品及服务培训 ◆ 为销售合作伙伴提供营销资料

4. 生产及物料控制部

供应链企业的生产及物料控制部主要负责制订生产计划和控制生产进度，负责物料的计划、采购、物流、仓储和废料处理等事项。生产及物料控制部职能分解如表 1-4 所示。

表 1-4　生产及物料控制部职能分解

一级职能	二级职能	三级职能
供应链资源计划	管理产品（服务）需求	与客户确定产品（服务）需求，详细探讨需求细节
	创建物料计划	◆ 寻找合适的供应商，了解其关键物料和供应能力 ◆ 签订合同、确定违约条款，与供应商生成约束条件
	制订生产计划	◆ 根据客户需求和供应商供货时间制订生产计划 ◆ 监督生产计划的执行，维护和管理生产计划
	制定质量标准和程序	◆ 确定物料和产品存放场地及对环境的要求 ◆ 管理调度，调整计划，按时交付 ◆ 管理供应成本，降低不必要的开支，节省成本
采购物料和服务	开发采购策略	◆ 明确采购的要求和数目，制订采购计划 ◆ 制定库存战略，按照批次或时间分批购入

（续表）

一级职能	二级职能	三级职能
采购物料和服务	选择供应商	◆ 选择多家供应商，对供应商的物料质量、价格及供应商的信用、口碑进行评估 ◆ 确定重要条款和违约事项，与供应商及客户商议并签订合同
	订购物料和服务	◆ 根据物料需求，批准采购申请 ◆ 实时跟踪供应商报价、交货方式和交货时间 ◆ 创建采购订单，监督订单的实施及完成情况
	管理供应商	◆ 定期管理供应商信息，评估供应商供货绩效，及时与不合格的供应商解除合同 ◆ 监控已交付物料的质量和数目
制造产品	安排生产	◆ 制订详细的生产计划 ◆ 按照订单需求，合理安排生产和创建批次 ◆ 监督产品生产线，汇报和解决生产问题 ◆ 根据产品生产成果和产品质量，评估生产绩效
	测试质量	◆ 测试产品前校验测试设备，按照标准程序对产品进行测试，获得准确的产品测试结果 ◆ 记录测试结果，跟踪和分析不合格产品的原因和解决措施
管理物流和仓储	设计运输方案	◆ 沟通外包需求，设计物流网络，合理安排物流路线和运输方式 ◆ 优化运输安排和成本，降低不合理的支出，提高企业效益
	管理进料流	◆ 做好物料的接收工作，物料入库前核对物料的质量、数目、产品型号和批次 ◆ 评估进料交付绩效，提出改进计划 ◆ 沟通不合格物料的处理工作，管理退回物料流
	运作仓储	◆ 掌握库存配置的信息，了解进料的存储信息和适宜环境 ◆ 接收、检验和存储进料，减少入库过程中的损耗 ◆ 管理实际成品库存、及时处理呆废料，降低库存成本
	管理出货运输	◆ 交付产品前，按照订单对出货产品进行最后的检验 ◆ 跟踪供应商，管理运输队伍，确定产品是否按时交付到客户手中，评估交付绩效

5. 交付管理部

供应链企业的交付管理部主要负责按时将产品交付到客户指定的地点。交付管理部职能分解如表 1-5 所示。

表 1-5 交付管理部职能分解

一级职能	二级职能	三级职能
制定服务交付策略	进行服务交付治理	◆ 建立和维护服务交付质量和管理系统，管理服务交付的发展和方向 ◆ 评估服务交付绩效，寻求客户对于服务交付满意度的反馈

（续表）

一级职能	二级职能	三级职能
管理服务交付资源	管理服务交付资源需求	◆ 探讨交付需求和交付方式 ◆ 监测生产活动，预测交付时间，制订交付计划
	创建服务交付资源计划	识别供应商的能力和关键资源，与供应商合作，进行技能和产能上的辅助
	提供服务交付资源	◆ 制订服务交付培训计划，对相关工作人员开展交付培训，主要包括交付运营培训和交付技术培训 ◆ 评估培训效果，对工作人员进行业务和能力测试
管理交付服务	启动服务交付	◆ 评审签订的合同和协议条款，确定交付时间和地点及交付产品信息 ◆ 根据订单选择和分配资源，启动服务交付计划
	执行服务交付	◆ 分析产品所需环境和客户需要，执行服务交付 ◆ 在交付过程中，根据出现的问题及时制定解决方案并实施 ◆ 评估解决方案的效果，提出相应的改进措施
	完成服务交付	◆ 负责对服务交付活动进行评审，评估交付活动是否成功 ◆ 负责财务管理活动，对发票和账款进行回收 ◆ 管理服务交付完成度，按照合同条款确认完成情况 ◆ 更新系统，更改状态，对服务交付记录进行归档保存

6．客户服务部

供应链企业的客户服务部主要负责帮助企业维护客户资源，防止客户流失，为客户提供良好的售后服务。客户服务部职能分解如表 1-6 所示。

表 1-6 客户服务部职能分解

一级职能	二级职能	三级职能
管理客户服务	管理客服人员	◆ 根据客户的售后需求预测客服联系量，合理安排客服工作 ◆ 跟踪客服的问题解决率和客户满意度 ◆ 监控并评估客服与客户的沟通质量，完善服务质量，提高服务效率
	管理客户服务问题、请求和查询	◆ 接收客户问题、请求和查询，保留客户的信息，以便后续联系 ◆ 分析并整理问题、请求和查询，对问题进行分类并将其提交给质量管理部 ◆ 将解决方案反馈给客户，并让客户对解决方案做出评价
	管理客户投诉	◆ 接受客户的投诉意见，将投诉反馈给相关部门进行分析 ◆ 提供解决方案，客服及时回复客户的投诉 ◆ 分析和归类客户投诉意见，寻找相似问题并提出解决措施
	管理退货流程	◆ 对于因企业生产造成的质量问题而提出的退回请求，批准予以退货 ◆ 监督退货的各个流程并记录退货原因 ◆ 报告监管机构存在的事故和风险

一级职能	二级职能	三级职能
管理售后服务	处理保修要求	◆ 接收客户的保修要求，向客户详细了解产品信息和问题 ◆ 调查产品问题，确定责任方，批准或拒绝保修要求 ◆ 拒绝保修或保修结束后，关闭请求并记录存档
管理客户满意度	寻求客户反馈	◆ 征求客户对客服解决问题的反馈、意见和建议 ◆ 分析客户服务数据，发现客户需求导向，寻求改进机会 ◆ 向产品管理层提交客户反馈，为新产品开发提供依据
	衡量客户满意度	◆ 征求客户关于投诉处理和解决方法的反馈，分析客户投诉数据并发现改进机会 ◆ 衡量客户对产品（服务）的满意度

7．人力资源部

供应链企业的人力资源部主要负责通过各种渠道招聘企业所需人才并进行入职培训、管理员工的薪酬福利绩效、处理劳动纠纷等。人力资源部职能分解如表 1-7 所示。

表 1-7　人力资源部职能分解

一级职能	二级职能	三级职能
制定人力资源战略、制订人力资源计划	制定人力资源战略	◆ 根据各部门工作需求制定人力资源战略 ◆ 确定人力资源成本，减少不必要的损耗
	制订人力资源计划	◆ 根据业务需求确定人力资源的具体要求，制订人力资源计划 ◆ 根据需求确定具体的培训计划 ◆ 制定和管理人力资源政策，开发和实施人力资源战略
管理员工招聘	启动招聘计划	◆ 启动招聘计划，编写和维护工作说明书 ◆ 根据简历接收情况或岗位变动及时修改职位招聘广告
	招聘员工	◆ 通过多种渠道和方法进行招聘，外部招聘可通过招聘软件或企业官网进行，内部招聘可采用推荐、自荐等方式接收简历并回复应聘者问题 ◆ 发布招聘信息，开展招聘活动 ◆ 评估和筛选招聘员工，排除不合格的人选 ◆ 制定推荐标准，员工推荐按照流程进行 ◆ 管理招聘渠道，定期关闭招聘效果不明显的渠道
	筛选候选人	◆ 指定面试时间，对候选人进行面试 ◆ 根据岗位需求选择或拒绝候选人
培养和辅导员工	管理员工绩效	◆ 根据员工的工作进度和完成度管理和评价员工绩效 ◆ 按照市场发展趋势定期评估和评审员工的绩效计划
	管理员工指导	◆ 制订员工培养计划，协助员工制定职业规划 ◆ 根据员工技能和胜任力，合理规划发展方向和晋升渠道
	管理员工培训	◆ 制订学习计划，培养员工胜任更深层次工作的能力 ◆ 执行和管理员工的培训计划，培训结束后，对员工进行培训测评，判断其是否达成培训目标

（续表）

一级职能	二级职能	三级职能
奖励员工	制定激励制度	◆ 根据企业发展和市场需求确定薪酬结构 ◆ 制定激励制度，奖励和激励员工，提高员工的工作积极性
	管理员工福利	◆ 制订员工福利计划，员工按照标准登记福利需求 ◆ 人力资源部审核需求，向符合要求的员工发放福利

8．技术部

供应链企业的技术部主要负责管理客户的信息技术，开发和维护客户关系，并针对信息技术问题提出解决方案。技术部职能分解如表 1-8 所示。

表 1-8　技术部职能分解

一级职能	二级职能	三级职能
管理信息技术业务	制定信息技术业务战略	◆ 识别企业长期的信息技术需求，制定企业信息技术业务战略 ◆ 选择合适的信息技术开发战略供应商 ◆ 设计合理的信息技术治理组织和流程
	评估信息技术业务绩效	监控信息技术绩效指标，评估信息技术业务绩效
管理信息技术客户关系	调整信息技术服务和解决方案	◆ 研究信息技术服务和解决方案以解决业务和用户需求 ◆ 将业务和用户需求转化为信息技术服务和解决方案的需求 ◆ 评估、选择信息技术服务和解决方案
	管理信息技术客户满意度	◆ 接收客户反馈、投诉，调查并分析客户满意度 ◆ 评估客户满意度，基于客户满意度进行技术改进
	开发、维护信息技术服务和解决方案架构	◆ 创建信息技术服务和解决方案架构 ◆ 修订信息技术服务和解决方案架构 ◆ 废止信息技术服务和解决方案架构
设计信息技术解决方案	管理信息技术开发策略	◆ 制定信息技术开发策略 ◆ 制定信息技术开发流程、方法和标准 ◆ 选择信息技术开发工具
	制定、测试信息技术解决方案	◆ 确定信息技术的具体要求 ◆ 设计信息技术相关解决方案 ◆ 测试信息技术解决方案
	维护信息技术解决方案	◆ 理解信息技术改善的要求，分析信息技术缺陷 ◆ 设计、变更已有的信息技术解决方案 ◆ 测试变更的信息技术解决方案

9．财务部

供应链企业的财务部主要负责财务预算、核算，处理应收账款和应付账款，管理企业的固定资产和薪资发放，进行财务报销等事项。财务部职能分解如表 1-9 所示。

表 1-9　财务部职能分解

一级职能	二级职能	三级职能
财务管理与会计核算	核算成本	◆ 核算库存，核算内容包括库存成本和库存产品 ◆ 核算产品成本、销售成本，计算产品利润
	管理成本	◆ 确定企业进行的主要活动，衡量关键成本 ◆ 管理资产资源利用率和报废率，降低成本
	管理财务绩效	◆ 根据产品的销售情况评估产品利润 ◆ 核算产品的生命周期
	管理账单	根据客户的订单记录生成客户账单，将账单发送给客户
	管理应收账款	◆ 及时提醒未收回的账款 ◆ 接收客户转款，汇入企业总账 ◆ 准备应收报告，向上级汇报工作进度
	会计核算	◆ 维护会计科目表，平衡总账科目 ◆ 确定会计科目平衡，准备试算平衡表
	管理固定资产	◆ 建立固定资产政策和流程，维护固定资产相关文件 ◆ 处理和记录固定资产的调整、重估、转移、报废 ◆ 处理和记录固定资产的维护和修理开支、记录折旧开支 ◆ 平衡固定资产账目
	编制财务报告	编制财务报表，生成财务报告
管理和发放薪资	计算工时	◆ 记录和整理当月员工工时，区分一般工时、加班工时和其他工时 ◆ 汇总员工个人休假、病假、事假的具体情况
	管理薪资	◆ 确认当月工时无误后，将员工工时输入薪资系统 ◆ 扣除个人所得税和保险缴纳数额 ◆ 发放薪资，通知员工及时查收 ◆ 解决薪资异常问题
处理应付和费用报销	处理应付账款	审核订单和发票数据，审批付款
	处理费用报销	◆ 制定费用报销政策，分配审批权限 ◆ 审批提交的发票和数据，进行报销和预付

10. 关系管理部

供应链企业的关系管理部主要负责协助企业处理外部关系（包括与政府的关系、与投资者的关系）及帮助企业处理法律问题。关系管理部职能分解如表 1-10 所示。

表 1-10　关系管理部职能分解

一级职能	二级职能	三级职能
管理政府和行业关系	管理政府关系	◆ 评估企业与政府的关系 ◆ 任命负责人追踪企业与政府关系的发展 ◆ 收集内外部顾问意见
	管理行业关系	◆ 关注其他企业，寻求合作的可能 ◆ 扩展或变更对外关系，寻求新的合作伙伴
管理法律问题	管理合规	规划并启动合规程序，保证企业发展遵循合规程序
	管理外部顾问	◆ 评估企业问题，确定企业工作要求 ◆ 根据企业需求聘请、保留外部顾问 ◆ 接收工作成果，监控工作进展 ◆ 处理法律服务款项 ◆ 跟踪法律活动及其绩效
	管理知识产权	◆ 管理企业版权、专利和商标 ◆ 维护企业知识产权，签订保密协议
管理公共关系	管理社区关系	◆ 了解社区需要，扶持社区公益事业发展 ◆ 参与社区的建设和活动，创建良好的生态环境 ◆ 提供就业机会，扶持并培养社区人才
	管理媒体关系	◆ 掌握媒体运作规律，建立良好的共赢关系 ◆ 利用媒体宣传企业的正面形象，扩大企业影响力

1.2.2　管理权限设计

权限是对职权范围的具体规定和细化。管理权限是在完成岗位职责范围内的工作任务时，在一定限度内自主行使的各种权力和对应的责任。

各岗位的管理权限设计通常如表 1-11、表 1-12、表 1-13、表 1-14 和表 1-15 所示。

表 1-11 计划管理岗位的管理权限设计

管理权限划分说明	管控职能		计划管理					
	管控事项		制订企业目标计划	运作计划体系	评估企业资源	制订生产计划	制订销售计划	动态控制库存
	事项类别		A	A	A	A	A	A
	序号		001	002	003	004	005	006
	主管部门		总经办	总经办	总经办	总经办	总经办	总经办
	相关部门		供应链管理部	供应链管理部	供应链管理部	供应链管理部	供应链管理部	供应链管理部
	最终核算人		总经理	总经理	总经理	总经理	总经理	总经理
	序号							
	适用范围		企业	企业	企业	企业	企业	企业
提出权（立）；审核权（审）；决策权（决）；知情权（备）；参与权（参）	总经办	总经理	决	备	备	决	决	备
		总经理助理	审	决	决	审	审	决
	供应链管理部	部门经理	立	立	立	立	立	立
		部门主管						
		岗位员工						
	营销部	部门经理		参			参	
		部门主管						
		岗位员工						
	生产部	部门经理		参		参		参
		部门主管						
		岗位员工						
	产品交付部	部门经理	参	参				参
		部门主管						
		岗位员工						
	物流部	部门经理	参	参				
		部门主管						
		岗位员工						
	分公司		参	参	参	参	参	参

备注：A 类属于企业直管事项，B 类属于需企业审批事项，C 类属于分公司自主决策事项

14

表 1-12　采购管理岗位的管理权限设计

管理权限划分说明	管控职能		采购管理						
	管控事项		制订采购计划	选择供应商	维护合同	订购物料和服务	创建采购订单	监控交付产品质量	管理供应商
	事项类别		A	A	A	A	A	A	A
	序号		001	002	003	004	005	006	007
	主管部门		总经办	总经办	总经办	总经办	总经办	总经办	总经办
	相关部门		采购部	采购部	采购部	采购部	采购部	采购部	采购部
	最终核算人		总经理	总经理	总经理	总经理	总经理	总经理	总经理
	序号								
	适用范围		企业	企业	企业	企业	企业	企业	企业
提出权（立）；审核权（审）；决策权（决）；知情权（备）；参与权（参）	企业总部	总经办 总经理	决	决	备	决	备	备	备
		总经办 总经理助理	审	审	决	决	决	决	决
		采购部 部门经理	立	立	立	立	立	立	立
		采购部 部门主管							
		采购部 岗位员工							
		供应链管理部 部门经理	参	参				参	参
		供应链管理部 部门主管							
		供应链管理部 岗位员工							
		法务部 部门经理			参		参		
		法务部 部门主管							
		法务部 岗位员工							
		财务部 部门经理	参		审	参	参		
		财务部 部门主管							
		财务部 岗位员工							
		生产部 部门经理	参			参		参	
		生产部 部门主管							
		生产部 岗位员工							
	分公司		参	参	参	参	参	参	参

备注：A 类属于企业直管事项，B 类属于需企业审批事项，C 类属于分公司自主决策事项

表 1-13 生产管理岗位的管理权限设计

管理权限划分说明	管控职能		生产管理				
	管控事项		安排生产计划	执行详细的生产线安排	监控优化生产工艺	检测产品质量	维护生产记录和管理批次
	事项类别		A	A	A	A	A
	序号		001	002	003	004	005
	主管部门		总经办	总经办	总经办	总经办	总经办
	相关部门		生产部	生产部	生产部	生产部	生产部
	最终核算人		总经理	总经理	总经理	总经理	总经理
	序号						
提出权（立）；审核权（审）；决策权（决）；知情权（备）；参与权（参）	适用范围		企业	企业	企业	企业	企业
	总经办	总经理	决	备	备	备	备
		总经理助理	审	决	决	决	决
	企业总部 生产部	部门经理	立	立	立	立	立
		部门主管					
		岗位员工					
	供应链管理部	部门经理	参	参			
		部门主管					
		岗位员工					
	质量管理部	部门经理				参	决	参
		部门主管					
		岗位员工					
	分公司		参	参	参	参	参
备注：A 类属于企业直管事项，B 类属于需企业审批事项，C 类属于分公司自主决策事项							

表 1-14　物流管理岗位的管理权限设计

管理权限划分说明	管控职能			物流管理				
	管控事项			进行物流管制	规划和管理进料流	管理进料交付绩效	运作仓储	运作出货运输
	事项类别			A	A	A	A	A
	序号			001	002	003	004	005
	主管部门			总经办	总经办	总经办	总经办	总经办
	相关部门			物流部	物流部	物流部	物流部	物流部
	最终核算人			总经理	总经理	总经理	总经理	总经理
	序号							
提出权（立）；审核权（审）；决策权（决）；知情权（备）；参与权（参）	适用范围			企业	企业	企业	企业	企业
	企业总部	总经办	总经理	决	备	决	备	审
			总经理助理	审	决	审	决	决
		物流部	部门经理	立	立	立	立	立
			部门主管					
			岗位员工					
		供应链管理部	部门经理	参	参	参	参	参
			部门主管					
			岗位员工					
		生产部	部门经理		参			
			部门主管					
			岗位员工					
	分公司			参	参	参	参	参
备注：A 类属于企业直管事项，B 类属于需企业审批事项，C 类属于分公司自主决策事项								

表 1-15　交货管理岗位的管理权限设计

管理权限划分说明		管控职能	交货管理						
		管控事项	开发服务交付策略	管理服务交付资源需求	创建并管理资源计划	提供服务交付资源	启动服务交付	执行服务交付	完成服务交付
		事项类别	A	A	A	A	A	A	A
		序号	001	002	003	004	005	006	007
		主管部门	总经办	总经办	总经办	总经办	总经办	总经办	总经办
		相关部门	交付管理部	交付管理部	交付管理部	交付管理部	交付管理部	交付管理部	交付管理部
		最终核算人	总经理	总经理	总经理	总经理	总经理	总经理	总经理
		序号							
		适用范围	企业	企业	企业	企业	企业	企业	企业
提出权（立）；审核权（审）；决策权（决）；知情权（备）；参与权（参）	企业总部	总经办 总经理	决	审	审	审	审	审	审
		总经办 总经理助理	审	决	决	决	决	决	决
		交付管理部 部门经理	立	立	立	立	立	立	立
		交付管理部 部门主管							
		交付管理部 岗位员工							
		采购部 部门经理	参	参					
		采购部 部门主管							
		采购部 岗位员工							
		生产部 部门经理	参		参				
		生产部 部门主管							
		生产部 岗位员工							
		物流部 部门经理					参	参	参
		物流部 部门主管							
		物流部 岗位员工							
		质量管理部 部门经理				参	参	参	参
		质量管理部 部门主管							
		质量管理部 岗位员工							
		分公司	参	参	参	参	参	参	参

备注：A 类属于企业直管事项，B 类属于需企业审批事项，C 类属于分公司自主决策事项

1.3　定岗定编定员

1.3.1　定岗

1.定岗的考虑因素

随着竞争的加剧，供应链企业需要合理地进行岗位设置和人员配置，以提高自身竞争力及岗位管理水平。企业在定岗时应考虑以下五个因素。

（1）管理精益化

精益供应链管理要求企业对上下游链条进行优化、改造，去除不必要的步骤，消除浪费。因此，供应链企业需要优化部门人员，削减中间部门，使供应链管理精益化、敏捷化、柔性化。

（2）运营高效化

供应链企业在运营时应明确供应链管理的战略规划、盈利模式和年度业务目标，不同的战略需要企业设计不同的业务组合方式，并配置相关资源。企业要立足于自身实际，充分了解自身优势，协调组织分工及人员配置，以实现高效运营。

（3）流程最优化

业务流程是企业实现价值的过程，通俗地讲，就是企业怎样"做事"。在供应链管理中，流程应该是"流动"的，而且应该保证供应商、制造商、批发商和零售商始终协调配合，这将有助于运输和物流的优化。企业在定岗时要充分考虑流程差异而导致的岗位设置差异。

（4）合作智能化

随着互联网技术的发展，供应链系统也在不断更新，从最开始的电子表格到现在大量普及的企业资源计划系统，再到目前各龙头企业都在升级的以仓库管理系统为主的供应链系统。这些系统的普及改善了以往信息的产生、处理和发布相互隔绝的状况，推动了不同部门之间的高效合作，进而影响了企业的定岗安排。

（5）利润最大化

人力成本是影响企业利润的关键因素。人员冗余会直接造成企业人力成本的增加，人员不足则会制约企业的经营发展及战略目标的实现，企业对利润最大化的追求决定着岗位设置。

2.供应链企业定岗表

供应链企业开展定岗工作前首先要明确战略目标，理顺主要的工作内容。供应链企业主要岗位定岗明细情况示例如表1-16所示。

表 1-16　供应链企业主要岗位定岗明细情况示例

序号	部门名称	岗位名称	定岗人数	现有人数	缺员数	外包人数
1	供应链管理部	供应链管理经理	1	1	0	
2		供应链运营专员	3	2	1	
3	采购部	采购经理	1	1	0	
4		采购专员	3	3	0	
5		订单管理专员	2	2	0	
6	生产部	生产经理	1	1	0	
7		生产计划专员	1	1	0	
8		生产监督专员	2	1	1	
9	客户服务部	客户服务经理	1	1	0	
10		客户服务专员	4	2	1	1
11		渠道专员	2	2	0	
12	技术部	ERP 顾问	1	0	0	1
13		系统维护	3	3	0	
14	仓储部	仓储经理	1	1	0	
15		对单专员	2	0	0	2
16		司机	2	2	0	
17	物流部	物流经理	1	1	0	
18		统计专员	2	2	0	
19		计划专员	3	2	1	
20	质量管理部	质量经理	1	1	0	
21		质量工程师	1	0		1
22		产品质量策划专员	1	1	0	
23		质量检验专员	4	2	2	
24	人力资源部	人力资源经理	1	1	0	
25		人力资源专员	2	1	1	
26	财务部	财务经理	1	1	0	
27		会计	2	2	0	
28		审计	2	1	1	
29		出纳	2	2	0	
合计			53	40	8	5

1.3.2　定编

1. 定编的问题

定编就是在定岗的基础上，对各个职能部门和业务机构进行合理布局和设置。供应链企业在定编的过程中往往存在以下四个方面的问题。

（1）认知不正确

一些供应链企业将定岗定编视为裁员节支，实际上并非如此。定岗定编既有对编制臃肿部门的缩编，也有对缺编部门的扩编。它是以提高组织效率为目的而对原有岗位和职责进行梳理及再分配，是优化企业人力资源结构、实现"事得其人、人尽其才、人事相宜"目标的有力手段。

（2）操作不规范

定岗定编涉及利益的再分配。有些管理者不能平衡内部利益，采用"一刀切"的方式，这就有可能会导致低效率部门仍存在大量缩编空间，而高效率部门超负荷运行，进一步降低了企业组织效率，甚至导致企业人才流失，给企业的发展带来负面影响。

（3）对标不匹配

供应链企业定编时通常采用同行对标法，不仅有说服力，而且成本低、可操作性强。但这里的对标并非简单对标，更非盲目对标，因为再合适的标杆也不可能与本企业完全匹配，如企业的内部管理流程、设备状况、人员素质甚至企业文化等方面。这些因素对定岗定编往往都有较大的影响，企业必须认真分析其中的不同。

（4）数量不准确

在定岗定编过程中，由于各级管理人员的主观因素或迫于部门内部员工的压力，可能会出现申报编制"注水"的情况，这会导致定岗定编成为各部门之间、部门与人力资源管理部门之间或企业高层之间的博弈。这显然不是一种良性的、科学的资源分配方法，结果必然会不够客观、不够公平。

2．供应链企业定编表

供应链企业定编应根据当前的业务方向和规模，在一定的时间内和一定的技术条件下，本着精简机构、节约用人、提高工作效率的原则，规定必须配备的各类人员的数量，即合理确定各岗位人员的数量及其之间的比例关系。供应链企业定编情况示例如表1-17所示。

表 1-17 供应链企业定编情况示例

序号	部门名称	岗位名称	定编人数	现有人数	现有人员姓名	缺编人数
1	供应链管理部	供应链管理经理	1	1		0
2		供应链运营专员	3	2		1
3	采购部	采购经理	1	1		0
4		采购专员	3	3		0
5		订单管理专员	2	2		0

序号	部门名称	岗位名称	定编人数	现有人数	现有人员姓名	缺编人数
6	生产部	生产经理	1	1		0
7		生产计划专员	1	1		0
8		生产监督专员	2	1		1
9	客户服务部	客户服务经理	1	1		0
10		客户服务专员	4	3		1
11		渠道人专员	2	2		0
12	技术部	ERP 顾问	1	0		1
13		系统维护	3	3		0
14	仓储部	仓储经理	1	1		0
15		对单专员	2	2		0
16		司机	2	2		0
17	物流部	物流经理	1	1		0
18		统计专员	2	2		0
19		计划专员	3	2		1
20	质量管理部	质量经理	1	1		0
21		质量工程师	1	0		1
22		产品质量策划专员	1	1		0
23		质量检验专员	4	2		2
24	人力资源部	人力资源经理	1	1		0
25		人力资源专员	2	1		1
26	财务部	财务经理	1	1		0
27		会计	2	2		0
28		审计	2	1		1
29		出纳	2	2		0
合计			53	43		10

1.3.3 定员

1. 定员的方法

定员是在定编的基础上，根据编制数量和岗位职责要求，为企业各岗位配备合格的工作人员。为了保证企业生产经营的顺利进行，企业在创立之初就要做好这项工作，避免人员缺乏或冗余。供应链企业定员主要有以下四种方法。

（1）效率定员法

效率定员法是指根据生产计划和工人的劳动效率及出勤率等因素来计算人员数量的方

法，即根据工作量和劳动定额来计算人员数量。

① 计算公式

效率定员法的基本形式有产量定员和时间定员两种，两种形式的计算公式如下。

$$产量定员：定员人数=\frac{每种产品产量 \times 单件产品时间定额}{制度工作时间 \times 完成定额率 \times 出勤率 \times （1-废品率）}$$

$$时间定员：定员人数=\frac{计划期生产任务总量}{制度工作时间 \times 平均完成定额率 \times 出勤率}$$

② 适用范围

凡是实行劳动定额的人员，特别是以手工操作为主的工种的定员，都适合使用这种方法来计算。

（2）岗位定员法

岗位定员法是指根据工作岗位的多少、各岗位工作量的大小、工作班次等因素来确定人员数量的方法，是依据总工作量和个人劳动效率计算人员数量的一种方法。

① 计算公式

岗位定员法的计算公式为 $M=\frac{\sum（n \times m \times s）\times E}{K}$。其中，$M$ 表示岗位定员人数，m 表示岗位定员标准，s 表示班次，n 表示同类岗位数量，E 表示轮休系数，K 表示出勤率。

② 适用范围

岗位定员法主要适用于有一定岗位，但没有设备又不能实行劳动定额的人员，如检修工、质检工、电工、警卫人员、茶炉工、清洁工、收发员、门卫等。

（3）比例定员法

比例定员法是指以与某岗位工作任务量相关的标志物为对象，用该物数量与定员人数的比例关系来体现定员标准的一种方法。

① 计算公式

比例定员法的计算公式为 $M = T \times R$。其中，M 表示某一岗位的定员数，T 表示服务对象人数，R 表示定员的标准比例。

② 适用范围

比例定员法主要适用于企业内各种辅助性生产或服务性部门的定员，以及从事特殊工作的人员。

（4）职责定员法

职责定员法是指根据企业内部的组织机构及其职责范围，并结合机构内部的业务分工和岗位职责来定员的方法。

职责定员法适用于供应链管理人员和工程技术人员。因为管理和工程技术等工作定额难以量化，所以企业通常参照效率定员法和岗位定员法进行估算，并结合对实际工作的调查情况，加以合理确定。

2．供应链企业定员表

合理定员能为企业编制劳动计划、调配劳动力提供可靠的依据，促进企业改进工作，消除人浮于事、工作散漫、纪律松懈的现象，从而提高效率。供应链企业定员明细情况如表 1-18 所示。

表 1-18　供应链企业定员明细情况

序号	岗位名称	现有人数	定员人数					拟增减人数	是否兼职	用工方式	备注
			管理人员人数	业务人员人数	辅助服务人员人数	专业技术人员人数	合计人数				
1	供应链管理经理	1	1				1	0			
2	供应链运营专员	3		2		1	3	0			
3	采购经理	1	1				1	0			
4	采购专员	3		3			3	0			
5	订单管理专员	2		2			2	0			
6	生产经理	1	1				1	0			
7	生产计划专员	1		1			1	0			
8	生产监督专员	2		2			2	0			
9	客户服务经理	1	1				1	0			
10	客户服务专员	4		3	1		4	0			
11	渠道专员	2		2			2	0			
12	ERP 顾问	1				1	1	0	是		
13	系统维护	3		1		2	3	0			
14	仓储经理	1	1				1	0			
15	对单专员	2		2			2	0			
16	司机	2		2			2	0			
17	物流经理	1	1				1	0			
18	统计专员	2		2			2	0			
19	计划专员	3		2	1		3	0			
20	人力资源经理	1					1	0			
21	人力资源专员	2		2			2	0			
22	质量经理	1	1				1	0			

（续表）

序号	岗位名称	现有人数	定员人数					拟增减人数	是否兼职	用工方式	备注
			管理人员人数	业务人员人数	辅助服务人员人数	专业技术人员人数	合计人数				
23	质量工程师	1				1	1	0			
24	产品质量策划专员	1		1			1	0			
25	质量检验专员	2				4	4	+2			
26	财务经理	1	1				1	0			
27	会计	2		2			2	0			
28	审计	2		2			2	0			
29	出纳	2		2			2	0			
注：请在"备注"栏中注明特殊情况											

1.4　任职资格设计

任职资格是指为了实现企业的经营目标，任职者必须具备的学历、知识、技能、素质等方面的要求。

任职资格标准设计是在对工作进行合理分析的基础上，制定任职标准的过程。它以提高工作效率、规范工作行为为目的，引导员工不断学习，为人力资源规划、员工招聘、培训与发展等人力资源管理工作提供重要的决策依据。

任职资格标准设计是一项系统工程，从准备组建项目小组开始，涉及组织结构、管理流程、业务活动、管理制度、培训宣传、评估、沟通等相关活动及相关人员。

1. 任职资格标准的内容

任职资格标准与各职类、职种、职层、职等员工的职能、职级、职位密切相关，任职资格包括知识、技能、素质、行为、贡献等胜任标准，具体如表1-19所示。

表 1-19　任职资格标准

任职资格项	内容
学历要求	最高学历、最低学历、学历取得形式等
工作经验	从事类似工作的最低年限，包括同岗位工作年限、同行业工作年限、同规模企业工作年限等
职业资格要求	要求持职业资格证上岗，如会计职业资格证、特种作业上岗证等
个性特征要求	能力、气质、性格等

（续表）

任职资格项	内容
必备知识	会计学知识、管理学知识、统计学知识、法律知识、心理学知识、营销学知识等
必备技能	会计核算能力、组织管理能力、统计分析能力、规划统筹能力、文书编写能力、产品推广能力、沟通能力、表达能力、计算机应用能力等

2. 任职资格标准设计的步骤

任职资格标准的设计必须遵循一定的步骤，具体流程可参照图1-5。

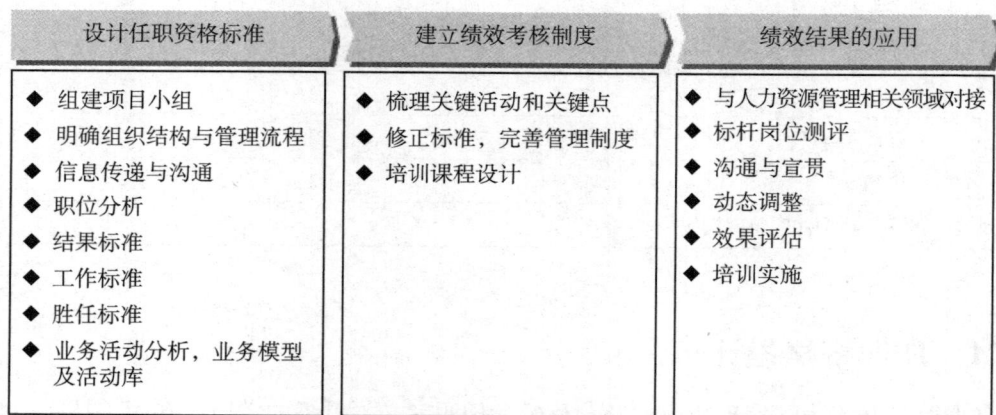

设计任职资格标准	建立绩效考核制度	绩效结果的应用
◆ 组建项目小组 ◆ 明确组织结构与管理流程 ◆ 信息传递与沟通 ◆ 职位分析 ◆ 结果标准 ◆ 工作标准 ◆ 胜任标准 ◆ 业务活动分析，业务模型及活动库	◆ 梳理关键活动和关键点 ◆ 修正标准，完善管理制度 ◆ 培训课程设计	◆ 与人力资源管理相关领域对接 ◆ 标杆岗位测评 ◆ 沟通与宣贯 ◆ 动态调整 ◆ 效果评估 ◆ 培训实施

图 1-5　任职资格设计流程图

3. 任职资格标准设计注意事项

在设计任职资格标准的过程中，应注意以下五个事项。

（1）任职资格标准体系中的职层、职类、职种应随着客户与市场需求的变化而调整。

（2）关注本行业或相似行业的职层、职类、职种的科学布置与变化趋势。

（3）任职资格受组织的内部条件包括技术、管理、资金、人力资源等因素的影响。

（4）要区分任职资格标准与胜任素质之间的关系。

（5）任职资格标准的设计不是一劳永逸的，标准不能一成不变，企业需要定期测试、评估，并且随着企业发展阶段和员工发展变化发现问题、适时调整。

1.4.1　计划管理相关岗位任职资格示例

职位名称：计划主管 所属部门：供应链管理部		职位编号： 直接上级：计划总监			
胜任项	胜任子项	具体要求			
学历	学习形式	■ 全日制　□ 成人高等教育　□ 自考　□ 其他_____			
	学历层次	□ 博士研究生　□ 硕士研究生　■ 本科　□ 大专　□ 中专			

（续表）

胜任项	胜任子项	具体要求
知识	专业知识	供应链管理、需求管理、生产运营与管理等相关专业知识
	业务知识	◆ 了解供应链管理的方法与流程，了解市场需求 ◆ 掌握从产品生产到产品销售的各个环节
	基础知识	◆ 熟悉企业关于供应链体系的规章制度 ◆ 了解行业内排在前列的企业的管理制度、方法
经验	工作经验	◆ 3 年以上相关工作经验 ◆ 学历较高或能力较强的人可放宽限制
	培训经历	有制订需求计划、生产计划相关的培训经历
能力	基础能力	◆ 具备良好的精算、测算能力 ◆ 具备良好的政策把控能力 ◆ 具备较强的数据收集、分析能力
	通用能力	◆ 具备判断、计划与执行能力 ◆ 具备较强的资源整合能力
	管理能力	具有较强的管理能力，良好的组织建设、带领和培训团队的能力
技能	上岗技能	根据行业不同，要求具有本行业相关的资格证书
	业务技能	◆ 能够根据客户订单及市场需求制订正确的供应链计划 ◆ 能够根据经营情况进行分析，提出改善和提高企业效益的方法
素养	自身素养	诚信正直，积极主动，具有全局观念
	职业素养	◆ 负责完成上级或领导交代的工作任务 ◆ 具有较强的责任心，对职责内的工作能承担责任 ◆ 具有良好的职业道德

1.4.2　采购管理相关岗位任职资格示例

职位名称：采购部主管 所属部门：采购部		职位编号： 直接上级：采购部总监
胜任项	胜任子项	具体要求
学历	学习形式	■ 全日制　□ 成人高等教育　□ 自考　□ 其他_____
	学历层次	□ 博士研究生　□ 硕士研究生　■ 本科　□ 大专　□ 中专
知识	专业知识	物流管理、财务管理、工商管理等相关专业知识
	业务知识	◆ 掌握物资采购的程序 ◆ 了解企业所需采购物资的市场供应情况 ◆ 掌握选择供应商的方法
	基础知识	◆ 掌握采购合同内容，了解签订采购合同时的注意事项 ◆ 熟悉《中华人民共和国反不正当竞争法》等相关法律法规 ◆ 熟悉《联合国国际货物销售合同公约》等相关国际公约

（续表）

胜任项	胜任子项	具体要求
经验	工作经验	8 年以上采购工作经验或 5 年以上采购与供应链管理工作经验
	培训经历	接受过采购管理专业培训
能力	基础能力	◆ 具备良好的市场洞察能力 ◆ 具备较强的逻辑分析能力
	通用能力	◆ 具备良好的人际交往及沟通能力 ◆ 具备良好的创新能力及应变能力
	管理能力	◆ 具备良好的队伍建设能力，建立团队合作和竞争机制 ◆ 具有良好的决策能力，能客观分析形势并做出决策
技能	上岗技能	具有采购相关职业资格认证
	业务技能	◆ 具备良好的商业谈判能力 ◆ 具备良好的合同管理及风险控制能力
素养	自身素养	诚实守信，具有自律性
	职业素养	◆ 负责完成工作计划和安排 ◆ 具有较强的责任心，对职责内的工作能承担责任

1.4.3 生产管理相关岗位任职资格示例

职位名称：生产部主管 所属部门：生产部		职位编号： 直接上级：生产部总监
胜任项	胜任子项	具体要求
学历	学习形式	■ 全日制　□ 成人高等教育　□ 自考　□ 其他_____
	学历层次	□ 博士研究生　□ 硕士研究生　■ 本科　□ 大专　□ 中专
知识	专业知识	◆ 掌握生产管理、物资管理等相关专业知识 ◆ 掌握生产设备维护、生产安全管理等相关专业知识 ◆ 掌握产品检测、功能测试、后期维护等相关专业知识
	业务知识	◆ 熟悉生产管理的工作程序、工作流程 ◆ 熟悉企业生产产品的型号、功能、质量、优缺点 ◆ 了解企业产品生产安排、生产进度、生产质量和生产成本等方面的情况
	基础知识	◆ 熟悉国家相关法律、法规政策及国家和行业相关标准 ◆ 了解行业发展方向及同行业生产技术的相关状况
经验	工作经验	10 年以上生产制造管理工作经验或 3 年以上同行业大型企业同岗位工作经验
	培训经历	◆ 接受过生产管理的高级培训 ◆ 接受过精益生产、生产成本控制、生产现场控制等方面的专业培训

（续表）

胜任项	胜任子项	具体要求
能力	基础能力	◆ 具备良好的计划、协调能力 ◆ 具备较强的学习能力和应用能力
	通用能力	具有良好的团队合作精神及执行能力
	管理能力	具有良好的队伍建设能力
技能	上岗技能	具有工程师资格，具有高级工程师职称者优先
	业务技能	◆ 具备优秀的动手能力和创新能力 ◆ 具备良好的统筹组织和沟通协调能力 ◆ 能够培养优秀人才，提高员工的生产能力和职业素养
素养	自身素养	严谨，求实，诚实守信
	职业素养	热情、勤奋工作，善于发现和解决问题

1.4.4　交付管理相关岗位任职资格示例

职位名称：产品交付部主管 所属部门：产品交付部		职位编号： 直接上级：产品交付部总监
胜任项	胜任子项	具体要求
学历	学习形式	■ 全日制　□ 成人高等教育　□ 自考　□ 其他_____
	学历层次	□ 博士研究生　□ 硕士研究生　■ 本科　□ 大专　□ 中专
知识	专业知识	◆ 掌握交付与供应商管理等相关专业知识 ◆ 掌握物流管理、运输管理等相关专业知识 ◆ 掌握成本管理、合同管理等相关专业知识
	业务知识	◆ 了解企业生产部门的生产计划，熟悉产品的生产工序、生产流程 ◆ 了解企业生产部门的生产能力、生产进度
	基础知识	◆ 了解如何处理运输事故及运输保险的索赔、理赔等相关事项 ◆ 熟悉如何制订运输计划，了解运输线路
经验	工作经验	3 年以上同行业大型企业同岗位工作经验或 10 年以上同行业中小企业同岗位工作经验
	培训经历	接受过交付管理等相关培训
能力	基础能力	◆ 具备良好的统筹、控制能力 ◆ 具备良好的应变能力，能够处理交付过程中出现的问题
	通用能力	具有良好的组织协调能力
	管理能力	◆ 具有良好的队伍建设能力，能够协调好交付部门人员的工作计划和安排 ◆ 能够根据业务需求，协调各个部门之间的关系，控制好产品的交货时间

（续表）

胜任项	胜任子项	具体要求
技能	上岗技能	具备相关岗位的资格认证
	业务技能	◆ 根据订单的交货期限，制订交付计划 ◆ 选择合适的运输路线，选择合适的供应商
素养	自身素养	具有良好的时间观念，抗压能力强
	职业素养	◆ 负责制订工作计划和安排，并组织工作人员实施计划 ◆ 具有强烈的责任感

1.4.5 退货管理相关岗位任职资格示例

职位名称：客户服务部经理 所属部门：客户服务部		职位编号： 直接上级：客户服务部总监
胜任项	胜任子项	具体要求
学历	学习形式	■ 全日制　□ 成人高等教育　□ 自考　□ 其他_____
	学历层次	□ 博士研究生　□ 硕士研究生　■ 本科　□ 大专　□ 中专
知识	专业知识	掌握市场营销、心理学、管理学等相关专业知识
	业务知识	◆ 了解企业产品信息，熟知产品型号、功能等相关专业知识 ◆ 掌握与客户沟通的技巧和手段
	基础知识	◆ 了解客户服务的政策及规范 ◆ 掌握客户服务标准、业务标准和流程标准
经验	工作经验	5年以上客户服务管理工作经验
	培训经历	接受过客户服务经理资格的专门培训
能力	基础能力	◆ 具备良好的市场拓展能力、商务谈判能力 ◆ 具备优秀的培训能力
	通用能力	具有服务管理意识，具备分析问题和解决问题的能力
	管理能力	◆ 具有良好的队伍建设能力，能够协调好客户服务部门人员的工作计划和安排 ◆ 具有良好的问题解决能力，能够及时解决客户提出的问题
技能	上岗技能	具有客户服务管理师职业资格
	业务技能	◆ 具备换位思考能力，能站在客户的角度思考问题 ◆ 具备业务监控能力，能适时监控客户服务质量
素养	自身素养	具有积极进取、百折不挠的心态，能够承受挫折和打击
	职业素养	◆ 负责制订部门工作人员的工作计划 ◆ 承担培养部门工作人员的任务

1.5　岗位说明书设计

1.5.1　计划管理岗位说明书示例

岗位编号		岗位名称	计划经理	编制日期	
部门	供应链管理部	编制人数	1 人	直接上级	计划总监
下属及编制	下属类型	下属岗位及其编制人数			
	直接下属	计划主管 1 人，计划审核主管 1 人			
	间接下属	计划专员 1 人，计划审核专员 1 人			
	总计	4 人			
岗位工作关系图	计划总监 → 计划经理 ↔ 其他相关部门；计划经理 → 计划主管、计划审核主管				
内部沟通关系	总经理、采购部经理、生产部经理、销售部经理、物流部经理				
外部沟通关系	供应商				

		职责范围	负责程度	考核指标	占用时间百分比
岗位概要	1	开发生产和物料策略	负责		
	2	管理产品服务需求，开发需求基线	负责		
	3	创建物料计划，与供应商合作	负责		
	4	创建和管理生产计划	负责		
	5	建立分销规划限制条件	负责		
	6	评审分销规划政策	负责		
	7	开发质量标准和程序	负责		

责任范围	汇报责任	按照总经理要求进行定期和不定期工作汇报，严格按照汇报制度执行
	督导责任	对下属各级人员的工作内容进行监督指导
	培训责任	对下属各级人员进行培训
	成本责任	对本部门成本核算负责
	保密责任	对本部门保密工作负责

工作权限	权力项目	对象
	审批权	内部相关事宜
	核查权	采购计划表、生产计划表、销售计划表、物流计划表、交付计划表
	建议权	内部相关事项
	用人权	内部人员
	考核权	内部人员

31

（续表）

任职资格条件	知识技能水平	外语水平	英语四级
		计算机水平	熟练掌握办公软件
		业务知识	专业
		设备工具熟练程度	熟悉
	教育及培训	教育水平	□硕士以上　■本科　□大专　□高中　□初中
		培训经历	供应链管理、计划管理相关
	工作经验	■有　　　□无	
		□6个月～1年　　□1～2年　　□3～4年　　■5年及以上	
	能力素质要求	能力项目	能力标准
		决策能力	独立
		领导能力	优秀
		协调能力	优秀
		沟通能力	优秀
		创新能力	优秀
	个性特质要求	责任心强，协调能力强	
	岗位晋升方向	计划总监	
备注			

1.5.2　采购管理岗位说明书示例

岗位编号		岗位名称	采购部经理	编制日期	
部门	采购部	编制人数	1人	直接上级	采购部总监
下属及编制	下属类型	下属岗位及其编制人数			
	直接下属	采购计划主管1人，采购主管1人，采购质检主管1人，采购合同主管1人，成本控制主管1人			
	间接下属	采购计划专员1人，采购预算专员1人，采购检验专员1人，采购专员1人，采购跟单员1人，供应商管理员1人，成本控制专员1人，采购合同专员1人，采购结算专员1人			
	总计	14人			
岗位工作关系图					

（续表）

内部沟通关系	采购部总监、总经理、物流部经理、计划经理
外部沟通关系	供应商

		职责范围	负责程度	考核指标	占用时间百分比
岗位概要	1	开发采购策略，制订采购计划	负责		
	2	确定采购计划，与供应商合作	负责		
	3	选择供应商，建立和管理采购合同	负责		
	4	治谈并签订采购合同，监督采购合同的执行	负责		
	5	监督采购计划的实施，控制采购进度，控制采购成本，合理使用采购资金	负责		
	6	监督采购物资的质量、进度、交付情况，保证物资及时入库	部分负责		
	7	了解供应商的情况，对供应商进行分析和评估	部分负责		
	8	监控供应商信息，分析采购和供应商绩效	部分负责		
	9	订购物料及其服务，跟踪供应商报价	部分负责		

责任范围	汇报责任	按照总经理的要求进行定期和不定期工作汇报，严格按照汇报制度执行
	督导责任	对下属各级人员的工作内容进行监督指导
	培训责任	对下属各级人员进行培训
	成本责任	对本部门成本核算负责
	保密责任	对本部门保密工作负责

工作权限	权力项目	对象
	审批权	内部相关事宜
	核查权	采购计划、采购合同、采购规章制度
	建议权	内部相关事项
	用人权	内部人员
	考核权	内部人员

任职资格条件	知识技能水平	外语水平	英语四级
		计算机水平	熟练掌握办公软件
		业务知识	专业
		设备工具熟练程度	熟悉
	教育及培训	教育水平	□硕士以上　■本科　□大专　□高中　□初中
		培训经历	供应商管理、采购管理相关
	工作经验	■有　　　□无	
		□6个月~1年　□1~2年　□3~4年　■5年及以上	

（续表）

任职资格条件	能力素质要求	能力项目	能力标准
		决策能力	独立
		领导能力	优秀
		协调能力	优秀
		沟通能力	良好
		创新能力	优秀
	个性特质要求	具备良好的沟通能力和协调能力	
	岗位晋升方向	采购部总监	
备注			

1.5.3 生产管理岗位说明书示例

岗位编号		岗位名称	生产部经理	编制日期	
部门	生产部	编制人数	1人	直接上级	生产部总监
下属及编制	下属类型	下属岗位及其编制人数			
	直接下属	生产计划主管1人，生产调度主管1人，生产质检主管1人，生产设备主管1人			
	间接下属	工艺技术专员1人，生产计划专员1人，生产调度专员1人，物料供应专员1人，仓库管理员1人，质量控制专员1人，检验专员1人，设备维护专员1人，安全专员1人			
	总计	13人			
岗位工作关系图					
内部沟通关系	计划经理、产品交付经理				
外部沟通关系	客户、供应商				

		职责范围	负责程度	考核指标	占用时间百分比
岗位概要	1	制订生产计划并安排具体的生产排程	负责		
	2	按照订单需求合理安排生产	负责		
	3	执行详细的生产线安排	负责		
	4	监控并优化生产工艺	负责		
	5	评估生产绩效	负责		
	6	记录测试结果并追踪产品不合格原因	负责		

（续表）

岗位概要	7	使用检验设备进行产品质量测试	部分负责		
	8	维护生产记录和管理批次的可追踪性	部分负责		
	9	汇报并维护生产问题	部分负责		
责任范围	汇报责任	按照总经理要求进行定期和不定期工作汇报，严格按照汇报制度执行			
	督导责任	对下属各级人员的工作内容进行监督指导			
	培训责任	对下属各级人员进行培训			
	成本责任	对本部门成本核算负责			
	保密责任	对本部门保密工作负责			
工作权限	权力项目	对象			
	审批权	内部相关事宜			
	核查权	生产报表、物资申购表、员工奖罚报表			
	建议权	内部相关事项			
	用人权	内部人员			
	考核权	内部人员			
任职资格条件	知识技能水平	外语水平	英语四级		
		计算机水平	熟练掌握办公软件		
		资格证书或专业背景	相关生产技术专业		
		业务知识	专业		
		设备工具熟练程度	熟悉		
	教育及培训	教育水平	□硕士以上　□本科　■大专　□高中　□初中		
		培训经历	生产管理、物资管理、生产设备维护相关		
	工作经验	■有　　　□无			
		□6个月～1年　□1～2年　□3～4年　■5年及以上			
	能力素质要求	能力项目	能力标准		
		决策能力	独立		
		领导能力	优秀		
		协调能力	良好		
		沟通能力	良好		
		创新能力	优秀		
	个性特质要求	具备良好的解决问题的能力			
	岗位晋升方向	生产部总监			
备注					

1.5.4 交付管理岗位说明书示例

岗位编号		岗位名称	产品交付部经理	编制日期	
部门	产品交付部	编制人数	1人	直接上级	产品交付总监
下属及编制	下属类型	下属岗位及其编制人数			
	直接下属	产品交付主管1人			
	间接下属	采购交付专员1人，生产交付专员1人，物流交付专员1人			
	总计	4人			

岗位工作关系图	

内部沟通关系	总经理、采购部经理、生产部经理、销售部经理、物流部经理
外部沟通关系	客户、供应商

岗位概要		职责范围	负责程度	考核指标	占用时间百分比
	1	建立并维护服务交付管理系统	负责		
	2	选择合适的供应商，识别供应能力	负责		
	3	开发服务交付培训计划	负责		
	4	评审合同和协议条款，确认违约事项	负责		
	5	计划服务交付，做好交付准备	负责		
	6	识别服务交付问题，制定解决方案	负责		
	7	依据合同条款确认交付	负责		
	8	管理服务交付绩效，寻求客户对交付服务的满意度反馈	部分负责		

责任范围	汇报责任	按照总经理要求进行定期和不定期工作汇报，严格按照汇报制度执行
	督导责任	对下属各级人员的工作内容进行监督指导
	培训责任	对下属各级人员进行培训
	成本责任	对本部门成本核算负责
	保密责任	对本部门保密工作负责

工作权限	权力项目	对象
	审批权	内部相关事宜
	核查权	交付计划表
	建议权	内部相关事项
	用人权	内部人员
	考核权	内部人员

（续表）

任职资格条件	知识技能水平	外语水平	英语四级
		计算机水平	熟练掌握办公软件
		业务知识	专业
		设备工具熟练程度	熟悉
	教育及培训	教育水平	□ 硕士以上　■ 本科　□ 大专　□ 高中　□ 初中
		培训经历	供应链管理，交付管理相关
	工作经验	■ 有　　　□ 无	
		□ 6 个月～1 年　　□ 1～2 年　　□ 3～4 年　　■ 5 年及以上	
	能力素质要求	能力项目	能力标准
		决策能力	独立
		领导能力	优秀
		协调能力	优秀
		沟通能力	优秀
		创新能力	良好
	个性特质要求	具备良好的组织能力和协调能力	
	岗位晋升方向	产品交付部总监	
备注			

1．5．5　物流管理岗位说明书示例

岗位编号		岗位名称	物流部经理	编制日期	
部门	物流部	编制人数	1 人	直接上级	物流部总监
下属及编制	下属类型	下属岗位及其编制人数			
	直接下属	仓储部主管 1 人，配送部主管 1，业务部主管 1 人			
	间接下属	仓储部专员 1 人，配送部专员 1，业务部专员 1 人			
	总计	6 人			
岗位工作关系图					

物流部总监
→ 物流部经理 ←→ 其他相关部门
→ 仓储部主管　　配送部主管　　业务部主管

（续表）

内部沟通关系	总经理、采购部经理、生产部经理、销售部经理
外部沟通关系	供应商、客户

		职责范围	负责程度	考核指标	占用时间百分比
岗位概要	1	制定并完善物流管理的相关制度，建立并优化物流管理体系	负责		
	2	监督物流管理制度、计划的实施情况，规范物流管理办法	负责		
	3	建立并完善订单管理系统，加强对订单管理各环节的监督、把控	负责		
	4	开展物资配送、装卸与运输工作，确保人员及物资安全	负责		
	5	负责监控物流成本的使用情况，降低物流成本，提高企业效益	负责		
	6	负责建立并完善企业的物流信息系统，实现物流管理的现代化	负责		
	7	监督信息系统的运行情况，并负责对系统进行维护和更新	部分负责		
	8	负责部门的团队建设工作，不断提高团队凝聚力和忠诚度	部分负责		
	9	负责部门内部人员的绩效考核，实施奖惩等	部分负责		
责任范围	汇报责任	按照总经理要求进行定期和不定期工作汇报，严格按照汇报制度执行			
	督导责任	对下属各级人员的工作内容进行监督指导			
	培训责任	对下属各级人员进行培训			
	成本责任	对本部门成本核算负责			
	保密责任	对本部门保密工作负责			
工作权限	权力项目	对象			
	审批权	内部相关事宜			
	核查权	物流合同、物流订单			
	建议权	内部相关事项			
	用人权	内部人员			
	考核权	内部人员			

（续表）

任职资格条件	知识技能水平	外语水平	英语四级
		计算机水平	熟练掌握办公软件
		业务知识	专业
		设备工具熟练程度	熟悉
	教育及培训	教育水平	□硕士以上　■本科　□大专　□高中　□初中
		培训经历	供应链管理、物流管理相关
	工作经验	■有　　　□无	
		□6个月～1年　□1～2年　□3～4年　■5年及以上	
	能力素质要求	能力项目	能力标准
		决策能力	独立
		领导能力	优秀
		协调能力	优秀
		沟通能力	优秀
		创新能力	良好
	个性特质要求	具备较强的应变能力	
	岗位晋升方向	物流部总监	
备注			

第2章
供应链业务运营

2.1 需求管理

2.1.1 工作内容

需求管理是企业供应链管理中的一道重要防线，研发设计、采购管理、生产计划都要以需求为基础。如果将供应链比作一辆由供应端、企业和需求端联合驱动的汽车，那么需求管理就是这辆汽车的引擎。

我们可以将需求管理分为五个部分，即供需关系集成、需求预测、需求预测方法、预测绩效评估、需求管理实践。

1. 供需关系集成

订单超额时，企业会面临产品断货的风险；订单不足时，产品滞销，仓储周转压力增大，企业库存成本上升。这些问题都是企业不具备良好的供需关系集成能力的体现。

合理的供需关系集成能够高效地带动企业供应链的诸多部门，其中包括营销部、产品交付部、生产部等。

从短期执行层面而言，我们可以简单地将供需关系集成理解为销售和运营计划。从战略层面而言，供需关系集成是将需求方的销售与市场及渠道商和供应方的生产、采购、物流纳入同一个管理结构。

2. 需求预测

需求预测是需求管理过程中的重要工作，一般是指企业在特定的假设条件下，对未来的市场需求进行的一系列预测与计算分析。

需要注意的是，需求预测本质上是一种对未来的猜测，所以错误在所难免，企业要做的就是尽可能使预测的误差最小，努力寻找更加合适的假设条件，全面考虑影响需求预测的各项因素，不断地接近正确答案。

3．需求预测方法

企业使用的需求预测方法可以大致分为两类，即定量预测和定性预测。

（1）定量预测

定量预测是指利用统计学的相关知识和模型，在特定假设条件下运算得出需求预测数据的方法。

定量预测法包括时间序列分析法中的朴素预测法、简单平均法、移动平均法和指数平滑法，回归分析则是另一种被广泛使用的预测方法。

（2）定性预测

定性预测也叫主观预测，是指利用专业人员的知识、经验和直觉对问题进行解答，并通过收集和总结转化为预测结果的方法。

定性预测虽然是一种主观预测，但是在很多情况下它能发挥比定量预测更大的作用，尤其是当企业认为未来市场的变化不再沿着历史模式发展时。新产品上市时不可能存在历史数据，此时定性预测就是一种好的选择。

4．预测绩效评估

预测绩效评估是对需求预测水平进行反映，是提高需求预测水平必须进行的工作。

通过预测绩效评估，企业可以知道需求预测水平的变化情况，哪里与实际需求相去甚远，哪里准确地预测了实际需求，失误的影响因素是什么，以及准确预测的成功原因是什么，下次能不能复制。

5．需求管理实践

需求管理实践是需求管理过程中的执行阶段，在该阶段要通过组织结构确定支撑需求预测的部门，通过整合部门资源建立需求预测的基础，通过需求预测完成需求管理的主体，通过预测绩效评估不断考核需求预测成果。

2．1．2　问题梳理

1．谁来提需求

谁来提需求是企业进行需求管理时面临的第一个问题。虽然企业的需求来自客户、市场，但在供应链管理中，提需求并不是让客户和市场提供实际的订单，而是对需求做预测。

需求预测的结果是生产、采购的重要参考数据，将直接影响供应链的响应能力。而影响需求预测结果的初始点就是需求历史数据的收集。供应链的环节众多，具体应该使用哪些部分的历史数据对企业来说是一个重要考验。

计划职能部门掌握着市场历史数据，它们可能缺失一线最新的市场数据，但是对把握业务的重复性十分熟练，能够完成业务的一般需求预测，可以在一定程度上提高企业供应链的抗风险能力。

2. 谁来做判断

谁来做判断是提出需求预测后要解决的首要问题。判断主要来自市场和销售，从一线销售人员到营销部管理人员，各层级判断其对应范围内的需求。

上面提到，由计划部门来提需求做预测，那么预测提出后为什么要由营销部和销售部进行判断呢？这是由于计划和市场二者天然的差异决定的。计划部门往往着眼全局，而营销部和销售部离客户最近，这两个部门的人员拥有敏锐的嗅觉，了解一线市场行情，是判断需求预测的绝佳人选。

然而，计划部门也不能将需求预测全部推给营销部和销售部来判断，这是一种转移责任的行为。计划部门应该将需求预测分层、分区、分级别，细化到具体的产品、具体的客户后再交由营销部和销售部进行判断。

3. 如何得到更准确的需求预测

需求预测天生就是有偏差的，没有人能够完美地预测市场的未来变化，而且当需求预测的准确度提高到一定的水平后，其进一步提高的空间便会越来越小。

那么，企业进行需求预测的作用是什么？有没有必要再进行需求预测？答案是肯定的，企业进行供应链管理时一定要进行需求预测。因为供应链的运作需要响应时间，需求预测就是将这段时间提前规划出来，缩短响应时间。

要想得到更准确的需求预测，企业首先要确定一些关键点，包括预测维度、预测跨度、预测间隔、预测单位等。关键点确定后要明确预测数据的使用方式，不断地检验预测成果，形成需求预测机制，从产品、客户、地域等方面确定更优的需求预测流程，这样才能一步步地提高需求预测的准确性。

2. 1. 3　痛点总结

1. "从数据到判断"而不是"从判断到数据"

计划部门提需求、给数据、做预测；营销部和销售部改需求、做调整、做判断；供应链管理部接收需求预测结果。

营销部和销售部确实是离客户最近的部门，但其工作是与人建立联系，将产品销售出去。需求预测需要的是对业务的重复性进行预测，营销和销售人员没有数据，没有全局视角，他们如何进行需求预测？

计划部门似乎更擅长于做分析、做调整、做判断，但它们远离市场，没有一线市场信息，更没有市场嗅觉，如何对需求预测做判断？

为此，要充分认识到企业业务的可重复性，对供应链过程有深入的思考，坚持"从数据到判断"的原则，只有这样才能做好需求预测。

2．需求预测"打不中目标"

需求预测是一个跨职能行为，不同部门很容易对此产生认识差异，在要点的控制上缺乏一致性。这就往往导致预测"打不中目标"。

企业发展得越强大，业务的复杂度和难度就会越高，如何在如沙子般众多的业务需求数据中找到"石头"才是关键。

二八法则在做需求预测时同样适用，需求占比较高的重要客户和稳定客户一般只有企业供应链客户总量的20%甚至更少，但他们往往能够为业务提供重要支撑，他们的需求变化对企业供应链的影响十分显著。

如果无法识别这20%的重要客户，那么需求预测的结果必然会产生偏差。而辨识这些重要客户的关键就在于计划部门和营销部、销售部的协作，只有将销售与运营结合到一起，充分发挥数据和判断的作用，才能找出重要客户。

3．需求变动给需求管理带来难题

企业在进行供应链需求管理时要解决的首要问题就是如何应对需求变动。

由于供应链呈网链结构，需求端的需求变化要一步步地经过供应链向下一级供给单位进行传递，而供给单位作为甲方向下一级供应商传达需求时，往往出于对自身风险控制的考虑而对订单进行一定的数量调整，以求将风险向下转移。

需求变动虽是较为常态化的事件，但对供应端而言这仍是一个管理难题，采购、生产、仓储、物流等都要提前布局，需求变动带来的不仅仅是一个部分的调整，而是一个多部分、协同性的改变。需要注意的是，牛鞭效应又进一步对需求变动的威力进行了放大。

企业在应对需求变动时，除了要积极调整计划、规划生产能力、进行合理调度，还要从供应链的全局出发，充分考虑牛鞭效应对自身的影响程度。

2．1．4 用流程管事

供应链需求管理工作是有流程可依的。按流程做事能让企业工作更加规范、专业、高效。客户服务部、营销部和产品交付部常见的供应链需求管理相关流程分别如图 2-1、图 2-2 和图 2-3 所示。

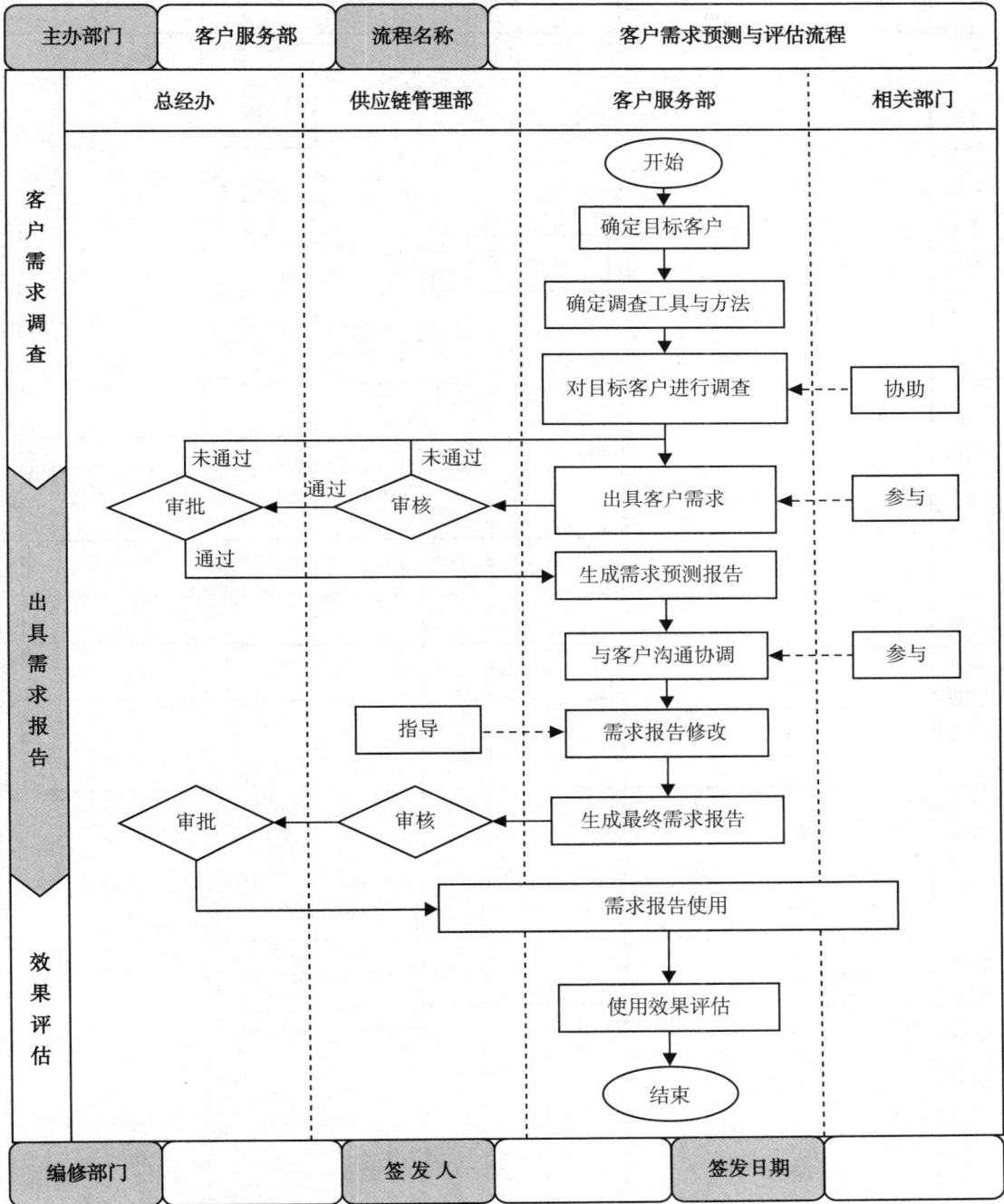

图 2-1 客户服务部的客户需求预测与评估流程

主办部门	营销部	流程名称	销售预测流程

	总经理	营销部经理	营销专员	市场专员	相关部门
确定预测目标及收集并分析历史数据				开始	
				确定预测目标	
			协助、配合	收集并分析历史数据	
选定预测模型				选定预测模型	
				进行预测	给予支持
			内部因素	分析评价	外部因素
分析调整预测			公司目标	调整预测	新的变化
				达标	未达标
	审批	审核		达标	
	未通过	未通过 / 通过			
	通过				
撰写销售预测报告				撰写销售预测报告	
				销售预测报告归档保存	
				结束	

编修部门		签发人		签发日期	

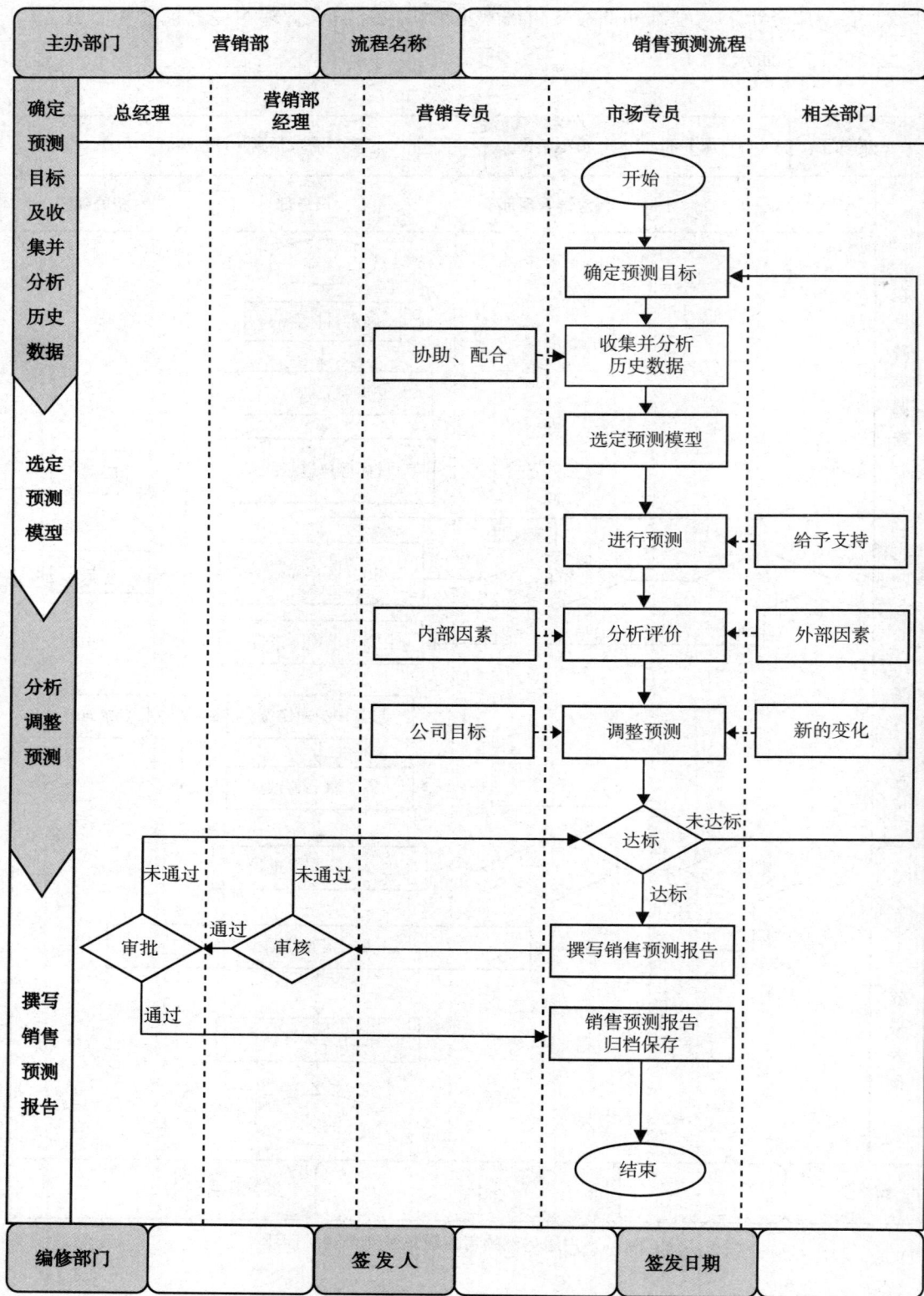

图 2-2 营销部的销售预测流程

主办部门	产品交付部	流程名称	市场预测流程

	总经办	营销部	产品交付部	客户、渠道伙伴

确定预测目标及收集并分析历史数据

选定预测模型

分析调整预测

撰写市场预测报告

开始

确定预测目标

协助、配合 ⟶ 收集和分析历史数据

选定预测模型

进行预测 ⟵ 给予支持

内部因素 ⟶ 分析评价 ⟵ 外部因素

公司目标 ⟶ 调整预测 ⟵ 新的变化

达标（未达标）

达标 ⟶ 撰写市场预测报告

审核 ⟵

审批（未通过 / 通过）

市场预测报告归档保存

结束

编修部门		签 发 人		签发日期	

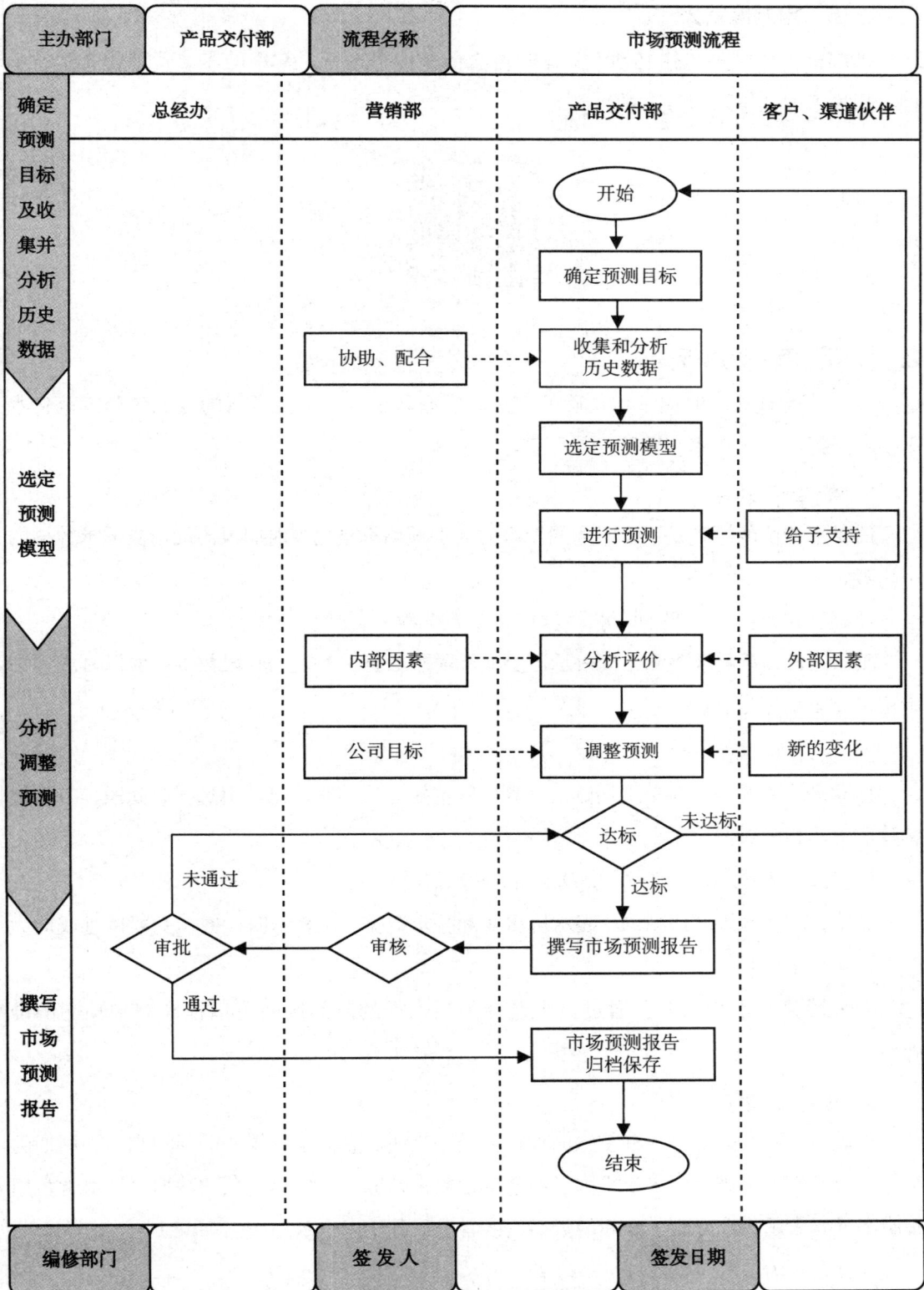

图 2-3　产品交付部的市场预测流程

2.1.5 用制度管人

供应链需求管理工作必须在科学、健全的制度下进行。常用的需求管理相关制度示例，扫描下方二维码即可查看。

2.1.6 用工具执行

企业在管理需求时应善用正确的方法、模型和工具来提高自身的专业化和规范化水平，不断提高工作效率和质量。

1. 简单平均法

简单平均法的原理是下个时间周期内的需求预测都是之前时间段内的历史需求数据的平均数。

计算公式为：$F_{t+1}=$ 平均需求 $=(D_1+\ldots\ldots+D_t)/N$

其中，F 表示需求预测，D 表示历史实际需求数据，N 表示时段数（一般以月或周为单位），t 表示序号。

2. 移动平均法

移动平均法改进了简单平均法的计算区间选择方法，它可以自由选择时间段，有效地排除历史不相干数据。

计算公式为：$F_{t+1}=(D_t+D_{t-1}+D_{t-2}+\ldots\ldots+D_{t-(n-1)})/N$

其中，F 表示需求预测，D 表示历史实际需求数据，N 表示时段数（一般以月或周为单位），t 表示序号。

当采用移动平均法时，通过自由选择采用数据的时间区间可以提高需求预测的准确性。

3. 指数平滑法

指数平滑法实际上是一种特殊的加权移动平均法。它以上一周期的预测和上一周期的实际销售额作为基础，引入权重因子即平滑常数来计算下一周期的预测数据。平滑常数用希腊字母 α 表示，取 0 到 1 之间的数字，或者以百分比来表示。

计算公式为：$F_{t+1}=\alpha D_t+(1-\alpha)F_t$

其中，F_{t+1} 表示新一周期的需求预测，α 在 0 到 1 之间，D_t 表示在 t 时段内的实际需求数据，F_t 表示在 t 时段内的需求预测数据。

4．回归分析模型

回归分析是一种预测性的建模技术，它研究的是因变量和自变量之间的关系。该技术通常用于预测分析，发现变量之间的因果关系，并对未来结果进行预测。

常见的回归模型有线性回归、逻辑回归和多项式回归等。回归分析模型的要点众多，关于回归分析模型深层次的知识包括公式、假设、函数和数据要求等，感兴趣的读者可以继续学习相关知识。

2．1．7　经验分享

1．确定需求导向的主体地位

如果说企业供应链管理的初级水平是以供给为中心的供给导向，那么更加高效的供应链管理的显著特征就是以需求为中心的需求导向。

通过需求管理明确客户的真实需求，进一步向供应端进行传导，这种明确需求的方式可以解决很多供应链中的问题。

供应链管理水平高的企业在前端的控制上一定是出众的，例如，华为公司的"让听得见炮声的人做决策"就是这个道理。

2．要想让需求预测更准确，就要多职能参加、多循环预测

要想让需求预测更准确，企业就需要多方获得数据，采购、运营、计划等部分的数据都要考虑在内，体现在供应链中就是多方企业协同并在一定程度上共享数据。

需求预测结果的使用部门不能总是被动地等待，并承担预测失败带来的后果，而是要积极地参与到预测的过程中，提出意见和建议，反馈历史修正数据，帮助提高需求预测的准确性，同时降低自身的工作难度。

需求预测不是一次就能够成功的，企业要不断地纳入新数据、新信息，通过不断的循环验证进行需求修正。越是精细化经营的企业，需求预测的调整频率往往越高。在更加准确的需求预测背景下，其供应链适应市场变化的能力会更强。

3．避免需求管理过于依赖需求预测

前文已经说过，当需求预测的准确度提高到一定的水平后，其进一步提高的空间就会越来越小，这决定了需求管理不能完全依赖需求预测。

降低企业供应链的响应时间是需求预测的重要作用之一，但往往响应时间越长的供应链越依赖需求预测，这就对需求预测提出了更早预测的要求。然而，这种预测的准确度不高。这似乎形成了一个恶性循环。

要想解决上述问题，就要从其他角度入手，需求预测并不是缩短供应链响应时间的唯一方法。通过解决生产、采购、物流方面的一般问题可以使供应链的响应时间缩短，提高库存周转率、设置合理的安全库存以降低库存风险等也可以在一定程度上加快供应链的响应速度。

执行层面的改变可以进一步作用于战略层面。需求管理的最理想状态就是不需要预测，或者对需求预测的依赖性较低。要实现这一目标，就需要供应链的高效管理及前后端在系统、流程、产品层面的高度协作和信息共享。

2.2 计划管理

2.2.1 工作内容

驱动供应链各个部分之间信息流相互连接的是计划，计划无疑是整个供应链的主要引擎。企业供应链主链上的计划和辅链上衍生出的配套计划具有一致性和联动性等特点，是保障供应链产品顺利生产交付的重要工具。

作为企业供应链管理的重要核心，企业的供应链计划（Supply Chain Planning，SCP）系统一般包含三个部分，即需求预测、库存计划和补库计划。

这三个部分可细化为九种计划，具体包括需求计划、生产计划、采购计划、物料计划、库存计划、仓储计划、物流计划、交付计划、财务计划。这些计划构成了企业供应链管理的计划体系，推动着整个供应链系统正常运转。

计划管理在企业供应链管理过程中承担着重要的分析、调节和平衡功能。它包含对供应链前后端输入信息的分析、分解、研究，以及对于采购、生产、物流等环节的资源输入的协调和平衡等内容。

1．需求计划

企业供应链计划从需求计划开始，准确地说，需求计划是推动供应链良好运营的主要动力。

需求计划是"根本计划"。供应链是一个环环相扣的系统，企业根据需求制订生产计划，生产计划又决定了生产和采购的具体情况。供应链管理高效的企业一定是对需求计划足够重视的企业。

需求计划是未来一段时间内对企业产品需求的计划。需求计划要充分考虑需求的不确定性和需求变动对供应链上下游的影响，尽力控制数据输入和结果输出，不断提升需求预测的准确性。

企业的业务需要稳定发展，就会有一定的重复性，所以需求的历史数据是十分重要的信息，通常也是需求计划的起点。可以说，根据历史真实需求数据，采用科学合理的数学模型和软件工具，就可以编制需求计划的初稿。

确定需求时常用的数学统计方法有很多，如线性回归法、加权平均法、指数平滑法、时间序列法等，将历史需求数据代入数学模型可以在一定程度上对需求的变化进行判断。

2．生产计划

生产计划是产品交付阶段的基本保障，企业通过对生产任务做出统筹安排来实现供应目标。

作为供应链计划的重要组成部分，企业通过对生产产品的品种、数量、质量和进度进行计划，在需求预测的基础上逐步完成供应端任务。

生产计划一方面为满足终端客户要求的三要素"交期、品质、成本"而制订，另一方面它也是为使企业获得一定利益而对生产三要素"材料、人员、机器设备"的确切准备、分配及使用做出安排的计划。

企业在制订生产计划时要注意供应链的牛鞭效应，合理根据自身的供应链位置确定生产计划的内容，避免因订单变化而承担不对等的风险。

3．采购计划

采购计划是采购管理人员在了解需求端实际情况且掌握生产过程中物料消耗规律的基础上，对计划期内的物料采购管理活动所做的具有预见性的安排和部署。

采购计划是根据生产部门或其他使用部门的计划制订的包含采购物料、采购数量、需求日期等内容的计划。

4．物料计划

物料计划和生产计划是紧密联系的一个整体，物料计划的执行效率直接决定了生产计划能否按时推进。

生产流程的中间数据如何掌握？材料损耗率如何准确控制？生产计划怎么实施？生产周期如何精确控制？采购计划如何管理？诸多问题的解决都要以物料数据和物料计划作为基础。

如果物料计划出现问题，生产的响应性能力就会不断波动，企业供应链需求端将无法满足，而供给端会不断承压，最终出现客户订单来了但是产能跟不上或产能提高了但是需求疲乏导致库存周转压力加大的情况。

5．库存计划

库存计划是平衡供应链需求端和供给端的重要手段，需求端的不确定性永远存在，供给端的短缺和过剩问题在企业运营过程中并不罕见。

如何科学合理地应对需求的不确定性和如何使供给能够高效地对接需求是库存计划需要应对的关键问题，也是安全库存要发挥防线作用的"阵地"。

我们可以将库存计划分为以下三个部分。

（1）安全库存如何设置得更加合理，哪些数学统计模型可以帮助确定安全库存，需求和供给的不确定性如何以量化的方式呈现。

（2）在业务经营过程中，如何高效平衡库存水平和客户服务水平，如一些品类多但数量少且属于长尾市场的产品。

（3）将库存控制在一个合理的水平，此水平能够实现不反弹的长期控制。若只能短期地实现降库存、高周转的目标，并不算是成功的库存计划。

6．仓储计划

企业进行仓储活动之前，应对仓储模式、仓储设施、储存空间、信息管理系统等进行选择和设计，最终确定供应链的仓储计划。

一般情况下，企业仓储计划包含物资验收管理、物资入库管理、物资存储管理、仓储盘点管理、仓储设备管理、装卸搬运管理、流通加工管理、出库管理、仓储成本管理和仓储日常管理。

7．物流计划

供应链物流是为了顺利实现经济活动的目标，完成产品交付的任务，通过协调运作生产、供应活动、销售活动和物流活动，进行综合性管理的战略机能。

供应链物流以物流活动为核心，协调供应领域的生产和进货计划、销售领域的客户服务和订货处理业务及财务领域的库存控制等活动。

物流计划的内容包含对物流活动的计划、组织、指挥、协调、控制和监督，通过系统设计的计划使各项物流活动实现最佳的协调与配合，以降低物流成本，提高物流效率和经济效益。

需要注意的是，供应链物流计划也包括企业与渠道伙伴之间的协调和协作，涉及供应商、中间商、第三方服务供应商和客户等。

8．交付计划

交付计划是指在企业供应链管理中将产品或服务按照预定计划交付给客户的规划安排。

交付计划一般包含四个部分，即范围、排期、团队和机制。

交付范围是指各个阶段交付的工作内容。

交付排期是指对交付的时间规划，包括各个范围内交付工作的时间节点、关键的时间节点等。

交付团队是指对不同阶段团队角色的配置及团队成员进场与出场的规划。

交付机制是指交付的运作机制，包括交付相关工作如何实施、如何管理及团队如何管理等。

9．财务计划

财务计划是指企业财务部以货币形式协调安排财务计划期内供应链投资、筹资活动及各部分其他工作的财务成果的文件。制订财务计划的目的是为供应链财务管理工作确定具体量化的目标。

财务计划包括短期财务计划和长期财务计划，短期财务计划一般指一年一度的财务预算；长期财务计划指一年以上的计划，通常是为期三到五年的长期计划，以企业的供应链管理理念、业务领域、地域范围、定量的战略目标为基础。长期财务计划是实现企业供应链管理战略的规划工具。

2．2．2　问题梳理

1．计划如何在供应和需求之间搭建桥梁

企业要想理解供应链作为产品生产和流通的网络结构的关键，首先要明确需求和供应的关系，并抓住两者之间连接的要点。

从产品生产和流通角度来看，计划贯穿采购、生产、交付三大步骤，是企业供应链全过程的管理基础。

从需求和供应之间的商流、物流、信息流、资金流来看，计划毫无疑问是驱动这四者的重要动力。

如果简单地将需求理解为订单，将供应理解为生产，那么完成市场订单的同时有效控制成本并获得利润的关键是一个两者集成的计划。高效、经济地完成订单，快速地实现库存周转，实现正向的供应链循环，这些都是计划发挥桥梁作用的体现。

（1）真正地重视计划

计划作为供应链的重要核心，在现实环境中却鲜少被企业重视。很多企业的计划工作都是"兼任""顺便"完成的，没有专业的人，更没有足够的资源。

很多企业都很重视生产和采购，在对应工作的执行上投入巨大的资源，但是往往成果并不令人十分满意。这些企业仍认为这是因为执行还不到位导致的，没有意识到这是因为计划的缺失导致的。

需求和供应之间没有完备的计划作为桥梁进行连接，往往会导致生产和采购的随机性增大，波动性增强，从而导致成本上升。

（2）将计划放到合理的位置

企业忽视计划的一个重要原因是认为计划的正确性无法得到保证，换言之，"计划不能准确地反映需求，也不能精确地指挥生产。"这种判断正是影响企业供应链管理效率的重要原因。

企业要认识到，计划的意义并不是完美地解决需求和供应之间的问题，而是提高企业供应链对市场的反应能力，保持一定的供应链反应能力。

2. 如何制订更准确的计划

我们要知道，供应链中没有完全准确的计划，只有更准确的计划。这是因为变化无时无刻不在发生，计划的滞后性是天生的。企业要做的就是不断地制订计划，根据实际情况对计划进行必要的修改和调整。不要寄希望于一劳永逸的完美计划，不断地修正才是让计划变得更准确的正确手段。

3. 如何平衡计划和执行之间的关系

（1）由专业的人完成专业的事

平衡计划和执行之间的关系是一种管理工作，需要由职业经理人员来完成。在企业供应链管理过程中，通过计划将目标分解细化，再通过执行来实现计划，在计划指导执行的过程中通过不断的修正来发挥控制作用。

（2）职能分离，分开计划和执行

注重执行可以帮助中小企业快速完成业务，获得客户，维持生存，但随着企业规模的不断扩大，这种以执行为主的方式会阻滞企业的进一步发展。业务的复杂度和组织的规模决定了计划必须发挥更大的作用。

执行者兼做计划的模式必须调整，执行的任务量随着企业的发展不断增多，执行人完成计划的时间和能力无法与之适应。计划和执行分离是必要的平衡方式。分离计划和执行职能将有利于供应链的运营和管理，有助于企业协调各部门之间的强弱关系。

2. 2. 3 痛点总结

1. 计划脱离实际，驱动效用低

计划是一种分析职能，是基于对实际情况的分析而制订的，如果脱离了企业的客观情况，计划的效用就会大打折扣。届时，高库存、低周转、资金链紧张等问题都会反馈到供应链管理上。

以指标体系为例，客户服务水平、按时交货率、资产利用率、库存周转率、运营成本等供应链指标都是从计划中产生的。计划作为供应链的核心，在引导层面上要发挥高度指引作用，这要求计划能够最大限度地切合实际情况，对众多指标体系负责；在执行层面上要满足行动需求，明确说明供应链各个阶段如何执行、谁来执行、执行到什么程度。

当供应链计划制订者只是坐在办公室里"写计划"的时候，他只是依靠滞后的信息做出准确性低的计划。要保证计划与实际紧密结合，计划部门就要发挥主观能动性，主动联系客户，了解他们的需求、要求及意见，确认供应链是否令其满意；主动联系供应商，了解他们的进度及交期等。

只有及时掌握供应链各部分的信息，计划制订者才能让计划更加准确，降低不确定性带来的风险，使计划的驱动效用最大化。

2．盲目地让订单驱动取代计划驱动

很多中小企业以客户订单为生产风向标，完全让订单来驱动企业的发展。这本身无可厚非，小企业自身比较脆弱，对客户的依赖性较强，生产随着客户的需求变化而改变是促进业务进一步发展的基本条件。

小企业不断发展壮大，业务和组织规模达到中型企业的水平后，早期的订单驱动方式就会不适应企业的发展。如果再盲目地让订单驱动生产，而不是对需求进行管理，通过计划驱动生产，供应与需求之间的衔接就会出现问题。当卖方市场转变为买方市场时，企业的抗风险能力就会因订单驱动导致的库存和周转问题而快速下降。

计划是对需求的管理。当生产周期较长、供应链成员众多、流程复杂时，如果企业再以订单为基础进行生产，企业供应链就几乎没有理想的反应时间，交期晚、交付难的情况会加速其市场竞争力的下降，导致企业出局。

3．计划应对需求变动的能力较弱

需求变动在供应链管理过程中不可避免，许多企业在应对需求变动的过程中时常会出现计划管理滞后的情况，这就是计划应对需求变动的能力较弱的体现。

当计划不能及时调整以应对需求变动时，生产、采购、仓储、物流、交付等供应链后续部分就会出现问题。

企业在进行计划管理时，往往要依靠历史数据进行基本分析，确定需求的"基本盘"，在此基础上根据需求预测的结果进行增减。一旦计划确定，企业开始投入供应链后续的生产、采购、仓储等环节，需求变动带来的影响就不再局限于计划这一个部分。

计划的调整跟不上需求的变动，其"指挥"能力就会失效，正确的判断在变动的情况下也会转化为错误的判断。

需要注意的是，这些需求变动与计划调整之间的差距会在供应链系统中逐步形成库存。如果企业不能及时地销售库存，库存成本会进一步提高，周转率降低，呆滞库存就会产生。这会进一步加大计划的压力，减弱企业对需求端和供给端之间的控制能力。

要解决计划应对能力较弱的问题，关键在于加强计划部门和营销部之间的有效沟通。计划部门要熟悉供应链系统的全过程，要有数据，要在合理范围内共享数据；营销部要掌控市场信息，对市场变化有灵敏的嗅觉，要熟悉自己的客户，做好判断工作。

2.2.4　用流程管事

供应链计划管理工作是有流程可依的，按流程做事能让企业工作更加规范、专业、高效。产品交付部常见的供应链计划管理相关流程分别如图 2-4 和图 2-5 所示。

主办部门	产品交付部	流程名称	产能管理流程

	供应链管理部	产品交付部	生产单位	相关部门

产能预估分析

开始

核算设备产能 ← 提供生产作业计划 ← 提供销售计划、人力资源计划等数据资料

计算并确认设备产能时间 ← 提供稼动设备数据

核算人力产能 ← 提供车间人数

确认生产产品批号

设备负荷预估分析

确认生产预定量

确认标准工时

计算并确认负荷工时

辨别产能负荷关系

产能大于负荷 → 减少产能措施

产能小于负荷 → 增加产能措施

应对产能失衡

审批 ← 编制产能管理分析表

产能管理总结

产能管理分析总结与运用

结束

编修部门	签 发 人		签 发 日 期	

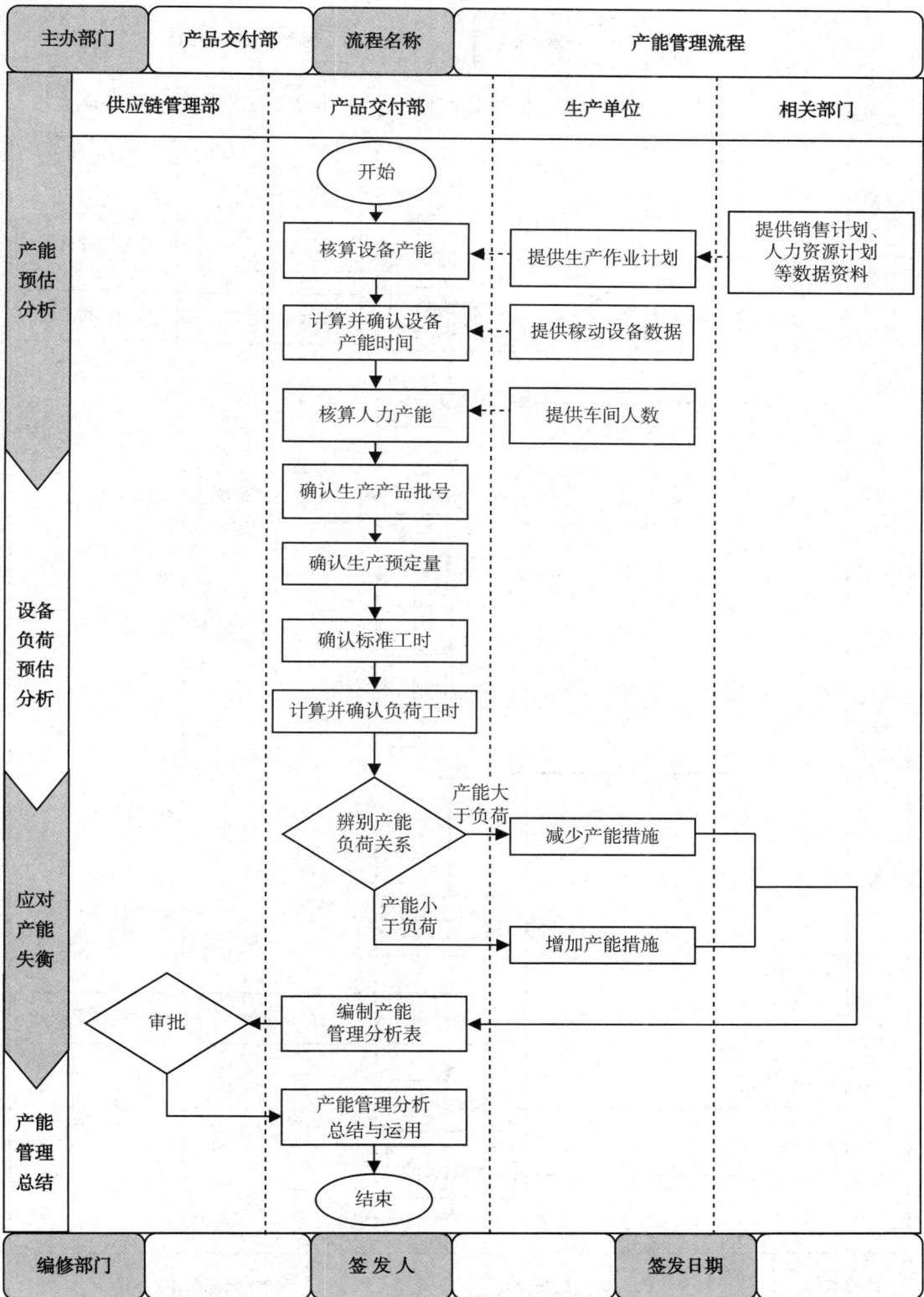

图 2-4　产品交付部的产能管理流程

主办部门	产品交付部	流程名称	物料计划制订流程

	总经办	采购部	产品交付部	物料专员	生产单位

编制物料需求计划

开始

传达生产计划 → 物料消耗估算

编制物料需求计划 ← 汇总用料需求 ← 提交用料需求

审批 ← 审核 ← 编制物料需求计划

平衡需求

拟写供应计划

提出意见和建议 ← 拟写供应计划 → 提出意见和建议

汇总意见和建议

编制年度供应计划

编制年度供应计划

审批 ← 审核 ← 编制年度供应计划

正式成文

分解执行年度供应计划

分解成季度计划、月度计划

执行计划 ← 汇总意见 ← 反馈意见

审批 ← 调整计划

继续执行计划

结束

编修部门	签发人	签发日期

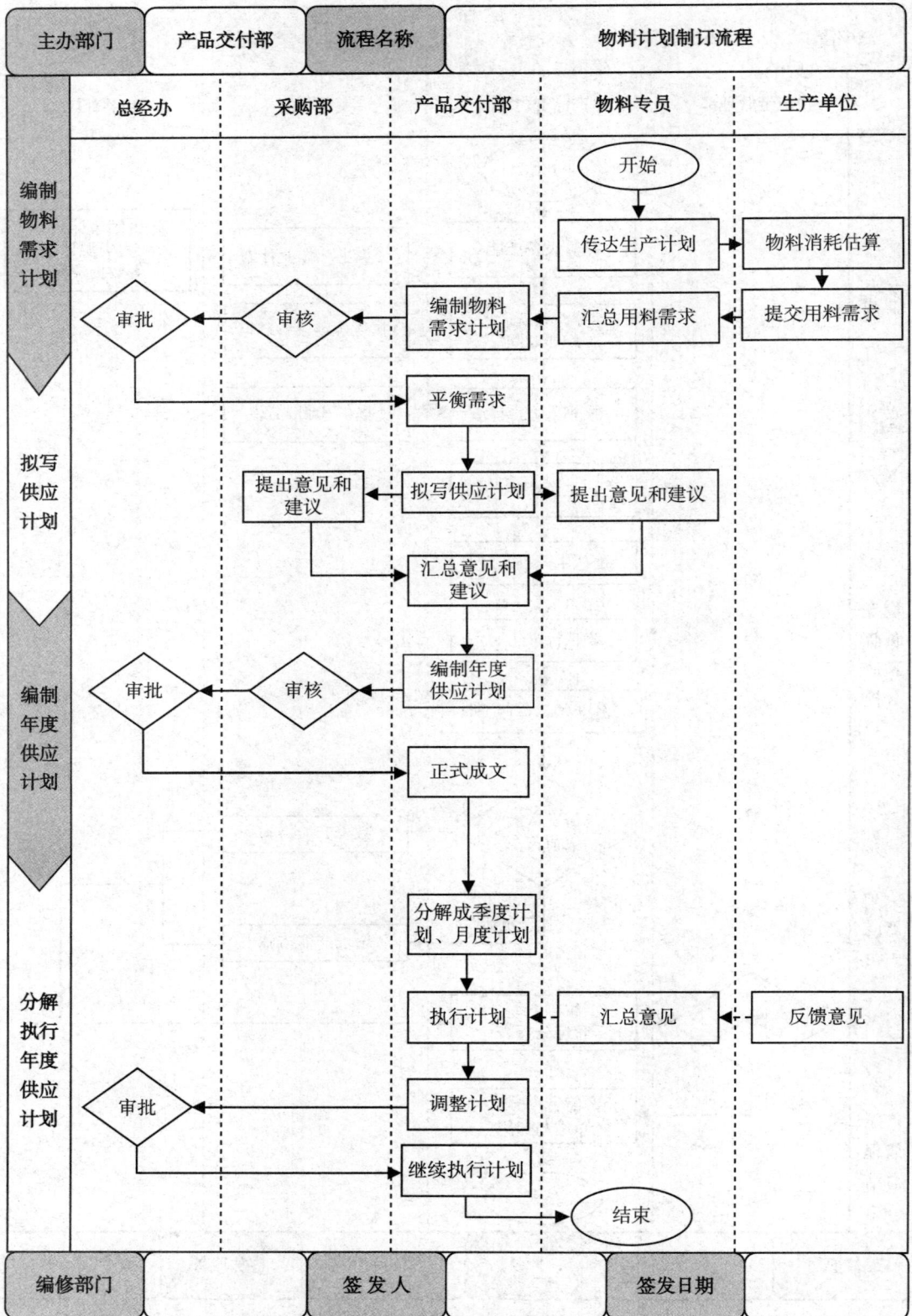

图 2-5　产品交付部的物料计划制订流程

2.2.5　用制度管人

供应链计划管理工作必须在科学、健全的制度下进行。常用的计划管理相关制度示例如下，扫描下方二维码即可查看。

2.2.6　用工具执行

企业在进行供应链计划管理时应善用一些方法、模型和工具来提高自身的专业化和规范化水平，不断提高工作效率和质量。

1.甘特图

甘特图又称横道图、条状图，于 20 世纪初期由亨利·甘特发明，因此称为甘特图。甘特图是一个完整的用条形图表示时间进度和任务完成情况的标志系统。

甘特图是对任务或项目进行计划与排序的一种常用方法，能够直观地展示任务的时间排序和进程，能够让企业管理者首先做好进度安排，然后随着时间的推移对比计划进度与实际进度，进行监控工作。甘特图示例如表 2-1 所示。

表 2-1　甘特图示例

ID	任务名称	开始日期	结束日期	时长	完成度	2019-10-01				2019-11-01				……
						01	02	……	31	01	02	……	30	
1	任务 A	2019-10-01	2019-10-08	X 日	100%									
2	任务 B	2019-10-02	2019-10-31	Y 日	80%									
3	任务 C	2019-10-31	2019-11-02	M 日	50%									
4	任务 D	2020-01-15	2020-02-15	N 日	0									
5	任务 E	2020-01-31	2020-03-01	H 日	0									
……	……	……	……	……	……			……				……		

甘特图的特点是突出了计划管理中最重要的因素，即时间。它主要体现以下三项内容：

（1）计划量与计划时间的进度对应关系；

（2）每日的实际工作量与预定计划量的对比关系；

（3）一定时间内实际累计成果与同时期计划累计成果的对比关系。

甘特图的优点在于图形化概要易于理解且技术成熟，有通用的专业软件支持，企业在使用过程中无需担心复杂的计算和分析。

2．燃尽图

燃尽图是用于表示剩余工作量的工作图表，由横轴和纵轴组成，横轴表示时间，纵轴表示工作量。这种图表可以直观地预测何时工作将全部完成，可以用于计划的工作流程进度监控。燃尽图示例如图 2-6 所示。

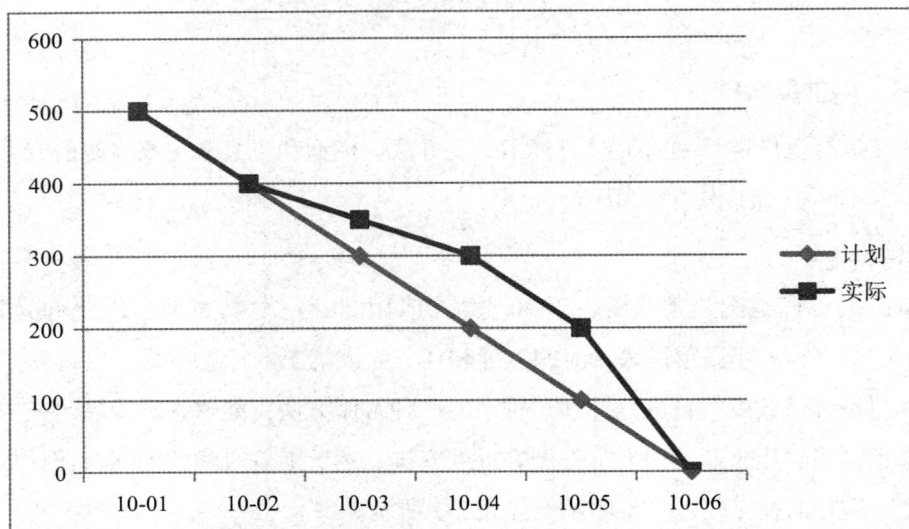

图 2-6　燃尽图示例

图 2-6 中横坐标表示计划设定的完成时间，纵坐标表示完成量的具体数值。

燃尽图就是每天将计划中所有任务剩余工时的总和计算出来，形成坐标点，然后逐个将坐标点连接起来，形成剩余工作量的趋势线。

燃尽图的解读规则主要有以下两个。

（1）如果实际曲线在计划曲线以下，就说明计划的进度进展顺利，企业有比较大的概率按期完成供应链任务。

（2）如果实际曲线在计划曲线以上，就说明有比较大的概率延期，企业需要积极介入、关注进度，做出调整和优化。

2．2．7　经验分享

1．做好计划里的指标体系

当企业解决了没有计划或计划由执行者来兼做的问题后，计划管理工作就进入了初始轨道。这个时候，新的挑战就会出现，供应链指标体系成为完成计划的关键。企业如何总结关键指标？如何制定指标体系？

指标体系其实是责任体系，是承诺体系，是考核的标尺，精益、精细、精进是指标体系的共性要求。

当指标体系发展了一段时间后，"孔雀效应"就有可能会出现：关键指标越来越被重视，其他指标逐渐成为摆设；关键指标的完成逐渐成为一场数字游戏，指标完成得很漂亮但实际产出却不高。

很多企业面临的实际问题是没有指标或指标过少、不规范，从而导致计划性无法提高，供应链管理面临混乱和无序。

在重视指标体系的优秀企业中，海尔公司以客户需求为绩效指标的方式、华为公司的"完成绩效就上，完不成绩效就下"的方式，都在很大程度上提高了其运营水平和计划管理能力。虽然这样的责任体系会带来一些抱怨的声音，但这确实让企业提高了业务产出能力，在竞争中获得了优势。

2. 定期改进计划，不断提高计划准确性

计划管理能力不断提升的关键是什么？如何使计划不断更新改进？其中的关键是数据。

企业将计划和执行职能分离后，专业的供应链计划职能部门做计划的基础是数据，专业的计划必须由数据驱动。

同时，企业应注意到，提高计划能力的关键不仅仅在于做法的改变，更多的是基础能力的提高。而提高基础能力的关键在于数据管理，企业要对供应链的各个部分和各个流程进行数据收集，完善供应链相关的数据系统。

充分发挥数据的能力，在每一个节点上进行精准把控，不断地对计划进行更新改进，只有这样才能提高供应链计划的准确性。

2.3　采购管理

2.3.1　工作内容

采购是供应链中的重要一环，采购工作直接关系到后续的生产、组装、销售流程，对供应链下游有深刻影响。有专业人员将采购管理的工作内容划分为采购计划、订单管理和发票检验三大类，具体内容则可细分为采购战略、采购计划、供应商选择与评估、采购方式、采购过程管理这几项。

1．采购战略

不同的企业有不同类型的采购战略，同一家企业在不同阶段也有不同的采购战略。阶段可以是一个财年、一个季度、一个项目周期等。采购战略是由采购需求决定的。

企业制定采购战略需要遵循一定的流程，尽力做到不遗漏、不偏颇、有理想、有现实。具体制定流程大致如下。

（1）详尽了解企业自身需求情况、往期采购执行情况、已有供应商资源等关键信息。

（2）根据企业业务发展需要进行供应市场研究，主要包括行业发展趋势、主要供应商分布、竞争情况等内容。

（3）确定企业的采供目标，设计一个期望达到的"采购—供应"格局形态，并思考需要付出哪些努力。

（4）列举可能需要用到的方法和资源，并思考如何使用和调配这些资源。

2．采购计划

采购计划是采购的准备工作，只有制订完整、合理的采购计划，采购的具体工作才能开展。企业制订完善的采购计划可以有效地规避风险、减少损失，有利于资源的合理配置，以取得最佳的经济效益。

采购计划一般有两种类型：一种是定期采购计划，如周计划、月度计划、季度计划、年度计划等；另一种是非定期采购计划，这种计划随需求不定时产生。

制订采购计划时需要考虑以下三个方面。

（1）对往期销售、消耗情况进行分析，列出拟采购清单，包括采购对象的名称、型号、规格、数量、价格等内容。

（2）注意清查库存，根据库存余量合理确定采购数量。

（3）根据市场行情、采购经费等因素适当调整采购的对象和数量，合理配列，优化组合。

采购计划管理是指企业进行采购计划的制订和维护，为企业提供采购指导，应变各类采购情况。相比采购战略，采购计划应更加详细、具体、可执行，采购计划要将每一个环节计划清楚，将相关人员及其职责安排妥善。

3．供应商选择与评估

企业一般都有自己的供应商选择流程和评估模式。对于供应商的选择，企业一般遵守调查、评估、接洽、谈判、合作这样一套常规流程，这套流程的重点就在于对意向供应商的评估。

一般来说，对供应商的评估会考虑以下三个重要因素。

（1）质量。质量是指所采购的对象在特定方面符合采购方要求的程度，这会直接影响采购后的入库、生产甚至销售等后续工作。采购对象的使用寿命、维修的便利性、维护要求、操作难度等都应是企业重点关注的因素。

（2）价格。价格永远是企业所关心的问题，也是影响供应商选择的重要因素。价格不仅仅包括购买成本，还包括运输、搬运、储存、损坏和损耗等方面的成本。

（3）供应能力。能否保证准确、准时、完整、合格地交货是供应商供应能力的体现，这是企业评估供应商的重要指标。影响这一指标的还有供应商能否提供清晰、易操作的保修和索赔程序。另外，所有的供应链人员都希望减少风险，所以供应风险预防和解决能力也是供应能力评估的重要内容。

除了以上几个重要因素，供应商的地理位置、企业形象、接洽态度等因素都会在一定程度上影响企业对供应商的选择。

4. 采购方式

常见的采购方式有公开招标、邀请招标、竞争性谈判、竞争性磋商、单一来源采购、询价等，在实际运行中，公开招标是企业最常用的采购方式。

公开招标又称竞争性招标，即由招标人发布招标公告，众多企业单位参加投标竞争，招标人从中选择确定中标单位的招标方法。

（1）公开招标的适用条件

招标采购项目符合以下三个条件时才能实行公开招标。

① 不特定的招标对象。公开招标需向不特定的法人或其他组织发出投标邀请，使符合招标条件的招标人来投标。招标人应当通过为社会所熟悉的公共媒体公布其招标项目、拟采购的具体物资或工程内容等信息，向不特定的人提出邀请。任何认为自己符合招标人要求的法人或其他组织、个人都有权向招标人索取招标文件并届时投标。

② 不得以不合理的条件限制或排斥投标人。采用公开招标时，招标人不得以任何借口拒绝向符合条件的投标人出售招标文件。依法必须进行招标的项目，招标人不得以地区或部门不同等借口违法限制任何潜在投标人参加投标。

③ 必须采取公告的方式。公开招标须采取公告的方式，向公众明示其招标要求，使尽量多的潜在投标商获取招标信息，从而保证公开招标的公开性。

（2）公开招标的步骤

企业要实行公开招标，需进行招标准备，再按照投标、开标、定标等步骤进行，具体如表 2-2 所示。

表 2-2 公开招标的步骤

阶段	工作程序	具体内容
招标准备阶段	选择招标方法	依据采购物资或项目的特点确定合适的招标采购方法
	办理招标备案	招标单位向相关主管部门办理招标手续，获得认可后方可实施公开招标工作
	编制招标相关文件	编制招标过程中可能涉及的有关文件包括招标公告、资格预审文件、招标文件、合同协议书及评标方法等
招标投标阶段	发布招标公告	发布招标公告，让潜在的投标人获得招标信息
	资格预审	对潜在投标人进行资格审查，审察其是否具备完成招标工作所要求的条件
	发售招标文件	招标文件通常可分为投标须知、合同条件、技术规范、图纸和技术资料、采购量清单等内容
	现场考察	招标人在投标须知规定的时间组织投标人自费进行现场考察
	解答投标人的质疑	招标人对所有投标人所提问题进行回答
开标定标阶段	开标	在投标须知规定的时间和地点进行唱标
	评标	由评标小组对各投标书进行评审，以便最终确定中标候选人
	评标报告	评标小组经过对各投标书评审后向招标人提出结论性报告，作为定标的主要依据
	定标	根据评标小组选出的中标候选人，选出质量、交期能满足企业招标要求，同时价格最优的供应商作为中标人

5．采购过程管理

虽然不同的企业对采购项目的要求各不相同，但以下四个步骤是采购中比较常见的过程，即确定购买类型、确定采购人员和资源信息、进行采购操作及评估采购工作的有效性。

尽管采购的过程复杂，时间跨度也长，但只要企业制定出一套系统的采购实施方法，就可以对采购过程进行有效管理。

在采购管理中，采购过程管理又称订单管理。采购单是订单管理的源头，企业要建立一套完善的评审、考察机制，对采购订单流转的各个环节进行过程管理，这些环节包括供应商确认订单、发货、到货、检验、入库等。这些环节可以有多样化的流程，例如，订单可以直接入库，也可以经过质量检验后再入库，这是由企业采购制度或采购对象类型决定的。

订单管理其实就是采购全过程管理，涉及从供应商到企业全流程，这是采购管理的重点，也是采购管理中环节最复杂、时间最久、涉及部分最多的过程，非常考验相关人员的执行力、协调能力及跨部门、跨企业的配合能力。

2．3．2　问题梳理

采购管理涉及企业资金的使用和库存的变化，还涉及对外交流等，事项繁多，是供应链中容易发生问题的一环。常见的采购管理问题主要有以下九种。

1．采购制度不规范

采购制度不健全或有漏洞，执行不到位或监督考核不力，导致采购业务人员出现违规违纪行为。

2．采购计划频繁变更

物料需求计划不明确、不及时导致采购计划变更频繁，不能有效地满足企业生产和运营发展的需求。

3．采购职责不明确

采购业务过程中相关人员职责不清，审核和审批程序不规范，导致企业资产损失、资源浪费，以及产生徇私舞弊等现象。

4．采购方式不恰当

没有选择最适合当前需要的采购方式，最终导致采购过程不顺畅，采购质量不理想，造成采购资金浪费和流失。

5．供应商选择不当

选择和评估供应商时未按照应有标准和程序进行，未做好相关调查工作，对其供应能力没有做好评估，最终导致供应端出现问题。

6．采购合同内容不完善

采购合同或购买协议条款权责不清或不符合国家相关规定及贸易政策，导致经济纠纷和经济损失。

7．采购验收程序不规范

采购验收程序不规范导致采购物料质量不过关，影响企业的正常生产，并有可能造成账实不符。

8．采购成本过高

影响采购成本过高的原因有很多，如采购时机不恰当、物料价格过高、采购方式不恰当导致采购成本上升等。

9．采购交期延迟或提前

采购交期延迟或提前的原因主要包括供应商失责、采购业务人员失责、其他部门失责及沟通不良等。

2.3.3 痛点总结

采购工作在实际中可能会出现各种各样的问题，对一家具备成熟采购能力的企业而言，很多问题都可以通过企业强有力的管理能力避免。但有一些问题对企业采购管理工作有重要影响，且是采购管理中最普遍、最受关注的，具体包括以下四个方面的问题。

1. 采购需求如何确认

确认采购需求时要注意以下三个要点。

（1）及时统计需求

采购相关人员要及时收集各相关部门的采购需求，并统计相关需求物资的规格、数量、时间等信息。一般而言，采购需求的内容主要有生产物料、办公用品、生产设备等。

（2）做好采购需求预测

采购人员可以通过分析市场调查结果、企业采购历史记录等信息资料，预测企业下一阶段的采购需求。

（3）编制需求计划

提前制订计划可保证采购工作有条不紊地进行。采购相关人员在进行需求预测后可预编需求计划，等采购需求被正式提交后，再将需求预测结果、预编的需求计划与实际采购需求进行对比，分析各项差异及其原因，最后调整需求计划。

2. 采购价格如何控制

对企业而言，其根本目的是盈利，因此企业的任何工作都要创造效益。采购不仅是一项花钱的工作，而且会对供应链下游工作产生影响。采购价格作为总成本的一部分，最终直接影响企业收益。

通常来说，企业在与供应商接洽前，都会根据往期经验、行业生态及详尽的市场调研结果制定一个价格区间。企业在与供应商谈判时要将采购价格控制在这个区间内，否则后续的采购将会无意义（也有特殊情况，例如，打开市场、建立合作基础时可能会有一定让价）。

在进行采购价格管理时，企业相关采购人员一般需要熟练掌握常见的价格判断公式，如**采购价格变化 = 实际价格—计划价格，采购价格总变化 =（实际价格—计划价格）× 采购数量**等，通过这些公式，采购人员可以清晰地看出实际价格与计划价格是否存在明显的差异，以便做好价格谈判。

另外，企业需要在长期合作的供应商与价格之间做好取舍，采购人员要从自身企业利益出发，全局、长远地考虑问题。

3．采购质量如何保证

品质是品牌立足的根本，在进行采购成本管理时，企业一定不能忽视质量问题。

企业应当将质量绩效分解放在首位，挖掘供应商的问题，通过不断改进来确立材料供应链的专业化管理，从而获得明显的竞争优势。

质量问题的解决需要在确定合作之前就完成。企业需要对供应商的品质能力进行有效评估，确保供应商具备相应的生产资质、质量认证及全面质量管理等管理手段。

在后续合作中，企业也要建立完善的验收制度，对物料质量进行严格检验。当然，针对不同的物料，质量的评估要求和相应指标会有所不同，企业可以按照需求进行制定。

4．采购与生产如何协调

为确保生产所需物料或设备供应的稳定性，采购部和生产部需要及时、高效地沟通。生产部的采购需求，应尽早完整、详尽地提供给采购部，以便采购部有充裕的时间做采购准备。采购部则需要随时通知生产部其采购进度，尤其是出现变动时，要及时反馈。

企业可制定采购部与生产部乃至其他各部门的沟通和交流制度，规定沟通和交流的时间节点、沟通内容等，确保各部门之间沟通顺畅、工作高效。

2．3．4　用流程管事

企业采购管理工作应该是有流程可依的，按流程做事能让企业工作更加规范、专业、高效。企业常见的相关采购管理流程分别如图 2-7、图 2-8、图 2-9、图 2-10、图 2-11 所示。

主办部门	采购部	流程名称	采购计划制订流程

	总经办	主管副总	采购部	相关部门	财务部

制订采购计划

开始

汇总并讨论 ← 提出本部门年度需求

根据企业战略确定物资采购策略 ← 配合

市场调研、分析 ← 配合

制订采购计划 → 资金预算分析

审核（未通过）← 对采购计划进行内部修订

审核（通过）→ 组织高层会议

可行性论证

可行性论证（未通过）

可行性论证（通过）→ 审批

参与

审批（未通过）

审批（通过）

最终确定并执行采购计划

修订采购计划

最终确定并执行采购计划

结束

编修部门		签发人		签发日期	

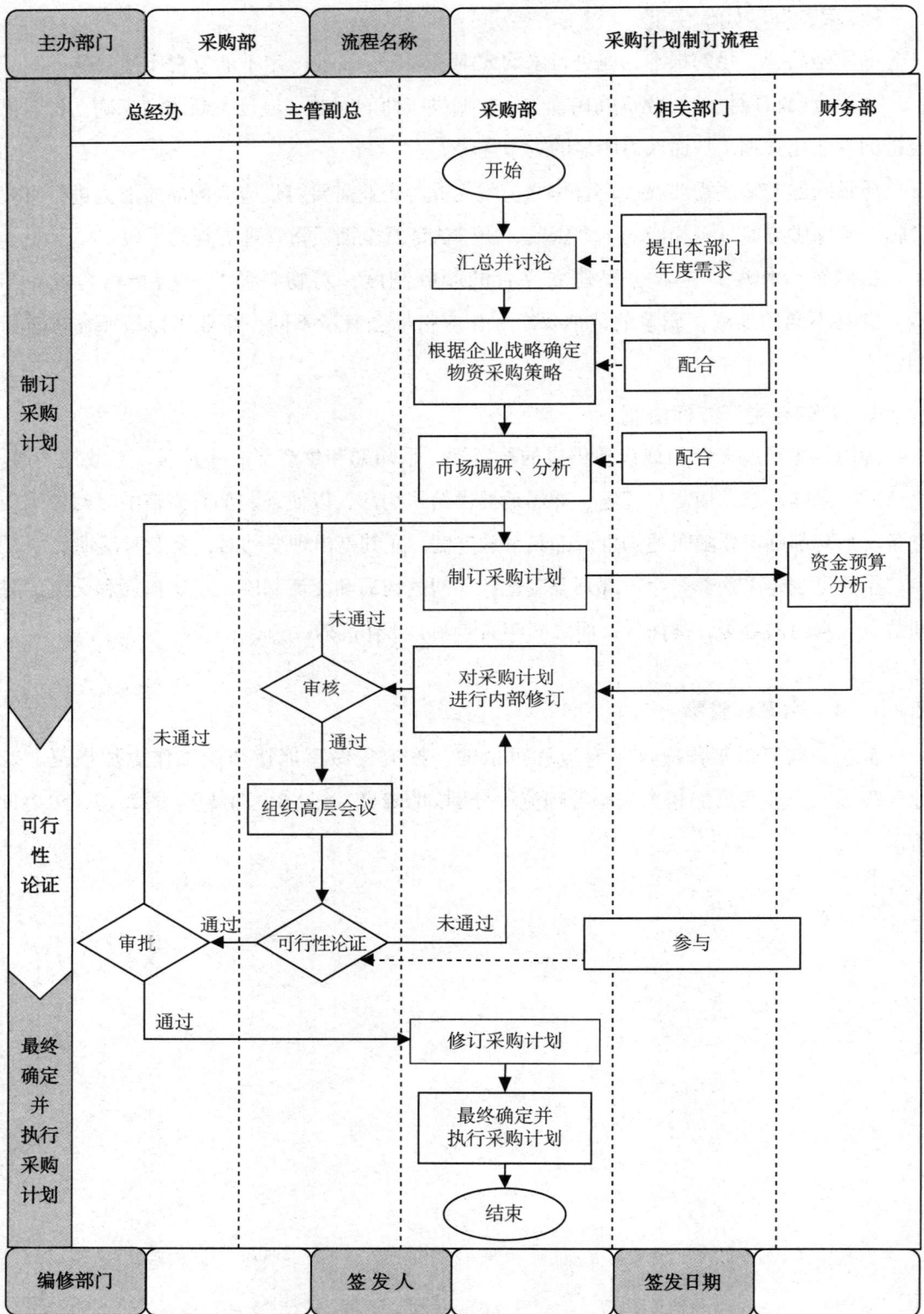

图 2-7　采购计划制订流程

主办部门	采购部	流程名称	供应商管理流程

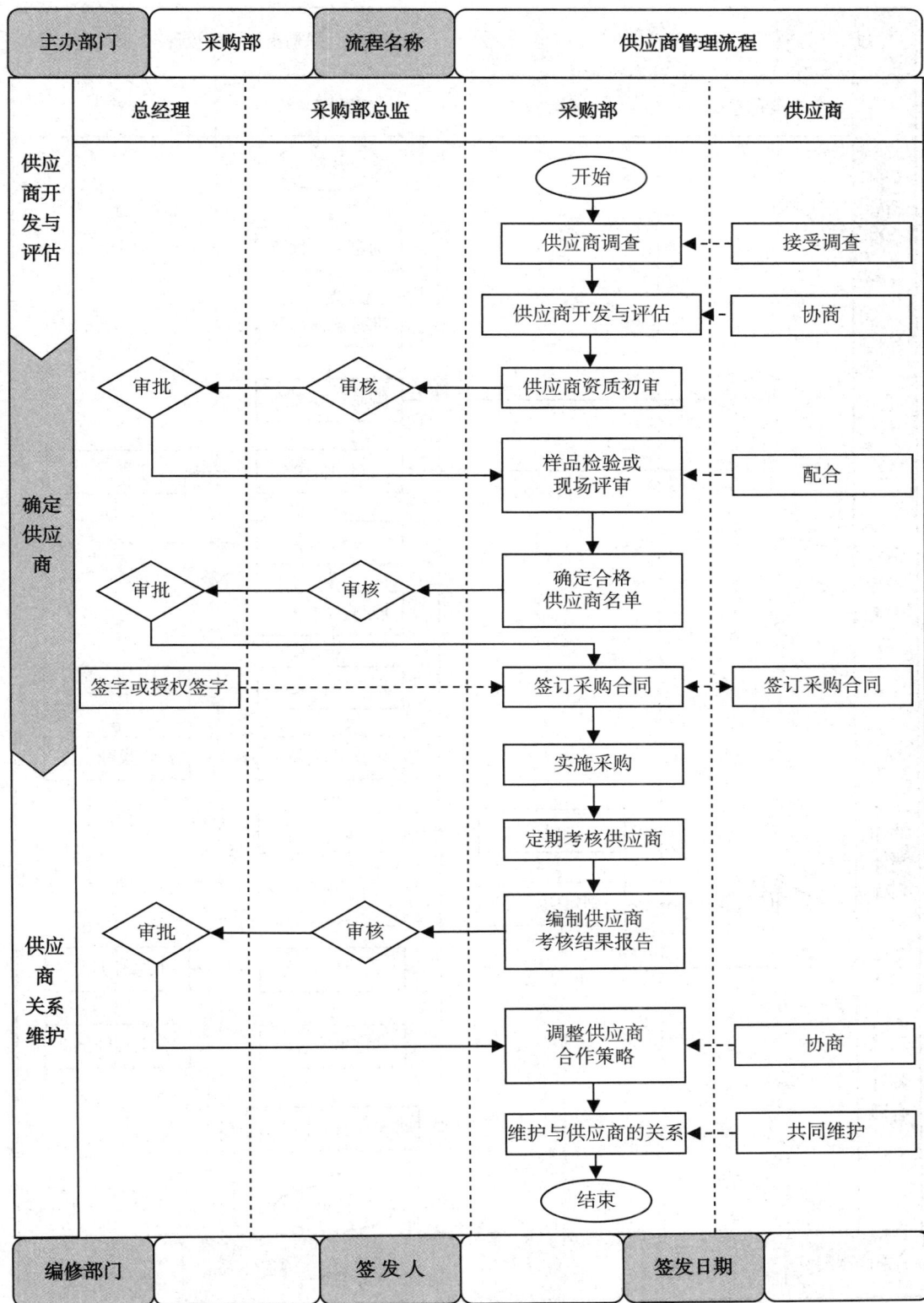

图 2-8　供应商管理流程

主办部门	采购部	流程名称	采购招标管理流程

	采购部总监	评标小组	采购部主管	投标人

编制招标文件

开始
↓
确定招标物资
↓
准备招标资料
↓
编制招标文件 → 审核
↓
审核 → 发布招标公告 → 提交资质文件

预审投标人资格

资格预审 ←
↓
确定合格投标人
↓
发售招标文件 → 购买招标文件
↓
接收投标文件 ← 提交投标文件

开标、评标、定标

评标 ← 开标
↓
确定中标者 → 审核
审核 → 发出中标函 ⇢ 接收中标函

签订合同

发出中标函
↓
签订采购合同 ⇠⇢ 签订采购合同
↓
相关资料归档保存
↓
结束

编修部门		签 发 人		签发日期	

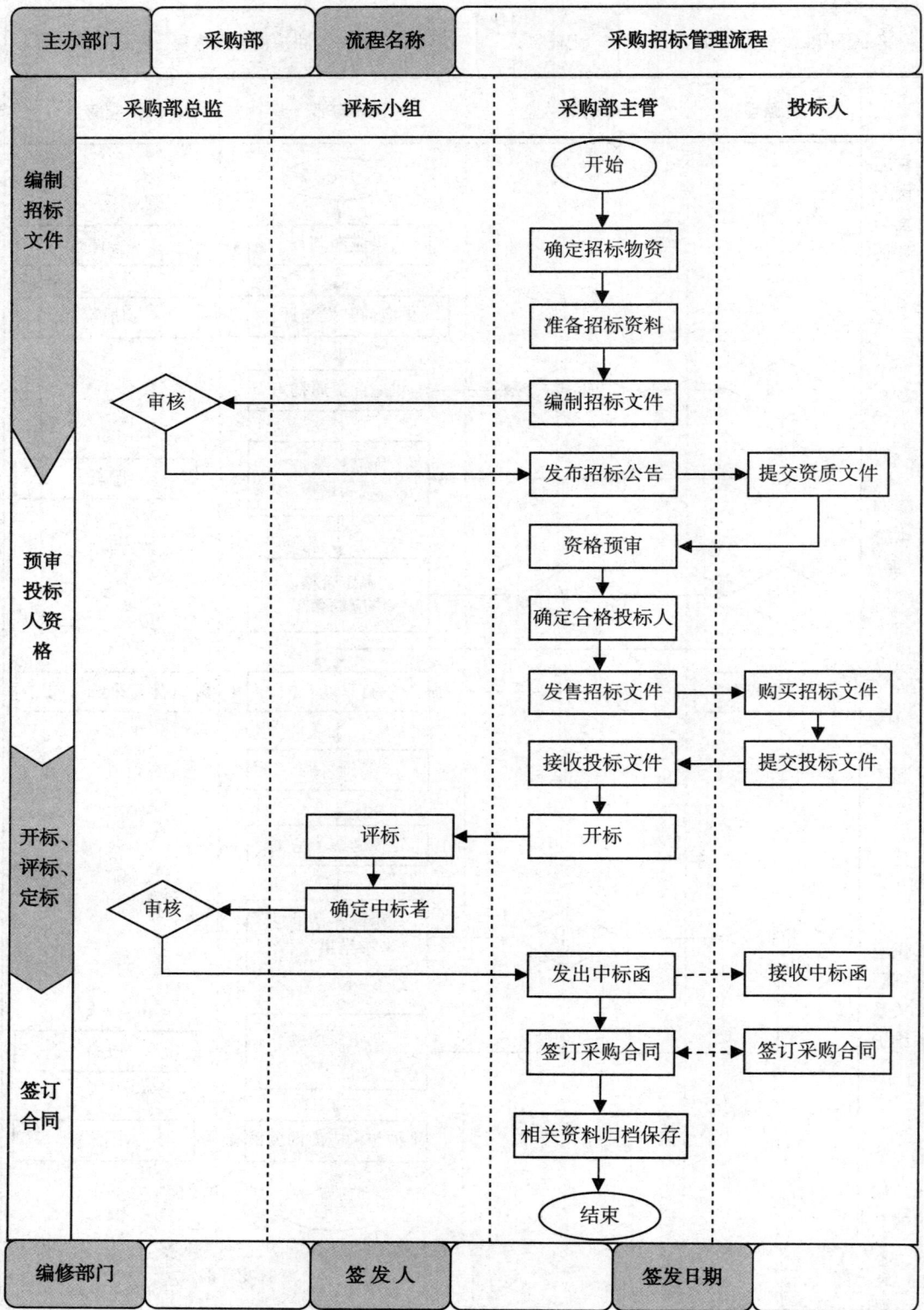

图 2-9　采购招标管理流程

主办部门	采购部	流程名称	采购过程管理流程

	总经理	采购部	相关部门	供应商

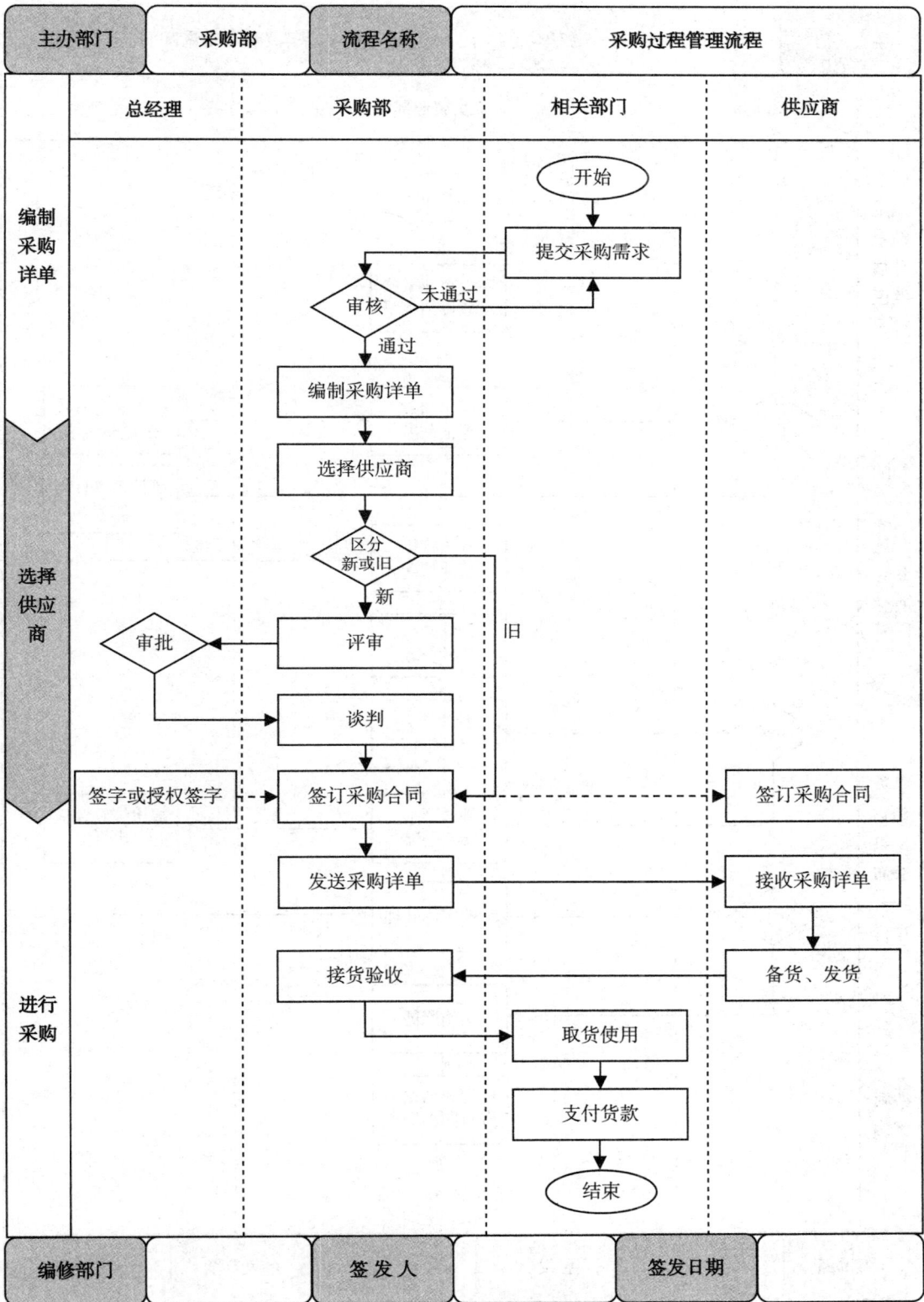

图 2-10 采购过程管理流程

编修部门		签 发 人		签 发 日 期	

主办部门	人力资源部	流程名称	采购绩效评估流程

	总经办	人力资源部	采购部

制定绩效评估制度

开始

建立企业采购绩效评估体系

制定绩效评估制度

审批

提供确定考核指标的建议

统计工作计划完成情况

实施绩效评估

分析指标完成情况

计算绩效评估分数

汇总员工绩效评估结果

审批

绩效评估结果公布与申诉

绩效评估结果公布

提出绩效评估申诉

绩效申诉处理

审批

实施奖惩

实施奖惩

绩效评估相关资料归档保存

结束

编修部门		签发人		签发日期	

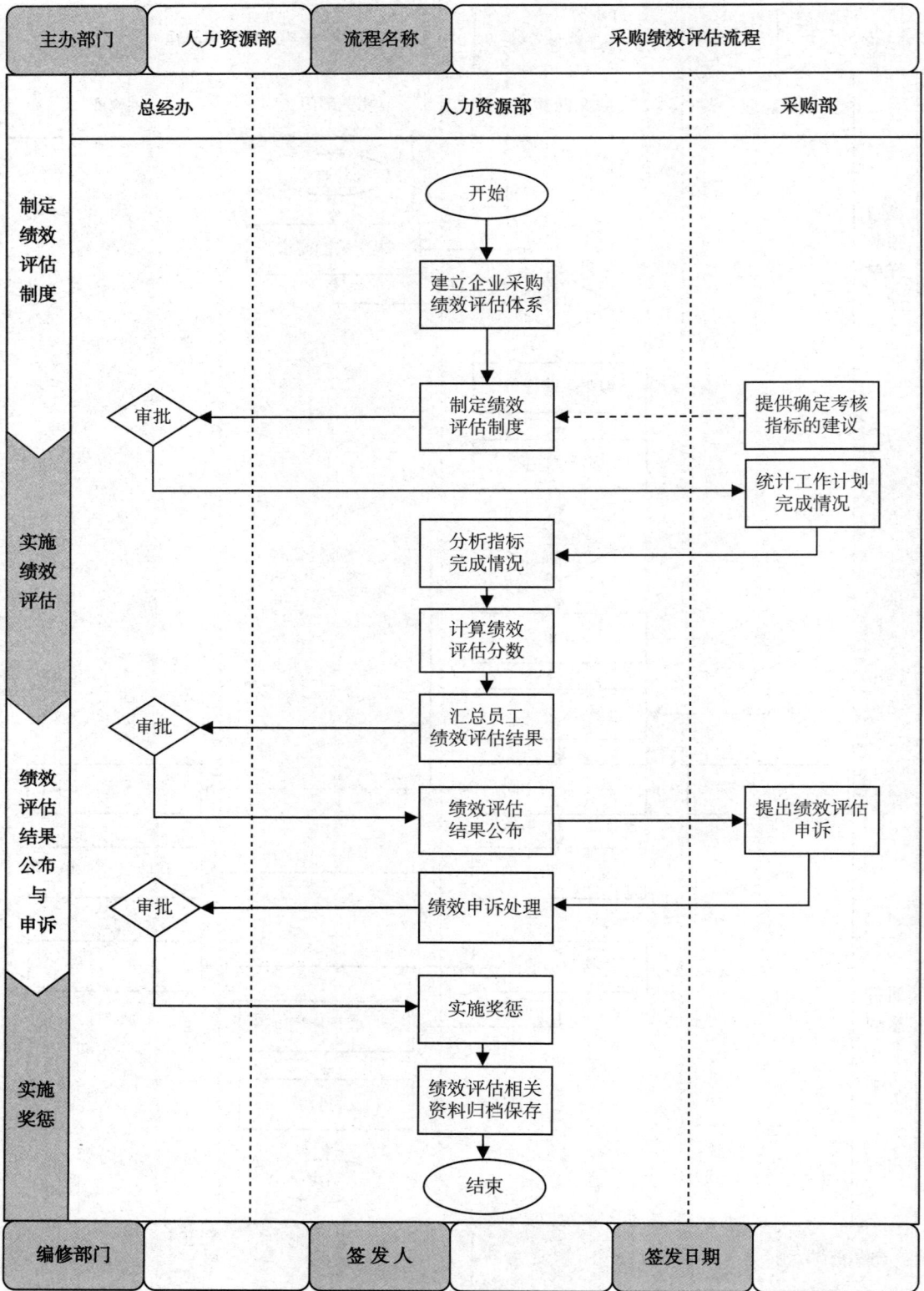

图 2-11　采购绩效评估流程

2.3.5　用制度管人

企业采购管理工作必须在科学、健全的制度下进行。常用的企业采购管理相关制度示例，扫描下方二维码即可查看。

1. 供应商调查制度示例

2. 供应商评选制度示例

3. 采购招标管理制度示例

4. 采购质量问题处理办法示例

2.3.6　用工具执行

采购是一项复杂的企业活动，善用一些经典模型、工具和理论会让采购工作更加高效与专业，以下是两种常用的采购管理相关模型。

1. 五阶段模型

在企业采购管理领域，有一个著名的五阶段模型，这个模型是由哈克特集团提出的，该模型将采购分为五个发展阶段，即保证供料、最低价格、总成本、需求管理和全面增值。

（1）保证供料

保证供料是企业采购管理的第一阶段。在该阶段，采购充当的角色很简单，就是一个采购员，其所做的工作也是最常见的文秘工作。此时的采购主体往往是一些小微企业或新成立的不具备知名度的企业，它们往往有采购量小、谈判余地小等特点。对这些采购主体而言，采购的首要任务是保证物料的充分供给，在采购过程中，也存在少量价格博弈，但往往无法影响最终采购价格。

（2）最低价格

最低价格是企业采购管理的第二阶段。在该阶段，采购充当的角色由采购员转变为谈判员。此时节省开支是采购中的主要指标，这要求企业采购能够系统地跟踪、比较价格。比价主要有两种方式：跟市场价比，即与主要的价格指数比；跟历史采购价比，即统计采购价差。

（3）总成本

总成本是企业采购管理的第三阶段。在该阶段，采购不仅仅关注采购价格，还要联系供应链全局，看待总成本。采购最低价格是采购业绩的重要指标，因为它直接明了，易于量化，但采购价格只是成本的一部分，对它的优化往往导致其他成本增加。

总成本优化是一个看似简单实则难以达成的概念，原因在于专业分工。在现代企业中，采购、物流、生产、设计等工作一般都是由不同的部门完成的，各部门之间分工明确，专业化程度要求高，很难有人能够精通多个职能。这使得采购往往很难从供应链全局把握采购成本。

但仍有很多企业能够做好总成本控制，因为它们总在为优化成本而努力，即使没有直接优化总成本，其所做的努力最终也能为企业增值或节支不少。

（4）需求管理

需求管理是企业采购管理的第四阶段。上述三个阶段的采购都是在需求确定后，采购部以最经济的方式满足需求，这实际上将采购做成了事后管理，但实际上需求如何确定也是采购需要考虑的问题。如果采购要彰显其对企业的贡献，就得有效地介入需求确定阶段，帮助做好设计、规划工作，这便是采购管理的第四个阶段——需求管理。

在供应链中，每个职能部门都扮演两个角色——客户和供应商。就采购而言，对供应商来说，它是客户，但对供应链下游来说，它是供应商。采购不仅仅是采购，而是采购与销售的结合。作为采购专业人士，不仅应该向采购和供应链管理专家学习，还应该向销售专家学习。学习的关键内容之一便是需求管理，要真正了解问题，提高自己的能力，把自己的事情做得更好，从而为客户提供更好的解决方案。

（5）全面增值

全面增值是企业采购管理的第五阶段。在该阶段，采购关系着企业的生存。以前往往是通过第二阶段的价格谈判来获得利润转移，然而，压榨供应商"最后一元钱"的结果往往是双方关系恶化，从长远来看，会导致双方合作乃至整个供应链都崩溃。这种采购的整体增值不是通过优化供应链和解决问题来降低供应链成本，而是将成本转移给供应商。采购失败导致无法建立一流的供应链，而没有一流的供应链，企业自然无法在供应链竞争中脱颖而出。

上述采购的五个阶段并不是彼此割裂单独存在的。我们一般将后两个阶段的采购称为高阶段采购。事实上，很多企业五个阶段的采购都在做，或者正在向更高阶段努力，区别在于采购能力强的企业高阶段的采购占比更高。但是，这并不能表明企业的优秀与否与其所处的采购管理阶段正相关，企业还是要从管理模式、行业特性、自身情况等方面综合考虑问题，不能一概而论。

2．卡拉杰克矩阵

卡拉杰克矩阵又叫卡拉杰克模型。长期以来，该矩阵被广泛作为企业采购组合的分析工具。

卡拉杰克矩阵将采购涉及的两个重要方面——收益影响与供应风险作为其主要维度，具体如表 2-3 所示。

表 2-3　卡拉杰克矩阵的两大维度

维度	主要内容
收益影响	采购项目在产品增值、原材料总成本比及产品收益等方面的战略影响
供应风险	供应市场的复杂性、技术创新及原材料更替的步伐、市场进入的门槛、物流成本及复杂性，以及供给垄断或短缺等市场条件

根据这两大维度，卡拉杰克模型将采购项目分为四个类别，分别是杠杆项目、战略项目、非关键项目、瓶颈项目，每个项目都对应着不同的采购双方地位和采购战略建议，具体如表 2-4 所示。

表 2-4　卡拉杰克矩阵下的四大采购项目

维度	主要内容	双方地位	采购战略建议
杠杆项目	◆ 可选供应商较多、能够为买方带来较高利润的采购项目 ◆ 替换供应商较为容易 ◆ 有明确的产品质量标准	买方主动，相互依赖性一般	采购招标，供应商选择，目标定价，与首选供应商达成一揽子协议，最后按正常供应程序执行、处理订单

（续表）

维度	主要内容	双方地位	采购战略建议
战略项目	◆ 对买方的产品或生产流程至关重要的采购项目 ◆ 这些项目往往由于供给稀缺或运输困难而有较高的供应风险	力量均衡，相互依赖性较高	战略联盟，紧密联系，供应商尽早介入，共同创造，并充分考虑垂直整合，关注长期价值
非关键项目	◆ 供给丰富、采购容易、财务影响较低的采购项目 ◆ 有明确的产品质量标准	力量均衡，相互依赖性较低	通过提高产品标准和改进生产流程减少对此类项目的采购投入
瓶颈项目	只能由某一特定供应商提供、运输不便、财务影响较低的采购项目	卖方主动，相互依赖性一般	签订足够供货量的合同，供应商管理库存，确保额外库存，寻找潜在供应商

结合采购项目的重要性和供给市场的复杂性，卡拉杰克矩阵可以帮助企业进行采购定位，因此，卡拉杰克模型又称卡拉杰克采购定位模型，具体如图 2-12 所示。

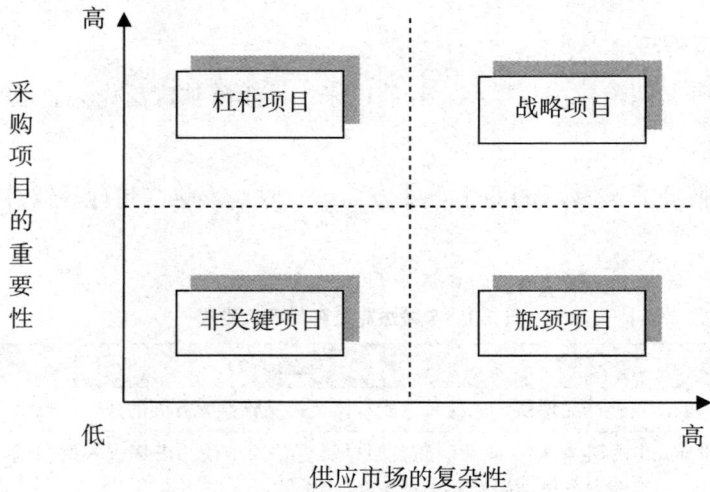

图 2-12　卡拉杰克采购定位模型

在战略层面，卡拉杰克定位模型可用于分析评审企业的采购组合及其面临的供应风险，但这种分析在很大程度上忽视了一个事实：并非所有的供应风险都产生于买方与供方关系的内部，或者可以通过发展并管理这种关系来减轻。因此，企业要科学使用该模型或根据企业的实际情况对其进行优化调整。

2.3.7　经验分享

1．如何规避采购计划出错

针对采购计划管理方面的问题，企业可采取以下两种对策。

（1）准确确定采购需求数量

企业可从以下四个方面入手。

① 制订合理的生产和销售计划，根据销量预测确定采购需求量。

② 选择科学的采购需求量计算方法，根据实际生产需要，尽可能借助 MPR 或 ERP 系统进行计算，准确地确定采购时间和采购需求量。

③ 当有存货量或有在途物资时，企业需要重新计算采购的需求量，充分地考虑运输时间和安全库存量，计算正确的采购数量。

④ 在制订采购计划时，应科学地预测采购提前期，确保采购需求量的准确性。

（2）设定采购计划的各类权限

企业可从以下两方面入手。

① 明确各部门及其人员制订采购计划的权限，合理地设定采购计划在制订、审批、执行过程中的相关权限。

② 对设定好的权限进行监督和控制，非权限人员不能任意越级或随意更改。

2．如何解决常见招标问题

针对招标采购管理方面的问题，企业可采取以下三种对策。

（1）做好供应商资格预审，提高采购效益

资格预审应注意以下三个方面。

① 在实践中不断健全资格审查制度，制定资格预审管理规则、资料考察和实地考察规则，掌握投标人之间的信息交流渠道，防止出现串标的行为。

② 加强对资格审查程序的监督，建立专门机构加大监察力度，保证整个预审程序的透明度，杜绝招标人、评标专家参与围标。

③ 充分认识资格预审在招标过程中的重要性，选择专业素质高、责任心强的专业人员对投标人进行资格预审。

（2）提高招标工作质量，杜绝舞弊行为

① 强化招标管理，加强开标、评标、定标过程的监督。对投标文件的资信进行严格验证，防止投标人提供虚假资料。

② 完善招标机制，建立招标信息发布制度，加强投标人资格审查；制定评标专家审查制度和日常考评制度，规范评标行为；建立招标档案管理制度，实现招标质量控制的标准化、规范化和信息管理系统化。

③ 加大考察监督力度，强化处罚措施，促进招标管理工作的规范化，维护招标采购的公平竞争。

（3）健全招标规章制度及管理规程

① 在招标规章制度及管理规程中，明确划分招标采购双方的权利、责任和义务，从而起到互相监督的作用。

② 在企业招标规章制度及管理规程中，重点规范编标、发标、投标、评标、开标的方法和程序等工作事项，制定具体的招标工作实施细则。

3．如何进行采购质量管理

针对企业采购质量管理方面的问题，企业可采取以下三种对策。

（1）明确质量检验标准底线，统一交货验收标准

企业可从以下两个方面入手。

① 企业应以国家或行业的质量标准为底线，设置企业质量检验标准。

② 企业应在与供应商签订的采购合同中明确要求将企业的质量标准作为双方交货验收标准，避免发生标准方面的矛盾。

（2）编制企业免检物资目录和必检物资目录，合理选择检验方式

企业可从以下三个方面入手。

① 根据采购物资特性和供应商认证情况，编制免检物资目录和必检物资目录，并针对必检物资分别列出应检项目。

② 根据当批物资的情况和特点选择适宜的检验方式和检验方法，提前制订质量检验计划。

③ 根据国家质量监督检验检疫总局颁布的《计数抽样检验程序》计算不同类型物资的抽样比例，并据此编制抽样检验计划。

（3）建立检验异常物资处理机制，及时妥善处理后续事宜

企业可从以下三个方面入手。

① 制定严格的质量检验报告审批制度，要求检验报告的上交时限，保证企业及时妥善地处理不合格物资。

② 有问题物资及时与待检物资隔离，存放至指定地点等待处理，避免不合格品混入生产线。

③ 严格监督特采和紧急放行物资的标识情况，保证物资的可追溯性。

2．4　生产管理

2．4．1　工作内容

供应链管理模式下的生产管理与传统生产管理有着显著不同，供应链管理下的生产管

理工作以提高产品生命周期、提升企业响应能力、缩短订单完成周期、缩小提前期的差距为核心要求，主要包含以下四个方面的工作内容。

1．生产计划的制订

（1）制订主生产计划

供应链管理部门根据销售计划制订主生产计划，并对其合理性进行评估，明确企业的生产能力能否承担生产计划要求，是否需要外包部分生产计划。

（2）编制日生产计划

根据生产线的日生产能力将主生产计划的任务分解到每一天。

（3）制订物料需求计划

制订物料需求计划，为生产部、供应商和采购部提供需求的具体时间和数量，生产部或供应商可根据物料需求计划制订详细的生产计划。

（4）计划修正

主生产计划制订完毕后，供应链管理部将计划下发到生产部、采购部、配套厂家征求意见，再根据反馈意见对主生产计划、装配计划、物料需求计划进行修订。

2．生产计划的执行

生产计划开始执行后，企业需要对生产计划的执行情况进行实时监控，分析将来可能出现的生产问题，并根据生产状况、物料使用状况和库存状况及时调整生产计划，保证生产顺利进行。

3．生产计划的控制

（1）生产进度控制

依据生产作业计划，通过对零部件的投入和产出的数量、时间和配套性监督与检查，对生产进度进行控制，保证产品按时生产完成。

（2）生产异常控制

企业的生产是一个闭环系统，生产人员要尽可能通过事前控制避免异常发生，对于一些无法克服的问题，应综合各方面因素后对生产计划进行重新修订。

4．生产计划的考核

生产计划完成后，应对相关部门和人员进行绩效考核，考核指标包括按时交付率、库存周转率、在制品（Work In Progress，WIP）、呆滞物料、客户满意度等。根据不同情况，考核指标也要做出相应的调整。

2.4.2 问题梳理

1．定制化产品问题

在定制化产品的整个供应链管理过程中，关键是如何对生产和制造过程进行有效控制，如何保证产品质量和生产进度，如何协调上下游的紧密联系等。

2．零配件供应商问题

零配件供应商的供货时间、供货质量将直接影响产品的生产交付，而零配件供应商的资质、产能、研发水准、能否快速反应等都是难以控制和监管的。

3．第三方协调配合问题

在生产管理的全流程中，如何协调相互独立但彼此支持的第三方组织之间的关系，如何正确追求效率和效果，如何权衡生产过程中各个竞争维度等，都是不可避免的难题。

4．应急情况处理问题

在供应链管理流程中，一些意外灾害的应急问题也会影响供应链的正常运营，或者导致供应链不稳定，或者使生产经营的过程遭受损失，因此，制定应对意外灾害的应急处理预案是十分重要的。

2.4.3 痛点总结

1．市场预测的不准确性

生产计划为生产管理和日常活动提供依据，但计划是基于一定的预测和假设条件制订的，企业很难做到根据销售预测、市场分析来进行绝对准确的定量生产。因此，插单、改单、加单、消单现象非常普遍，这就导致整个订单的预测基本上处于不稳定的状态。

2．产品质量的不稳定性

在生产管理过程中，因为设备异常、材料异常、人员异常等原因，各道工序都有可能出现缺陷产品，如果这些缺陷产品混入下一道工序或直接混入成品中，就会造成返工，致使产品品质下降，从而造成产品或服务的不稳定性。

3．生产进度的不可控性

生产进度的控制在供应链管理中十分重要，供应链环境下的生产进度控制与传统生产模式的进度控制有所不同，更多的是协作生产和转包业务的管理，相较于传统企业内部的生产进度控制难度更大，对于供应链企业间的生产信息跟踪和反馈要求较高。同时，受传统的企业间竞争模式的影响，供应链环境下的生产进度控制具有不可控性。

2. 4. 4　用流程管事

供应链生产管理工作是有流程可依的，按流程做事能让企业工作更加规范、专业、高效。常见的供应链生产管理相关流程分别如图 2-13、图 2-14、图 2-15 所示。

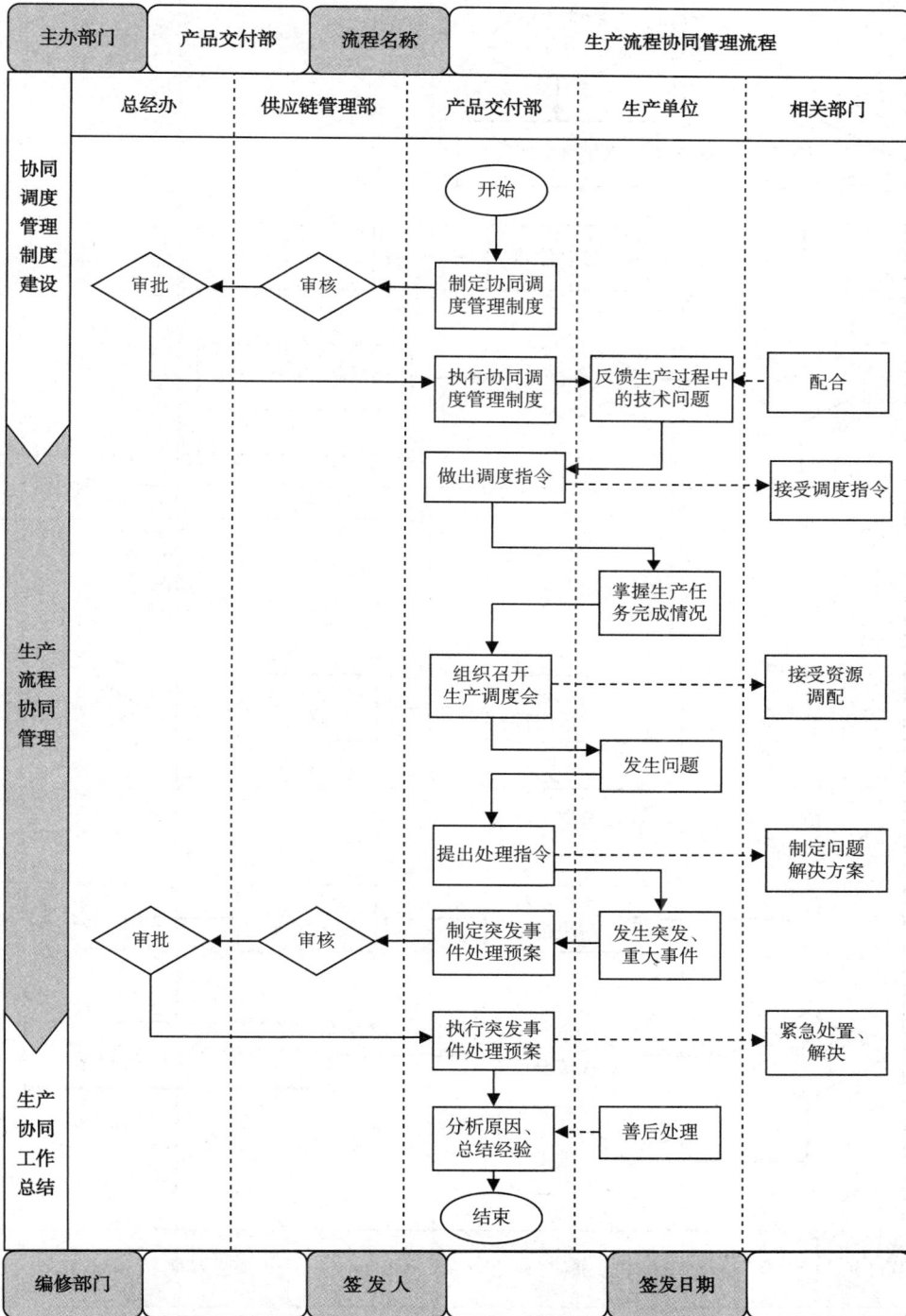

图 2-13　生产流程协同管理流程

主办部门	产品交付部	流程名称	生产过程控制流程

	供应链管理部	产品交付部	生产单位	生产班组

编制年度生产计划

开始

编制年度生产计划 → 审批

审批 → 分解计划 → 接收计划

下达生产任务

审批 ← 审核 ← 编制品种搭配方案

下达生产任务 → 接收任务

执行生产任务

汇总异议内容 ← 传达异议内容 ← 是 — 是否有异议

制定解决措施 → 审批

组织执行解决措施 → 重新下达生产任务 → 安排生产

否

编制生产任务完成情况报告

审批 ← 编制生产任务完成情况报告 ← 反馈生产任务完成情况

结束

编修部门		签发人		签发日期	

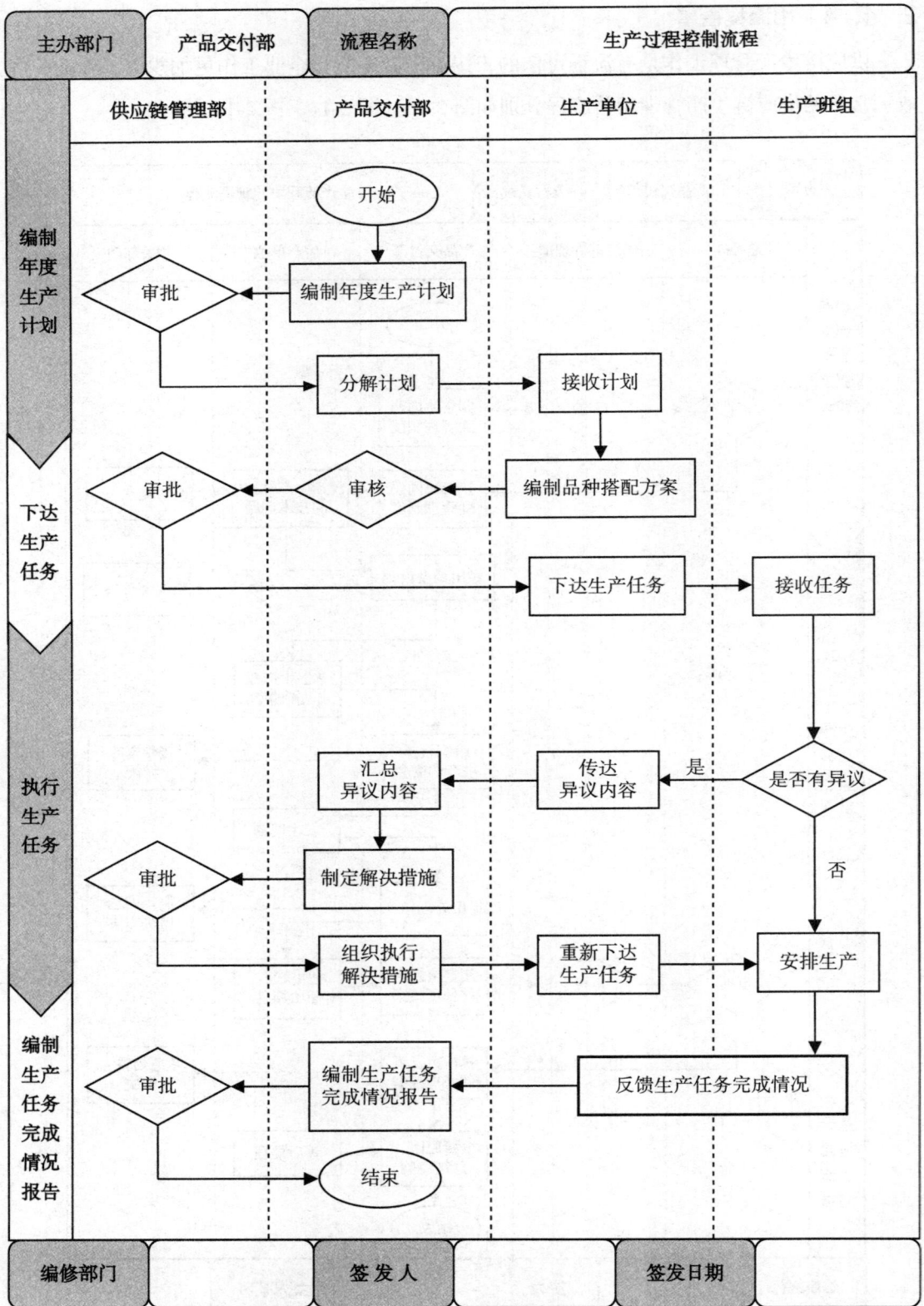

图 2-14　生产过程控制流程

| 主办部门 | 产品交付部 | 流程名称 | 生产能力管理流程 |

| 供应链管理部 | 产品交付部 | 生产单位 | 相关部门 |

制订生产计划

制订生产工时计划与生产负荷计划

安排生产

开始

汇总、分析相关信息

提供价格、技术、质量信息

审批

制订生产计划

制订研究计划

审批

制订生产步骤计划

编制标准生产日程

研究计划

制订生产工时计划

提供相关标准、资料

审批

制订生产负荷计划

安排生产

审批

审核

确定生产日程计划

下达作业指令

执行指令

结束

| 编修部门 | | 签发人 | | 签发日期 | |

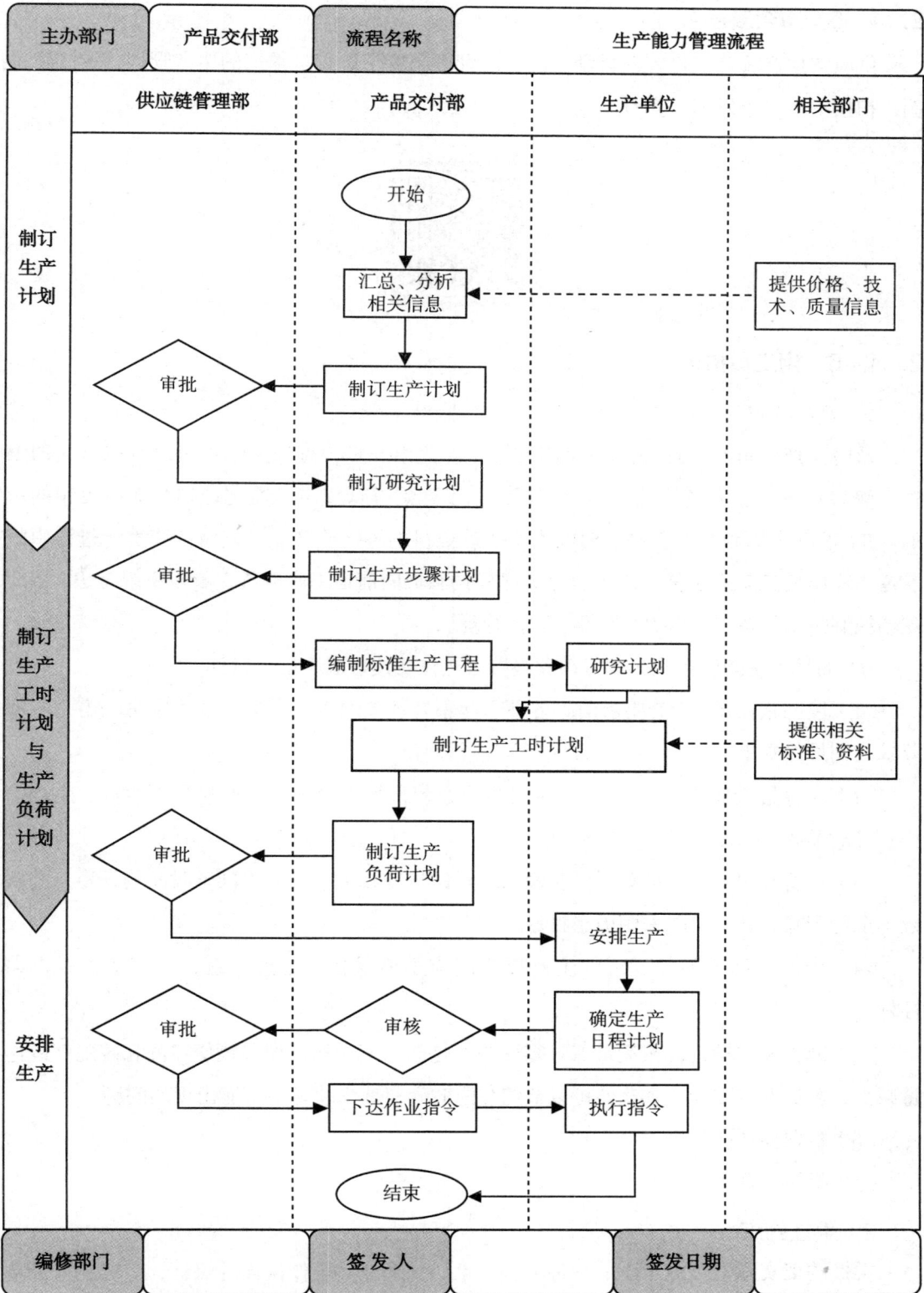

图 2-15　生产能力管理流程

2.4.5 用制度管人

供应链生产管理工作应在科学、健全的管理制度下进行。常用的生产管理相关制度示例，扫描下方二维码即可查看。

2.4.6 用工具执行

1.及时生产

及时生产（Just in Time，JIT）以准时生产为出发点，查找生产过量及其他方面的浪费，然后对设备、人员等进行淘汰、调整，以达到降低成本、简化计划和提高控制的目的。JIT 的基本原则是在正确的时间生产正确数量的零件或产品。它将传统生产过程中的前道工序向后道工序送货，改为后道工序根据看板向前道工序取货，看板系统是 JIT 生产现场控制技术的核心，但 JIT 不等于看板管理。

JIT 的目标是彻底消除无效劳动和浪费，具体要达成以下七个目标。

（1）废品量最低。JIT 要求消除各种引起不合理的原因，在加工过程中每一道工序都要求达到最好水平。

（2）库存量最低。JIT 认为，库存是生产系统设计不合理、生产过程不协调、生产操作不良的证明。

（3）准备时间最短。准备时间长短与批量的选择相关联，如果准备时间趋于零，准备成本也趋于零，就有可能采用极小批量。

（4）生产提前期最短。短的生产提前期与小批量相结合的系统，应变能力强，柔性好。

（5）减少零件搬运，搬运量低。零件搬运是非增值操作，如果能使零件和装配件运送量减少，搬运次数减少，企业就可以节约装配时间，减少装配中可能出现的问题。

（6）机器损坏次数少。

（7）批量小。

2.柔性约束

柔性约束实际上是对承诺的一种完善。承诺是企业对合作伙伴的保证，只有在这个基础上，企业之间才能有基本的信任，合作伙伴也因此获得了相对稳定的需求信息。然而，由于承诺的下达在时间上超前于承诺本身付诸实施的时间，因此，尽管承诺方尽力使承诺与未来的实际情况接近，误差仍难以避免。柔性的提出为承诺方缓解了这一矛盾，使承诺方有可能修正原有的承诺。

对生产管理而言，柔性具有以下三种含义。

（1）柔性是双方共同制定的一个合同要素，对需方而言，它代表着对未来变化的预期；而对供方而言，它是对自身所能承受的需求波动的估计。本质上，供应合同使用有限的可预知的需求波动代替了可以预测但不可控制的需求波动。

（2）下游企业的柔性对企业的计划产量造成的影响在于：企业必须选择一个在已知的需求波动下最为合理的产量。企业的产量不可能覆盖整个需求的变化区域，否则会造成不可避免的库存费用。在库存费用与缺货费用之间取得的均衡点是确定产量的一个标准。

（3）供应链是首尾相通的，企业在确定生产计划时必须考虑上游企业的利益。在与上游企业的供应合同中，上游企业表达的含义除了对自身所能承受的需求波动的估计外，还表达了对自身生产能力的权衡。

考虑到上游企业可能同时为多家企业提供产品，下游企业在制订生产计划时应该尽量使需求与合同的承诺量接近，帮助供应企业达到最优产量。

2.4.7　经验分享

1．如何进行生产期控制

（1）对生产需求提前预测，尽量减少因临时订单、插单导致的生产混乱。

（2）严格按生产计划执行，避免因错误指示造成工作等待现象。

2．如何进行生产进度控制

根据生产作业计划要求，对原材料及零部件的投入、产品的生产数量、出产时间和配套性进行监控，保证生产进度按计划进行，产品按期交付。

3．如何管理提前期

以交货日期或完工日期为基准倒排计划，推算工作的开始日期或采购订单的下达日期，改善在管理提前期过程中对供应商不确定性控制不足的问题。

2.5　交付管理

2.5.1　工作内容

交付管理的目的是对成品出厂前的阶段进行有效控制，并按客户的要求进行交付，确保按期交付符合质量要求的产品。供应链交付管理的主要工作内容包括以下三个方面。

1．产品交付能力的监控

为保证产品能够根据客户的要求按期交付，供应链管理部应对合同或订单的执行与实施过程进行策划和监控。产品交付能力的监控涉及销售部、采购部、质检部、仓储部等多个部门和包括订单接收、库存扣减、交期确认、交付跟进、交货安排、退换货处理、供方管控等在内的多道工序。

此外，在产品交付管理过程中，当企业监控到交付能力异常时，应立即采取应急处理措施，如启用备用供应商、同行调货、确认替代品等，尽可能取得客户的谅解和对备用方案的认可。

2．产品交付前的控制

产品交付前的控制工作主要是对产品的包装、储存、搬运进行有效控制，以确保交付给客户的产品能满足客户的要求。具体事项包括：确认产品的外包装是否是根据客户的包装要求、运输距离、产品特性选择的适宜的包装方式；监控产品的贮存环境条件是否适宜；核查搬运过程的工具选择是否恰当，能否保证产品不受损坏。

3．产品交付

供应链管理部应根据产品信息建立产品交付监控管理体系，以保证产品能按期交付，监控管理体系内容需包括产品交付时间、运输所需时间、运输方式和产品质量，以及在交付过程中发生突发性事件时的应急处理措施和方法等。

产品发出前，检查产品检验报告、质量保证书、售后服务卡等是否随货附带，防护措施是否得当；产品发出后，跟踪产品的运输情况以确保准时交货，若发现问题，应及时与物流运输公司确认原因。

2．5．2 问题梳理

1．标准交期过长

供应商为了避免库存积压，增加成本，实行按订单生产（Make to Order，MTO）模式，这就意味着企业接到订单后再进行采购，而供应商的上游也很有可能存在同样的情况，如此一环扣一环，最终会导致产品交付期过长。

2．及时交付率低

由于供应商生产计划安排不合理、生产员工不能及时到岗、生产不良产品较多、库存不足、原材料采购不及时等原因，企业很难在既定时间按照既定质量交付，导致订单准时交付率低。

3．需求变化过频

供应商面临的需求变动是客户下单模式所造成的。当客户更改数量、交货日期或频繁更换供应商时，供应商面临的客户需求也随之变动。

2．5．3　痛点总结

1．按期交付难

在产品交付管理过程中，按期交付的控制是普遍存在的痛点。在此需要明确一点，延迟交付和提前交付都不算按期交付，两者都会产生不良影响，延迟交付会降低效率，增加制造成本；而提前交付会增加库存成本，降低资金周转率。

2．运输监管难

在产品交付的运输环节中，运输过程监管存在一定困难，企业很难实现对整个运输过程的实时监控，也无法及时根据运输途中的意外情况实施应急处理，进而导致产品交付在运输途中延误而不能按期交付。

3．第三方供应商管理难

第三方配件供应商的不及时交付会直接影响产品的按期交付，此时如果采用替代品就会导致成本增加或品质降低，而企业对第三方供应商很难进行有效监管。

4．跟单催货难

跟单催货是一种为了使供应商在规定的时间内送达物资而采取的措施，目的是防止交期延误或提前交货。但在实际执行过程中，跟单催货并不会顺畅，供应商经常会寻找各种借口和理由延迟交货。

2．5．4　用流程管事

供应链交付管理工作是有流程可依的，按流程做事能让企业工作更加规范、专业、高效。企业常见的交付管理流程如图 2-16 所示。

主办部门	质量管理部	流程名称	交付产品质量监控流程

	总经办	主管副总	质量管理部	相关部门

制定质量监控操作规程

开始

制定质量监控操作规程

审批 ← 审核 ←

分发文件 → 签收文件

质量监控操作规程的执行

协助 ⇢ 贯彻执行

监控质量 ←

发现质量问题

是 ← 是否为常规问题 → 否

讨论 ⇠ 参与

质量问题的处理

确定解决方案

审批 ←

问题解决 ⇠ 参与

信息归档

结束

编修部门		签 发 人		签发日期	

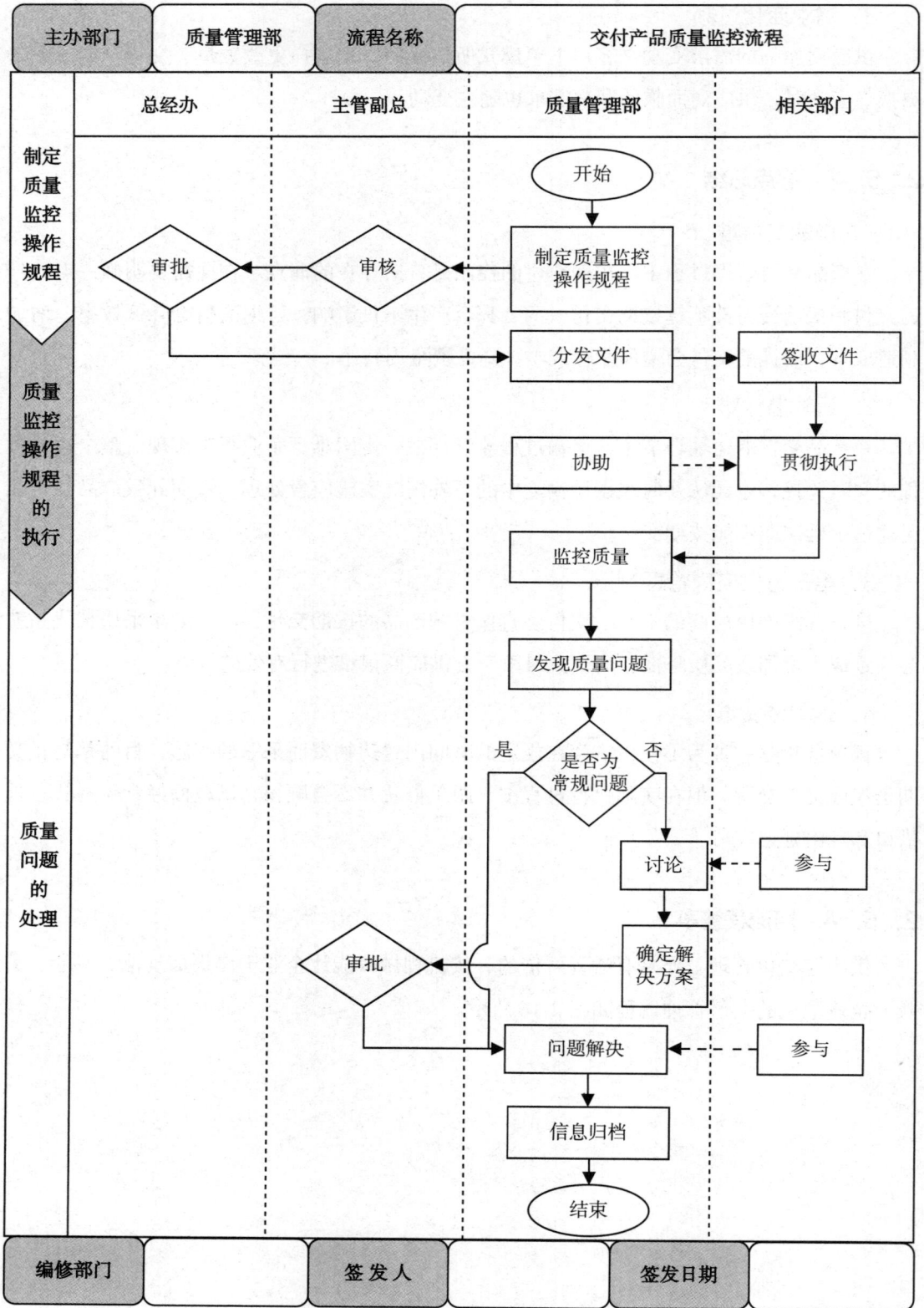

图 2-16　交付产品质量监控流程

2.5.5　用制度管人

供应链交付管理工作应在科学、健全的管理制度下进行。常用的产品交付与验收管理相关制度示例，扫描下方二维码即可查看。

2.5.6　用工具执行

为了保障供应链管理的按期交期，企业可以采用一些必要的交付管理工具和策略。

1．按库存生产

在按库存生产（Make to Stock，MTS）方式下，客户基本上对最终产品规格的确定没有什么建议或要求，MTS 计划投入很少。

但是，MTS 的产品批量不像典型的重复生产的产品那么大。通常，这类生产系统的物料清单只有一层，而且生产批量是标准化的，因而标准化生产成本是可以计算出来的。实际成本可以和标准成本相比较，比较结果可以用于生产管理。

MTS 的整体有效性完全取决于其预测未来需求的能力。这种可靠性对生产而言可能是极其昂贵的。但是，如果企业生产需求年复一年地保持稳定，那么 MTS 可能是一个有利的选择。

MTS 适用于家具、电视机、小批量的消费品、某些工业设备等。

2．按单生产

按单生产（Make to Order，MTO）是最终产量在收到客户订单后才能确定。接到订单后，企业才开始组织采购和生产。在 MTO 的方式中，产品的设计工作已经完成，而生产用的物料尚未订购。此环境中的销售量通常较小，客户必须等待进货和生产所需的时间。

MTO 模式的优点是以销售订单作为需求的源头，在计划、生产、采购等订单执行的全过程可以根据订单号追踪相关单据，查看相关单据的状态，以明确订单的执行状况。

但是，MTO 具有需求波动大、需求变更频繁、紧急订单多等特点，直接影响着企业可以获取的订单数量，进而影响企业的经营业绩。

MTO 适用于生产过程比较复杂、生产中多用到采购提前期长的关键物料及拥有复杂的生产工艺的产品。

3．按订单设计

按订单设计（Engineering to Order，ETO）是指根据客户订单中的特殊需求，重新设计能满足需求的新零件或整个产品，并在此基础上向客户提供定制产品的生产方式，如特制的大型设备等。

ETO 最大的特点就是支持客户个性化设计，能最大限度地满足客户的个性化需求。但随着客户需求的日趋个性化，ETO 的产品生产流程更加复杂多样且生产批量极低，产品的生产进度和完成期限将难以把握。

同时，此策略对新材料、特殊组件、新生产工艺、新设备的要求更高，因此 ETO 对企业的产品设计管理能力要求很高，企业必须有高度复杂的产品配置功能，能够支持有效的并行生产，支持分包制造，有车间控制与成本管理功能、高级的工艺管理与跟踪功能、多工厂的排程功能、计算机辅助设计与制造功能、集成功能与有限产能排程功能。

2.5.7 经验分享

1．降低订单需求的波动性

客户需求的不断变动会直接影响供应商的工作量，因此采购人员应尽可能协调供应商和客户的产能与需求，使他们充分了解彼此的实际情况，从而使供应商的产能分配可以配合客户的实际需求来变动，以达到有效管理的目的。

2．做好预测与预防措施

预测不可能做到完全准确，但企业可以通过数据分析技术、市场分析模型等工具进行合理的预测，这对库存管理、加急单的风险控制、加强合作都十分重要。

例如，订立合同时，企业就应对运输问题、货物运送的期限、无法执行后的补偿措施及法律法规风险等问题进行预判，力争从源头上规避合同风险。

3．总结经验，定期复盘

交付管理要具备复盘思维。产品交付后，企业要思考整个过程中遇到的问题和采取的解决方案，分析方案有效性和存在的不足，为下一次完成得更好奠定基础。

2.6 仓储管理

2.6.1 工作内容

1．仓储的基本内容

（1）产品验收入库

供应商产品验收入库，仓储管理人员需做好入库前准备，进行接运、验货、安排货位、堆垛、建档等。

（2）物料保管

仓储管理人员核对入库产品，按仓储管理原则进行保管，做好货品保养维护、整理移位等工作，管理主要从时间、质量、成本三个维度进行。

时间管理主要是指对物料的交付时间、入库时间、使用时间、仓储时间及退料时间等的管理；质量管理主要是指对物料本身的质量、仓储质量及有质量问题物料的处理等的管理；成本管理主要是指对物料成本、仓储成本、呆废料成本、物料短缺造成的停工成本、物料冗余造成的库存成本及资金周转成本等的管理。

以上三个维度的物料管理需要遵循以下四个原则：先入先出原则、锁定库位原则、专料专用原则、一次出库原则。

（3）产品核验出库

仓库管理人员对物料领取人的资料进行审核，核对备货单，复核拆垛，然后完成产品出库、转运、运输与交付等。产品出库要做到"三不"：未接单据不翻账、未经审核不备库、未经复核不出库。

（4）产品盘点

盘点工作的主要工作流程为盘点时间和方法的确定、盘点人员的培训、盘点现场的清理、库存物料的整理与盘点、核对差异、处理盘点结果等。仓储管理人员要做到及时盘点并上报盘点数据，有效维护产品数据与仓库运营。

（5）呆废料处理

仓库中的呆废料一般是由市场预测失误，产销衔接、生产管理不良，计划、账务不符，采购不当、质检不合格，仪器瑕疵等问题而产生的。

呆废料处理方式一般有以下几种：继续使用、换料使用、退还供应商、再加工、报废等。

（6）退货处理

仓储部接到退货审批单后，需要安排人员进行退货接收，货品接收入库后要核对日期、数量、外箱完整性，然后根据产品特性安排摆放位置。货品接收后进行退货扫描，确保与退货单保持一致，核对差异无误后进行退货整理、登记。

（7）账务处理

核对每日进销库存表，保证仓库物料分类和财务分类保持一致；核对每日出入库账单，结算当日库存数量。对于已入库但发票未收到的物料要进行估价入库，对退货商品进行核对。

（8）安全维护

按规定配置维护消防设备设施（消防栓、灭火器、应急照明、疏散指示标志、安全通道等），库房外要有消防车通道和有效的防范措施；要安全用电，防止超负荷、短路、绝缘老化等；同时要结合实际情况，建立门卫检查、警卫执勤、巡逻、值班等制度，以确保仓库安全。

（9）资料保管

保管产品出入库信息、产品库存、产品调取单据和退货单等资料，以备核实查验。

2．仓库布局规划

在进行仓库选址时，企业应对以下三个方面的问题进行重点分析，具体如表 2-5 所示。

表 2-5　仓库选址分析

仓库选址分析内容	具体说明
需求分析	◆ 企业到仓库的运输量 ◆ 向客户配送的货物数量 ◆ 仓库预计最大容量 ◆ 运输路线的最大业务量
费用分析	企业到仓库之间的运输费、仓库到客户之间的配送费、与设施和土地有关的费用及人工费等，具体考量因素包括所需车辆数、作业人员数、装卸方式、装卸机械费等
约束条件分析	◆ 地理位置是否合适，是否靠近铁路货运站、港口、公路主干道等情况 ◆ 是否符合城市或地区的规划 ◆ 是否符合政府的产业布局，有没有相关的法律约束 ◆ 地价情况

企业可采用以下三种方法对仓库选址进行合理分析。

（1）加权评分法：对影响选址的因素进行评分，将每一地址各因素的得分按权重累计，根据各地址的累计得分，判断各地址的优劣势。

（2）量本利分析法：不同的选址方案的成本和收入都会随着仓库储量的变化而变化。可采用作图或计算比较数值方式进行分析，计算各方案的盈亏平衡点的储量及各方案总成本相等时的储量，在同一储量点上选择利润最高的方案。

（3）重心法：一种选择中心位置，从而使成本降低的方法。此方法将成本视为运输距离和运输数量的线性函数，首先利用地图确定各点的位置，然后在地图上确定各点的坐标，进而算出重心。

2.6.2　问题梳理

1．流通问题

仓库管理通常遵循先入先出原则，避免物料长期存放导致过期或质量问题。因此，员工需要熟记物料的入库顺序，并按顺序操作出库。若操作不当且无可靠的监控机制，可能使仓库出现呆料、废料，增加仓库库存，影响物料流通。

2．标识与摆放问题

（1）未按库位摆放物料，致使物料难以查找；或者移动物料后，不及时将新库位的相关信息告之相关人员，造成无法找到相关物料或物料状态不符等问题，人为导致这部分商品被积压，增加库存成本。

（2）仓库内标识不规范或随意移贴，造成实物与标识不符，从而导致发错料的现象。

（3）物料编码不正确或无编码，无法查找。

（4）库位管理不当，商品随意摆放，货垛歪斜。

3．管理人员素质问题

仓储管理人员素质水平不高，缺乏现代仓储管理知识，只将仓储当作暂时存放物料或商品的场所；不重视现代信息技术的使用，采用传统手工记账办法，造成账物不清。

4．账务问题

仓库报表分类不严谨，未做到有据可查；账卡移动后未及时归位，造成料账不符；未及时借助信息化管理技术帮助仓库实现数据共享。

5．盘点问题

（1）仓储管理人员未按时盘点，造成货物实际库存不明。

（2）库存盘点或手工单据不准确或信息录入（反馈）不及时、不准确，造成信息管理系统与实际库存脱节，影响决策的准确性。

（3）盘点后，物料批次及物料状态分不清楚，造成货物堆放混乱，查找困难等。

6．安全问题

仓库物料堆放无安全意识，易燃易爆品未按规定摆放；仓库无消防设施或消防设施不完善且无巡查人员，易造成安全隐患。

7. 存储问题

两种或多种物料一起存放时，物料间会发生相互反应，导致物料失去原有特性，造成损失；还有一些特殊物料在储存时需要保持特定的温度与湿度，否则物料将会失效，这些都需要仓储管理人员注意。

2．6．3 痛点总结

1. 安全隐患

仓储人员安全意识薄弱，缺乏相关安全知识，仓库缺乏相应的安全管理制度，违规引入易燃易爆品、仓库出租或仓库周边人口密集等增加了安全隐患。消防设施资金投入不足或设备陈旧，也会增加仓库安全隐患。

仓库管理人员素质水平不高，文化水平偏低、工龄偏大，仓库管理办法未与时俱进，每日工作多为例行检查。这种管理方法无法适应快速发展的物流业。

2. 库房堆积

因无法保证需求预测的准确性，安全库存逐级增加，产生牛鞭效应，增大了企业储存量，造成库房堆积。配件采购量大、品种多、出入库频繁，大量的业务单据、数据不能及时处理，传递滞后，物料不能得到有效利用。

仓库面积和位置的规划随着物料变化会产生不合理的现象，员工作业成为不可控要素。员工未按流程执行货品摆放与搬运，使仓库内一部分货物成为不存在的物料而被重复订购，最终造成库存积压问题。

3. 呆废料的产生与处理

部分物料存在保质期，过期后无法使用。物料长期未使用或使用频率较低都会造成呆废料的产生，增加库存成本。

2．6．4 用流程管事

供应链仓储管理工作是有流程可依的，按流程做事，能让企业工作更加规范、专业、高效。常见的供应链仓储管理流程如图 2-17 所示。

主办部门	仓储部	流程名称	仓储运营管理流程

	财务部	仓储部	质量管理部	相关部门

入库管理

开始

制定仓储管理标准 ← 参与

制定仓储管理制度

采购的物资

办理入库手续 ← 检验 ←

产品

登记 ← 建立物资入库台账

仓库日常管理

仓储日常管理 ← 定期检查

配合 ⇢ 仓库盘点

库存量控制

出库管理

物资领用

办理出库手续 ⇢ 检验合格 ⇢

产品售出

仓库管理费用核算

登记存货明细账 ← 建立物资出库台账

核算仓储管理费用 ⇠ 配合

结束

编修部门		签 发 人		签 发 日 期	

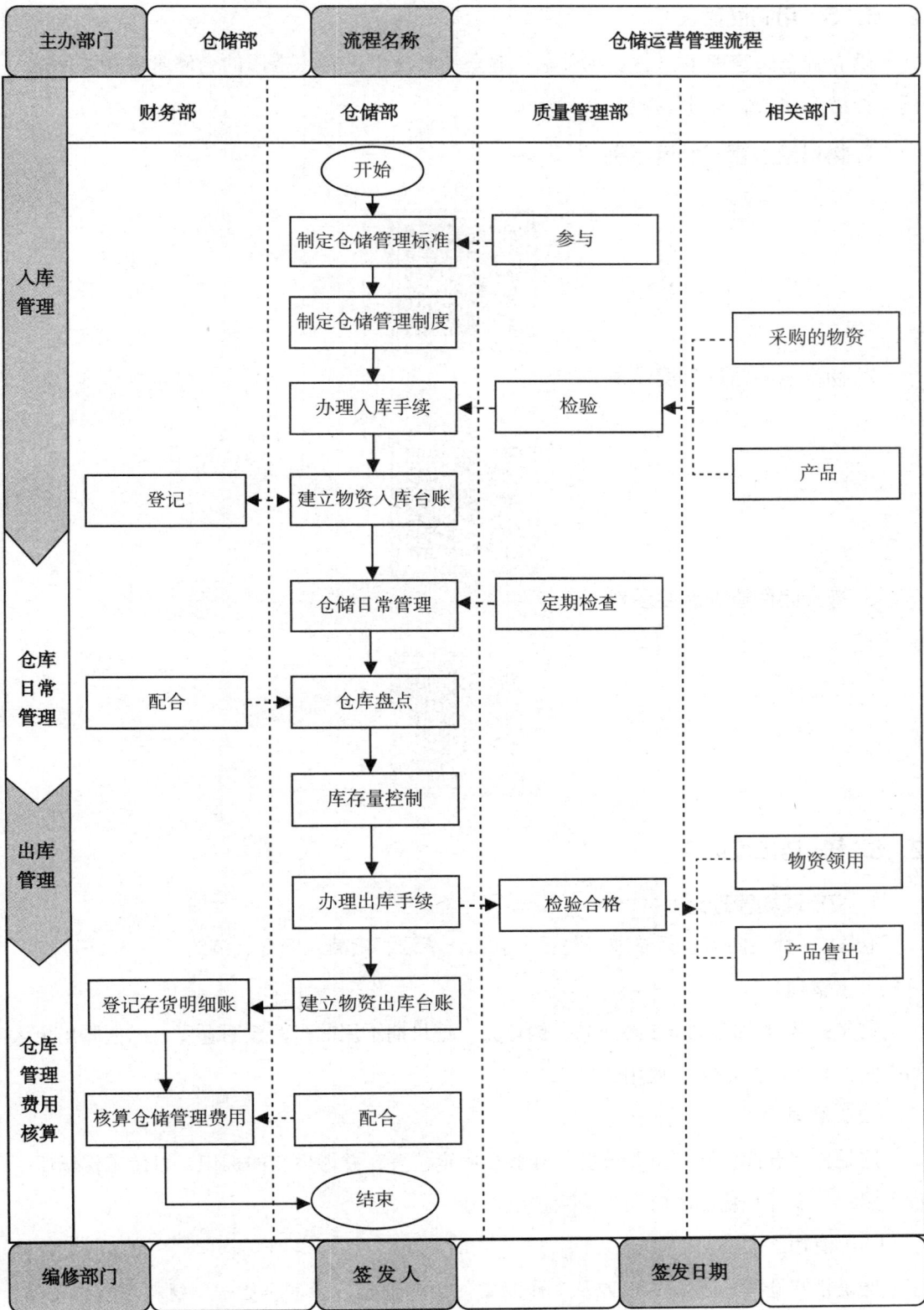

图 2-17　仓储运营管理流程

2.6.5 用制度管人

供应链仓储管理工作必须在科学、健全的制度下进行。常用的仓储管理相关制度示例，扫描下方二维码即可查看。

1. 物料盘点管理制度示例

2. 物料入库管理制度示例

3. 物资储存管理制度示例

2.6.6 用工具执行

1. 7S 现场管理法

仓库 7S 管理内容包括整理、整顿、清扫、清洁、素养、安全、节约。

（1）整理

这是指区分必需品和非必需品，倒垃圾，把长期不用的东西放回仓库，以便腾出更大的空间，防止物品混用、误用。

（2）整顿

这是指将仓库的物资进行分类，存放到固定位置，并做适当的标识，以使工作场所一目了然，减少寻找物品的时间，清除积压物品。

（3）清扫

这是指将仓库内所有的地方及工作时要使用的仪器、设备、货架、材料等清扫干净，维护生产安全，减少生产灾害，保证品质。

（4）清洁

这是指经常性地做前三项工作，并对前三项工作进行定期或不定期的监督与检查，将整理、整顿、清扫进行到底，并实现制度化、规范化。

（5）素养

这是指让每位员工严守作业标准，保持作业环境良好，员工心情愉快。素养是为了提升人的品质，使员工对任何工作都讲究认真。

（6）安全

这是指保障员工的人身安全，保证生产连续安全正常地进行，同时减少因安全事故而带来的经济损失。

（7）节约

这是指对时间、空间等合理利用，以发挥它们的最大效能，从而创造一个高效率的、物尽其用的工作场所。

2．货垛五距

货垛的五距是指墙距、柱距、顶距、灯距、垛距这五个距离参数。货垛不能距离墙体和柱子太近，中间应该有一定的距离，也不能与仓库屋顶或者是照明设备距离太近，具体说明如表 2-6 所示。

表 2-6　货垛五距规范说明

类别	说明
垛距	一般要求货垛与货垛之间的距离大于 1 米，具体视仓库实际情况、所存储的货物的特性等要求而定
灯距	照明设备与货垛之间应该有一定的距离，以防出现意外情况。一般情况下，要求两者之间的距离大于 0.5 米
墙距	墙距是指墙体与货垛之间的距离，留足距离能防止货物受墙体的潮气影响，便于开窗通风等，利于检点货物及消防安全工作的顺利进行，一般是要求货垛与墙体之间的距离大于 0.5 米
柱距	室内柱子与货垛之间的距离，留出一定的距离能防止货物受潮气影响
顶距	货垛与屋顶之间的距离，留出这个距离能起到通风散潮的作用，同时利于隔热散热，便于消防工作顺利进行，进而提高仓库的安全性

2.6.7　经验分享

1．如何进行危险物品储存

（1）危险品仓库的管理

① 危险品的出入库管理

危险品入库时，仓储管理员要认真检查货物的名称、标志、数量、封口和包装，做好核查登记。重点危险品要实行双人收发制度，防止不符合安全储存的危险品混运入库。

② 危险品的保管

危险品应与其他物品进行隔离储存，实行双人保管制度。

③ 危险品的装卸

装卸搬运危险货物时须轻装轻卸，规范使用装卸设备，谨防滚、摔、碰、撞、重压、振动、摩擦和倾斜等。

（2）危险品储存的基本要求

① 爆炸物的储存多使用地上库房，其结构要求坚固不导热，单间独立库房不宜过大（一般为50平方米左右），库房之间保持适当的安全距离。

② 易燃液体、固体多储存于钢筋混凝土结构的地下库内，有利于保持低温和防火。

③ 某些自燃品库房必须隔热、降温、密闭、通风、干燥。

④ 压缩气体、液化气体多储存于阴凉干燥的半地下仓或地下仓内。

⑤ 腐蚀性物品宜采用货棚储存，围墙为敞开式或半敞开式。

⑥ 有毒品可用普通砖木结构的库房来储存。

⑦ 放射性物品必须用专库储存，最好采用地下仓储存。

2．呆滞品处理方法

常用的呆滞品处理方法主要有图 2-18 所示的五种。

转用 在本部门管辖区域内无法使用的呆滞品，可以调拨到其他部门、车间使用，充分发挥其价值
交换 对于经常合作的供应商，如果供应商同意，可以与供应商协商交换其他可用物资
让价出售 本企业已无使用机会或使用价值，但其他企业可使用的物资，可低价转让，出售给其他企业使用
拆用 对于某些可以拆解成零部件调于其他订单使用的物资，可以进行拆解处理
报废 对于陈腐不堪、已无使用价值的物资，应进行报废处理

图 2-18　呆滞品处理方法

3．发展智能仓储

智能仓储建设流程如表 2-7 所示。

表 2-7　智能仓储建设流程

步骤	详细说明
收集、分析用户需求	明确仓储与上下游全流程衔接的功能定位、物流要求、物料参数，智能仓储需要具备的基础设施需求，以及仓储温度湿度等环境要求、功能系统需求及其他要求
确定相关参数	确定仓库的流通环节要求，明确产品外形尺寸及其重量、存储条件、仓位数量、货架层高、货架排与列数目等其他相关参数
设计总体布局及物流图	智能仓储包括入库暂存区、检验区、码垛区、储存区、出库暂存区、托盘暂存区、不合格品暂存区及杂物区等，相关设计人员必须将上述区域规划在内，同时要保证物料运行畅通
明确相关参数	明确货架、堆垛机、输送系统与其他辅助设备参数
设计仓储管理系统的各功能模块	根据用户需求运用模块化设计方式设计仓储管理系统，方便企业后续升级与维护
系统调试	对整套系统进行模拟与调试，对其中产生的问题进行相应整改，确保系统顺利运行
系统优化	进行设备及控制管理系统的详细设计
生产测试	将信息录入智能仓储系统，准备测试生产

2.7　库存管理

2.7.1　工作内容

供应链库存管理是企业依据当前生产计划要求与库存状况制订采购计划，根据库存控制策略进行计划执行与策略修改，使库存数量维持稳定，并合理控制资金使用情况，提高资金利用率，提升企业销售额的管理过程。

1．明确库存管理目标

库存管理主要有以下四大目标。

（1）提高资金与货物的周转速度

库存高效周转会使库存空间占用率降低，减少库存总费用；将企业占据在库存上的资金进行高速流转利用可以减少企业资金压力，保持企业健康运转。应在保证企业生产、经营需求的前提下，使库存量保持在合理的水平。

（2）实现管理集成化

供应链管理集成化就是将供应链上所有节点看作一个整体，以供应链流程为基础，物流、信息流、价值流、资金流、工作流贯穿供应链的全过程。库存管理是这个整体的一部分。

（3）扩大目标范围

不同于传统库存管理模式只考虑企业内部目标与可用资源，供应链库存管理使企业库存管理范围扩大，供应链所有节点资源都在管理者考虑范围内，可以使企业资源得到合理利用。

（4）实现结果共赢

供应链库存管理以客户为中心，将客户服务、客户满意度与客户成功率作为管理的出发点，并贯穿供应链库存管理的全过程。企业需要加强伙伴关系管理，使企业间由原先的竞争关系转变为"双赢"，进而实现双方或多方企业利益最大化。

2．确定库存成本

在目前供应链所处的生产经营条件下，库存成本主要分为三类，分别为订货成本、持有成本和缺货成本，企业进行库存成本核算时需要将这三种成本全部考虑在内。

（1）订货成本

订货成本有两种，一种是原料成本，另一种为辅助成本。

原料成本是指向供应商购买物料而发生的成本，原料成本中所购物料的价值由所购物料的单价和数量决定。

辅助成本是指向工厂下订单而发生的成本。向工厂订制物料时，会产生文书工作成本、机器调整费、新调整后首次生产带来的开工报废品，另外还包括贯穿准备订单、洽谈、运输、搬运、验收等环节的订货费用。

（2）持有成本

持有成本是指企业为保有和管理现有的库存而发生的一切成本。持有成本通常包括下列因素：报废、损坏、保险、储存、资金。

（3）缺货成本

缺货成本是指客户需要某种产品时，仓库没有可供销售的库存而失去销售机会或增加额外费用而产生的成本。缺货成本是衡量企业采购价值和销售服务水平的一项重要指标。

3．制订库存计划

（1）确定订货时间

确定订货时间需要在确定的条件下进行。确定的条件是指未来一段时间的需求和完成周期是已知的。

再订货点的计算公式为：$R = D \times T$。其中，R 表示再订货点的数量，D 表示平均日需求量，T 表示平均完成周期。

（2）选择订货方法

企业在制订库存计划时主要采用以下四种方法，即定量订货法、经济订批量货法、因需订货法、定期订货法，具体如表 2-8 所示。

表 2-8 企业订货方法

方法	说明
定量订货法	当库存量下降到预定的最低库存量时，按规定数量进行订货补充的一种库存控制方法。由于受生产条件、运输或包装等的限制，企业不根据实际需求量进行订货，而是采取最小批量或标准批量的方式进行订货
经济订货批量法	存货维持与订货相结合，使成本最低的补给订货批量法。为了能够最大限度地降低总存货成本需要进行补货订单采购。订购数量根据物料的运输成本、订购成本、存货持有成本确定
因需订货法	根据需求量决定订货量，不添加任何修订的动态方法，是保持库存量最小的一种订货方法，一般用于在订货生产环境下易于变质的物料或价值较高的物料
定期订货法	设定一个时间间隔（通常是月或季度），按照固定期限内的用量订货。由于间隔期是固定的，各个时间间隔内的需求量不是固定值，因此，定期订货法属于动态方法

（3）订货点法管理策略

订货点法又称安全库存法，是指某种物料（或产品）由于生产或销售的原因而逐渐减少，当库存量降低到某一预先设定的点时，即开始发出订货单来补充库存。当库存量降低到安全库存时，发出的订单所订购的物料（产品）刚好到达仓库，补充前一时期的消耗，此订货的数值点称为订货点。

订货点管理模型如图 2-19 所示。

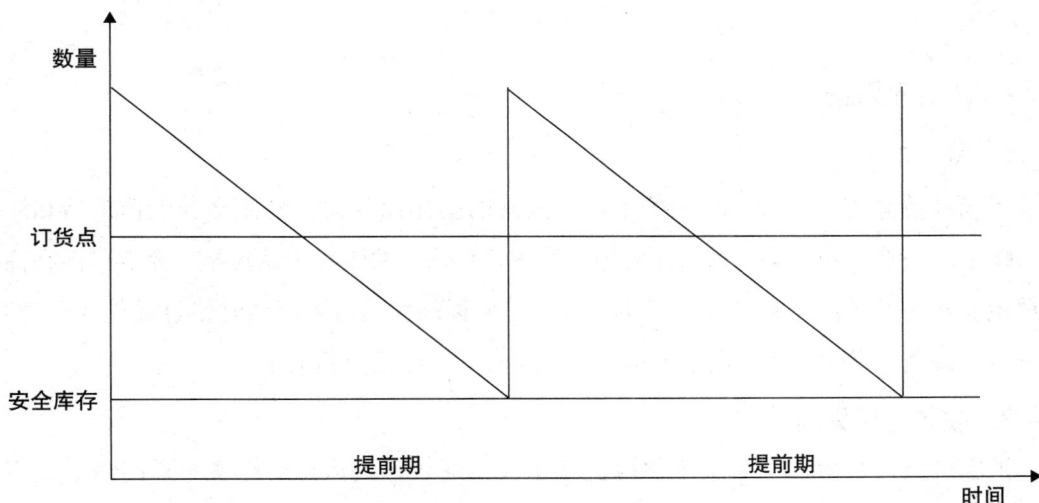

图 2-19 订货点管理模型

订货点管理的策略有很多，最基本的策略有连续性检查的固定订货量、固定订货点策略即（Q，R）策略，连续性检查的固定订货点、最大库存策略即（R，S）策略，周期性检查策略即（t，S）策略，综合库存策略即（t，R，S）策略等。

订货点管理策略使用说明如表 2-9 所示。

表 2-9　订货点管理策略使用说明

管理策略	策略说明
（Q，R）策略	◆ 该策略的基本思想是对库存进行连续性检查，当库存降低到订货点水平 R 时，即发出一次订货，每次的订货量保持不变，都为固定值 Q ◆ 该策略适用于需求量大、缺货费用较高、需求波动性很大的情形
（R，S）策略	◆ 该策略和（Q，R）策略一样，要随时检查库存状态，当发现库存降低到订货点水平 R 时，开始订货；订货后使最大库存保持不变，即为常量 S；若发出订单时库存量为 I，则订货量为 $S-I$ ◆ 该策略与（Q，R）策略的不同之处在于其订货量是按实际库存而定，是可变的
（t，S）策略	◆ 该策略是每隔一定时期检查一次库存，并发出一次订货，将现有库存补充到最大库存水平 S，若检查时库存量为 I，则订货量为 $S-I$。经过固定的检查期 t，发出订货，这时，库存量为 I_1，订货量为 $S-I_1$。又经过一定的时间（LT 为订货提前期，可以为随机变量），库存补充量为 $S-I_1$，库存到达 A 点。再经过一个固定的检查时期 t，又发出一次订货，订货量为 $S-I_2$，如此反复，库存又达到新的高度 B。如此周期性地检查库存，不断补给 ◆ 该策略不设订货点，只设定固定检查周期和最大库存量。该策略适用于一些不是很重要的或是使用量不大的物资
（t，R，S）策略	◆ 该策略是策略（t，S）和策略（R，S）的综合，这种补给策略有一个固定的检查周期 t、最大库存量 S、固定订货点水平 R；当经过一定的检查周期 t 后，若库存低于订货点，则发出订货，否则不订货 ◆ 该策略只适用于周期性库存补给

2.7.2　问题梳理

1.补货不及时

市场随着政策、经济、环境等不确定因素的变化而变化，因而会产生畅销品和滞销品。畅销品随着市场需求的增大而脱销，补货订单却需要逐级确认审批，企业可能在商品库存最低水平时才向制造商发出订单，且产品要逐级配送，因此最终错过最佳反应时间，错失销售良机。供应链体系逐级传递拖慢反应时间，延迟商品上市。

2.绩效考核失衡

供应链整体绩效水平取决于供应链各个节点绩效，因节点所在各个部门独立或不相关，或部门之间存在竞争关系，会导致绩效考核失衡，无法正确评定。

3．信息传递效率低

供应链管理数据包括需求预测信息、库存状态信息、订货运输信息等，这些数据分散在各个部门，市场快速变化，部门之间却需要层层对接，难以做到快速、有效地响应客户需求。

4．供应链成员间竞争

供应链成员之间相互竞争会导致成员之间相互不信任、信息不透明、互相打压。供应链上各个节点都设有安全库存，成员之间的竞争与不信任会延长交货期、降低客户满意度，增加库存负担。

2．7．3 痛点总结

1．牛鞭效应

由于牛鞭效应，需求信息沿着供应链下游向上游逐级传递，库存量逐级上涨，会与最初预期产生偏差，制造商与零售商可能会出现库存短缺或库存过多现象。

2．不确定因素对库存的影响

供应链不确定因素来源可分为供应商不确定性、生产者不确定性和顾客不确定性。

供应商不确定性包括提前期不确定、订货量不确定、意外的交通事故、供应商生产系统故障问题等。生产者不确定性包括生产系统的可靠性不确定与计划执行偏差。顾客不确定性包括需求预测偏差、购买力波动、个性化与流行因素变化。

如果企业没有认真研究和跟踪不确定性因素的来源和影响，错误估计供应链中物料的流动时间，最后就会造成库存积压或库存短缺现象。

3．不良品的处理问题

受企业产品特性与销售政策的影响，导致产品性能变化或产品滞销，使部分产品在一定期限后成为不良。不良品如何处理、能否二次使用、能否进行销售、销售如何定价、如何选择不良品客户等都是企业库存管理需要解决的问题。

2．7．4 用流程管事

供应链库存管理工作是有流程可依的，按流程做事，能让企业工作更加规范、专业、高效。常见的供应链库存管理流程如图 2-20 所示。

主办部门	仓储部	流程名称	库存管理流程
	产品交付部经理	仓储部经理	仓储部主管	仓储人员

编制库存管理制度

开始

编制库存管理制度

审核

审批

组织执行制度

管理仓库储位

检查、指导

填写仓库明细台账

定期整理仓库储位

掌握仓库仓储情况

提交仓库运营数据

接收仓库使用申请

核对仓库储位信息

物资出入库

确认出入库需求

审核

执行物资出入库

数据核对

登记仓库储位数据

结束

| 编修部门 | | 签发人 | | 签发日期 | |

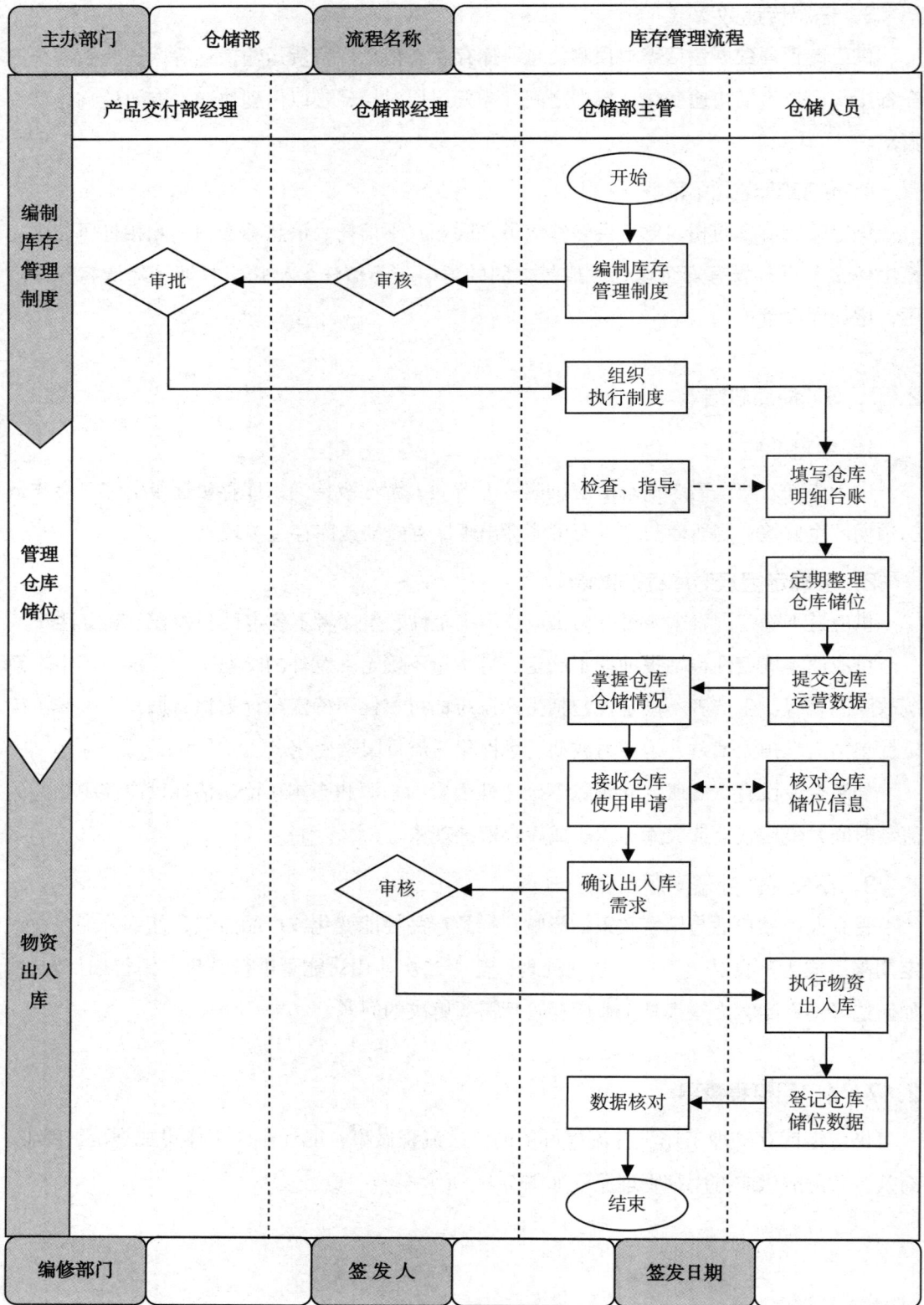

图 2-20　库存管理流程

2.7.5　用制度管人

供应链库存管理工作必须在科学、健全的制度下进行。常用的库存管理相关制度示例，扫描下方二维码即可查看。

1．库存成本管理制度示例

2．库存周转管理制度示例

2.7.6　用工具执行

1．供应商管理库存

供应商管理库存（Vendor Managed Inventory，VMI）是指用户与供应商在一个共同的协议下由供应商管理库存，监督协议执行情况和修正协议内容，并根据客户信息和库存情况编制库存策略和补货计划以使双方都获得最低成本的一种库存管理策略。

实施 VMI，需建立适合其运营的组织结构、管理模式和信息系统。VMI 实施步骤如表 2-10 所示。

表 2-10　VMI 实施步骤

步骤	实施办法
建立库存信息系统	实施 VMI 需要及时掌握企业的需求变化，所以供应商要建立库存信息库，把企业的需求预测及分析功能集成到供应商的信息系统中
建立网络管理系统	◆ 只有保证产品物流信息及需求信息的畅通，才能保证 VMI 顺利实施 ◆ 企业可以使用物料需求计划或企业资源计划系统来建立完善的网络管理系统
建立合作双方的框架协议	合作双方共同确定订单处理的具体业务流程、库存控制相关参数及库存信息的传递方式等，制定框架协议
组织机构变革	实施 VMI 会改变供应商的组织模式，需安排专人负责客户库存的控制、库存补给和服务水平等工作

2．联合管理库存

联合管理库存（Joint Managed Inventory，JMI）是指由供应商和用户联合管理库存，是一种风险共担的库存管理模式。

JMI 实施步骤如表 2-11 所示。

表 2-11　JMI 实施步骤

步骤	实施办法
建立供需协调的管理机制	联合库存管理中心承担着协调供需双方利益的角色，因此它需要确定库存优化的方法，具体内容包括库存如何在多个需求之间调节与分配、确定库存最大量和安全库存等
建立信息沟通渠道	建立一种信息沟通渠道或系统，以保证需求信息在供应链中的畅通流动和准确性，增加供应链各方对需求信息获得的及时性和透明性，提高供应链各方的协作效率，降低成本，提高质量
建立快速响应系统	快速响应系统可以减少供应链从原材料到用户过程的时间和库存，最大限度地提高供应链的运作效率
建立利益分配、激励机制	建立公平的利益分配制度，并对参与协调库存管理中心的各家企业进行有效激励，增加协作性和协调性

3．第三方物流供应商管理库存

第三方物流供应商管理库存可以使企业聚焦自己的核心业务，增加供应链的敏捷性和协调性，提高服务水平和运作效率，降低库存成本，企业可以提供更加多样化的服务，改进服务质量。

第三方物流战略起到了连接供应商与用户的作用，消除了双方库存，提高了供应链的竞争力。

4．协同规划、预测和补给

协同规划、预测和补给（Collaborative Planning, Forecasting and Replenishment，CPFR）是一种协同式的供应链库存管理技术，它能在降低销售商的存货量的同时增加供应商的销售量，从全局出发实现双赢。CPFR 是面向客户需求的合作框架，也是基于销售预测报告的生产计划。

CPFR 实施步骤可分为以下几步：制定框架协议、协同制定商务方案、销售预测、鉴别预测异常、协商解决异常、订单预测、鉴别预测异常、生成生产计划。

2.7.7　经验分享

1.如何缩短采购提前期

（1）全面缩短供应商的采购提前期

① 实施 VMI，有选择性地在供应商处建立过程性库存。

② 零件标准化、通用化。

③ 通过精益生产、生产工艺优化来缩短供应商的采购提前期。

（2）精益生产

通过精益生产方式来缩短制造、组装、包装时间，如原物料免检（前提是确保质量）、少批量生产、缩短换线时间、使用小型通用设备等。

（3）优化系统

简化流程、优化系统，缩短信息周转时间。

2.如何有效进行库存分类管理

ABC 库存管理法是一种简单且有效的库存管理方法。它将库存物资按品种和占用资金的多少分为特别重要的库存（A 类物资）、一般的库存（B 类物资）、不重要的库存（C 类物资）三个等级，然后针对不同等级分别进行管理和控制，具体如表 2-12 所示。

表 2-12　ABC 库存管理法

物资类型	库存等级	累计品种数占库存物资品种总数的比例	累计资金占用比例	库存管理方法
A 类物资	特别重要的库存	5% ~ 20%	60% ~ 80%	实行重点管理，定时定量供应，严格控制库存
B 类物资	一般的库存	20% ~ 30%	20% ~ 30%	采用一般控制，实行定期订货、批量供应的方法
C 类物资	不重要的库存	60% ~ 80%	约 5%	采取简便方法管理，固定每次的定货量

通过 ABC 库存管理法进行库存控制，可以实现压缩库存量、释放被占用的资金、节约管理投入、有效降低库存成本的目的。

3.如何进行高效库存管理

（1）工具使用

库存管理系统的分类、筛选、统计功能可以帮助库存管理人员记录入库需要的品牌、分类、名称、产品包装、包装颜色、生产日期、入库数量、入库日期、到期时间、产品编号、货位、剩余库存、出库日期、出库数量等内容。

（2）对库存商品进行编号、归类存放

商品分为无条码和自带条码两类，仓库可自建条码，每个条码对应不同商品的名称，以便归类和查找。

（3）合理设置并记录入库、出库

入库、出库都有相应的进货单和发货单。入库的商品在每日库存盘点后，要根据入库、出库的量与进货单进行核对，以确保无误。发货单可以是一式两份，在商品出库的时候，在发货单的日期旁边写上当天的订单编号。

（4）对库存商品进行定期盘点

通过每日库存盘点，可以知道前一天的单数、销售额、主要品牌销售额、总库存、主要品牌库存等重要信息，为决策提供依据。同时，通过库存盘点可以查出任意时期的所有销售数据，这些数据有助于运营。

4．如何实现企业零库存管理

实现零库存的方式有许多，大致可以归纳为图 2-21 所示的六类。

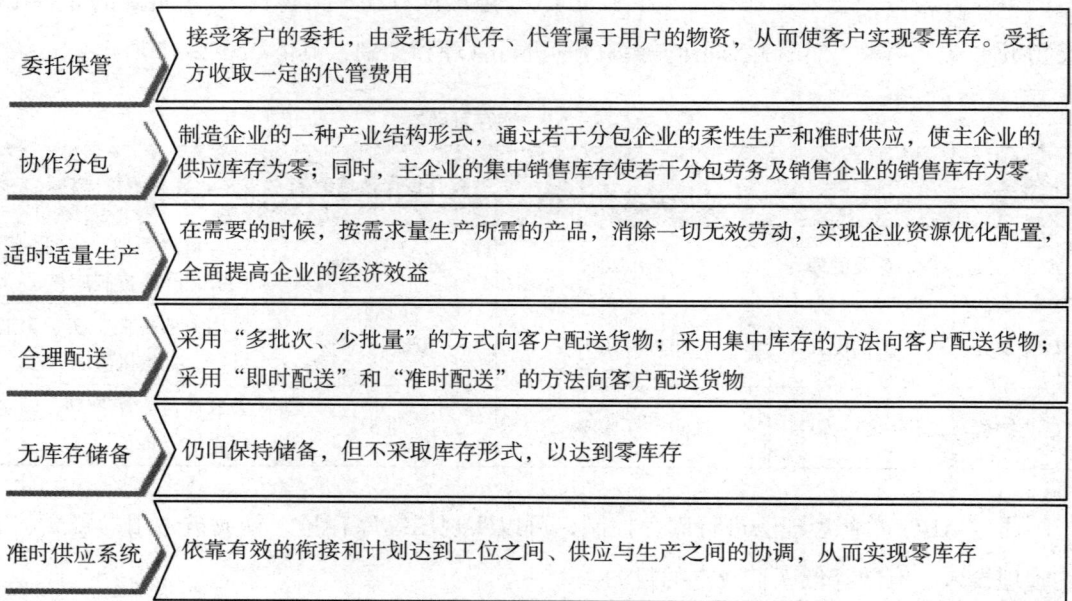

委托保管	接受客户的委托，由受托方代存、代管属于用户的物资，从而使客户实现零库存。受托方收取一定的代管费用
协作分包	制造企业的一种产业结构形式，通过若干分包企业的柔性生产和准时供应，使主企业的供应库存为零；同时，主企业的集中销售库存使若干分包劳务及销售企业的销售库存为零
适时适量生产	在需要的时候，按需求量生产所需的产品，消除一切无效劳动，实现企业资源优化配置，全面提高企业的经济效益
合理配送	采用"多批次、少批量"的方式向客户配送货物；采用集中库存的方法向客户配送货物；采用"即时配送"和"准时配送"的方法向客户配送货物
无库存储备	仍旧保持储备，但不采取库存形式，以达到零库存
准时供应系统	依靠有效的衔接和计划达到工位之间、供应与生产之间的协调，从而实现零库存

图 2-21 零库存管理方式

2．8 物流管理

2．8．1 工作内容

供应链物流管理是指用供应链管理思想实施对供应链物流活动的组织、计划、协调与控制。作为一种共生型物流管理模式，供应链物流管理强调供应链成员组织不再孤立地优化自身的物流活动，而是通过协作、协调与协同，提高供应链物流的整体效率。供应链物流管理的主要工作包括以下三方面内容。

1. 正向物流和逆向物流的管理

正向物流是制造商经制造程序将产品完成再销售到最终使用者的一连串的过程；逆向物流是为了资源回收或正确处理废弃物，在高效及适当成本下，对原材料、在制品、成品及相关信息从消费者到产出点的流动和储存进行规划、实施和控制的过程。

正向物流和逆向物流是一个完整物流系统的两个子系统，两者相互联结、相互作用、相互制约，共同构成了一个开放式的物流循环系统。

2. 信息流的共享

信息流主要包括前馈信息和反馈信息，主要涉及订单、交付、运输等活动的信息交换。信息内容既包括供应信息、需求信息，也包括共享信息，这也是供应链物流管理与传统物流管理不同的地方之一。

3. 流程的管理和控制

供应链管理环境中的物流管理需要协调配合，与采购、营销、预测、库存管理、计划、销售和售后服务等环节统筹考虑，实现集约化、协同化管理，以提高供应链整体的运行效益。

2.8.2　问题梳理

1. 供应链成员间缺乏信任和合作基础

受传统物流管理的影响，供应链成员企业之间多以竞争关系为主，往往先考虑自己的利益，尽量将风险和责任转嫁给其他成员企业，彼此之间缺乏基本的信任和合作基础，但只有建立共担责任与风险、共享成果与收益的相互信赖的合作关系，才能保证供应链的运作效率。

2. 供需协调衔接问题

在货物配送运输过程中，由于进货供应链和出货供应链不相连，或者供应链成员企业之间没有进行良好的协调，常常导致运输卡车卸下货物后卡车空返的现象发生，导致运输成本增加。

3. 准时交货问题

货物运输非常简单，只要有车辆和司机就可以进行，困难的是每次运输都要保证快捷、规范、稳定。当运输途中发生意外情况时，能否积极采取应对措施、保证准时交货成为衡量企业是否具有足够稳定的运力和调度能力的标准。

4．第三方物流管理问题

为了降低物流管理成本，一些企业会将物流外包，同时通过信息系统与物流企业保持密切联系，以达到对物流全程管理控制的目的。但是第三方物流的监管标准存在一定的"盲区"，导致第三方物流管理问题频发。

2．8．3　痛点总结

1．信息实时共享难

供应链环境下的物流管理的特点之一就是信息共享。通过相互之间进行信息传输，可以实现销售信息、库存信息等的共享，进而调控物流活动。但由于企业之间的竞争关系，成员企业之间很难实现真正的信息共享。

2．配送方案制定难

如何组织适当的行车路线，在一定的约束条件下，达到路程最短、成本最小、耗费时间最少的目的是当前物流管理中的难点与痛点。

3．物流系统无缝连接难

供应链能够协调运作的前提是物流系统的无缝连接。缺少了物流系统的无缝连接，就会导致运输货物的延迟送达、采购物资的中途受阻，不能充分发挥供应链的协作性。而在实际情况中，无论企业根深蒂固的利益至上观念还是对应用技术的重视程度不足，都导致其很难实现现代供应链管理中"无缝连接"的管理理念。

2．8．4　用流程管事

供应链物流管理工作是有流程可依的，按流程做事能让企业工作更加规范、专业、高效。常见的供应链物流管理流程如图 2-22 所示。

| 主办部门 | 物流部 | 流程名称 | 内向物流规划流程 |

| 总经办 | 主管副总 | 物流部 | 仓储部 | 相关部门 |

分析内向物流规划要素

```
        开始
         │
   初步分析内向
   物流规划要素
         │
   重点货物分析
         │
   组织分类处理
         │
   内向物流规          内向物流规
   划运输方案  ──────▶  划仓储方案
```

汇总内向物流规划方案并执行

```
  审批 ◀── 审核 ◀── 内向物流规 ◀──┘
                    划方案汇总
   │
   └─────────────▶ 形成内向物流
                    规划方案 ──────┐
                                   ▼
                         执行方案
                    ┌──────┘
                    ▼
              发现问题并汇总 ◀┈┈┈ 参与
```

修订内向物流规划方案

```
  审批 ◀── 审核 ◀── 修订内向物
                    流规划方案
   │
   └─────────────▶ 正式成文 ──────┐
                                   ▼
                              执行
                         ┌────┘
                         ▼
                        结束
```

| 编修部门 | | 签 发 人 | | 签 发 日 期 |

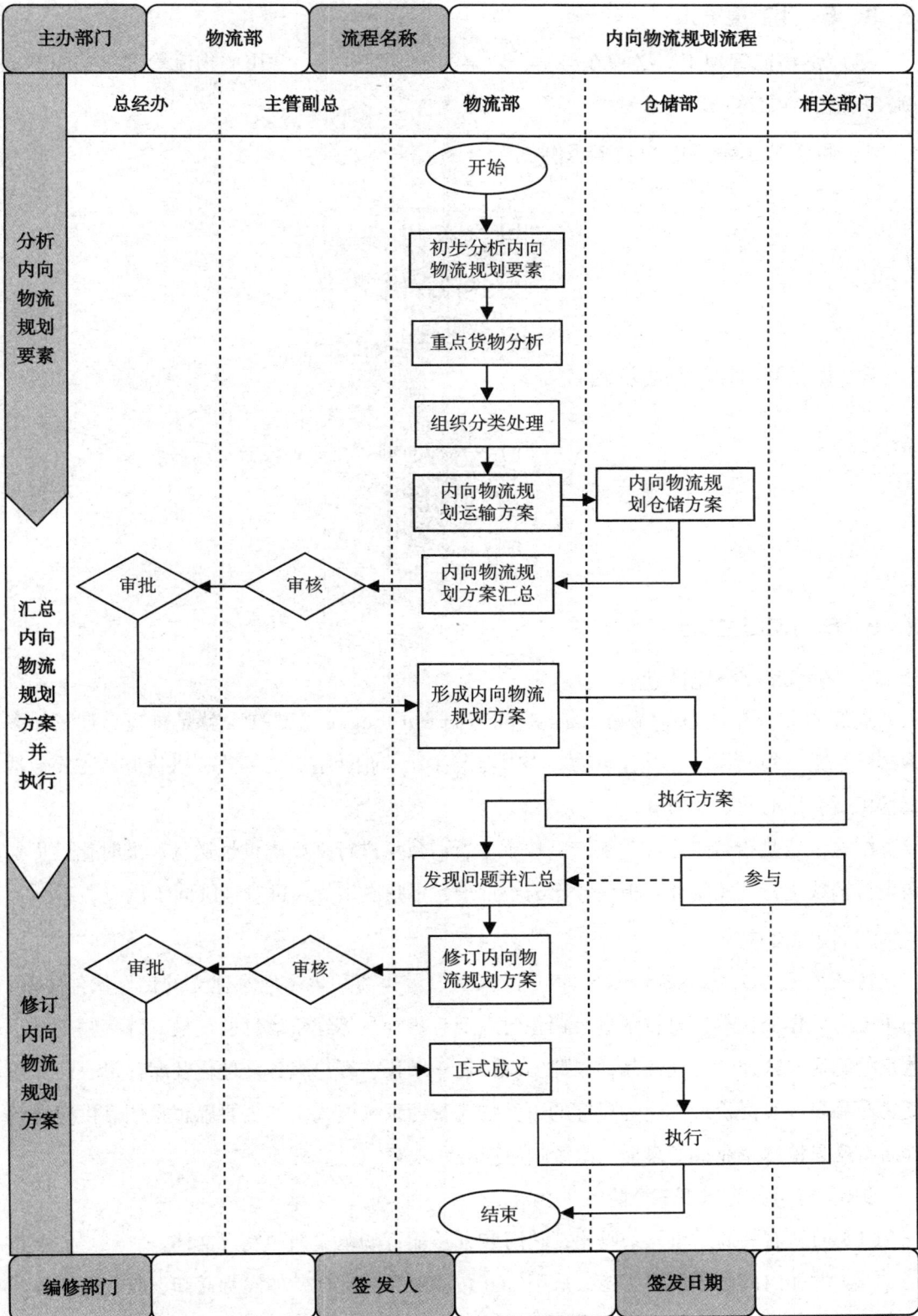

图 2-22　内向物流规划流程

2.8.5 用制度管人

供应链物流管理工作必须在科学、健全的制度下进行。常用的物流管理相关制度示例，扫描下方二维码即可查看。

1. 物流成本管理控制制度示例

2. 物流信息管理制度示例

2.8.6 用工具执行

1. 连续库存补充计划

连续库存补充计划（Continuous Replenishment Program，CRP）就是供应点连续、多频次、小批量地向需求点补充货物。CRP 是与生产节拍相适应的模式，供货方式主要包括配送供货和准时化供货方式。

配送供货是指将供应商下线产品按企业所需数量进行多频次批量送货。准时化供货是指用传输线进行更短距离、更高频次的小批量、多频次供货或进行连续同步供应。

2. 快速反应

快速反应（Quick Response，QR）是指通过零售商和生产厂家建立的良好伙伴关系，利用电子数据交换等信息技术进行销售时点及订货补充等经营信息的交换，以多频度、小数量的配送方式连续补充商品，以此实现销售额增长、客户服务最佳化及库存量、商品缺货、商品风险和降价最小化等目标的一种物流管理系统模式。其主要思想是依靠供应链系统而不是只依靠企业自身来提高市场响应速度和效率。

QR 实施可分为以下三个阶段。

（1）对所有的商品单元条码化，利用 EDI 传输订购单文档和发票文档。

（2）增加内部业务处理功能，采用 EDI 传输更多的文档，如发货通知、收货通知等。

（3）与贸易伙伴密切合作，采用更高级的策略，如联合补库系统等，从而对客户需求迅速做出反应。

3．4R 管理模型

4R 管理模型包括快速反应（Responsiveness）、可靠性（Reliability）、弹性（Resilience）和相互关系（Relationships）四个方面，具体如表 2-13 所示。

表 2-13　4R 管理模型

四个方面	具体内容
快速反应	在企业供应链条件下，客户需要较短的提前期，缩短提前期就要有弹性和优化客户解决方案，即供应商能够在较短的时间内敏捷反应，准确满足客户需求。因需求预测无法确保准确性，未来企业应以需求推动生产
可靠性	企业供应链设有安全库存是因为不确定性的存在，包括未来需求不确定、供应商送达能力不确定及原材料和配件的质量不确定等。提高物流可靠性的要点之一是提高供应链的可视性
弹性	通常条件下，经济和社会环境、商业环境都存在可变性，这容易使供应链产生断档，威胁企业生产。因此，供应链设计的主要出发点是成本最小或服务最优，即弹性。富有弹性的供应链能够更好地应对不确定的环境
相互关系	企业与供应商建立良好的长期合作关系，可以促成一种双赢的局面，竞争优势也可以来自双赢。从供应商的角度出发，这种关系能够自动为竞争者设置障碍。供应商和客户之间的相互依存度越高，竞争者就越难打破它们形成的链条

2．8．7　经验分享

1．第三方物流应用的注意事项

（1）注意外包成本。选择外包主要是为了节约成本，专注企业核心项目的生产，所以外包的时候要注意成本是否划算，安排是否合理。

（2）注意外包商的反应速度。确认外包商的速度能否达到要求，能否及时到货。

（3）注意外包商的服务质量。

（4）注意及时对外包商进行考核。考核要量化、动态，考核结果必须与经济利益直接挂钩。

2．配送中心如何进行选址

建立配送中心要考虑到配送的时间问题，为缩短配送时间，配送中心能够辐射的网点越多越好，运输的半径相对要短。同时，要考虑储运成本问题，储运条件需要符合企业产品特性。

地区配送中心可以理解为联合库存，各个销售点的库存都可以存在配送中心，不同的销售点联合起来会使物流更快速。

3．如何实现快速准确交货

物流企业要充分利用现有的物流运输网络和现代化的信息管理系统控制并降低物流成本，精准控制物流时间，实现快速交付。

4．如何避免派送纠纷

（1）保证配送时效

合理安排配送路线，提前查看路况，提前联系客户，减少客户等待时间，从而提高时效性。

（2）避免货物破损

严格监督装卸过程中的操作并实施正激励和负激励，对于由装卸搬运造成的破损，要将责任落实到人。

（3）谨防货物丢失

在仓库管理过程中，要对货物进行合理的归类摆放；加强仓库的安全管理，减少货物的丢失；在派送过程中要注意单货一致，严格规定提货要求。

（4）合理安排超重货物的派送

对于超重的货物，要加强管理，统一派送车辆；对于到达部门无合适派送车辆的货物，须通知客户自行提货。

第3章
供应链合同管理

3.1 供应链合同管理中的关键点

3.1.1 关键问题

合同管理是指对合同依法进行签署、履行、变更、归档、统计的全过程管理，企业合同管理水平的高低直接影响着企业经营的成败。当前，供应链合同管理主要存在以下五个方面的问题。

1. 合同模板中，合同条款不合规、不合法

（1）合同起草人员对于法律条款不熟悉或有疏忽。

（2）随意约定高比例的逾期付款违约金。

（3）未提及违约责任，或者对此轻描淡写。

（4）企业不重视合同审查。

2. 合同模板中，双方权利与义务不明确

（1）对合同双方权利的规定过于抽象。

（2）对合同双方义务的规定不明确、不具体。

（3）对违反义务应当承担什么样的责任规定不清。

（4）对违约金比例或损失的计算方法、依据规定不清。

3. 合同谈判时，细节不全面

（1）未明确送货方式。

（2）未明确付款方式。

（3）未明确经营费用的分摊方式。

（4）未规定售后服务要求。

4．合同执行时，信息接收不及时

（1）未及时接收政策、法律变更消息，未按最新要求执行。

（2）未及时记录合同应收、应付、实收、实付账款信息。

5．合同保管时，措施不到位

（1）未建立合同档案，给合同查找、使用造成不便。

（2）未建立良好的保管环境，导致合同损坏。

（3）未建立明确的制度，未明确合同的移交与借阅权限。

3.1.2 关键内容

企业无论采取何种形式的供应链合同，都必须保证相关条款内容齐备、明确、具体，表达严谨。一份完整、正式、有效的供应链合同的关键内容如表 3-1 所示。

表 3-1　供应链合同的关键内容

序号	项目	具体内容
1	鉴于	确定双方订立合同的初衷、原则、交易目的及对合同的整体解释
2	相关词条定义	对所订立的合同中涉及的一些词条进行解释，如商品、订单等
3	甲乙双方的权利与义务	对甲乙双方的权利与义务做出说明，说明要明确、具体
4	特殊约定	在当事人根据本人真实意思签订了合法的合同时，当事人双方的特殊约定优先于合同通用条款，但是合同双方的约定不能违反法律、行政法规等国家强制性规定
5	商品损坏、灭失赔偿	说明发生商品损坏或灭失时的赔偿标准，以及由于违反合同规定导致第三方索赔的情况
6	赔偿免责条款	说明由哪些情况导致无法提供规定的供应链服务时，乙方不承担赔偿责任
7	知识产权和保密条款	在合同期间，双方都应当遵守自身的职业道德，不能侵犯他人的知识产权，也不能将对方的相关信息透露给第三方
8	违约责任与争议解决	对合同双方在交货期限、产品质量、货款支付等方面的违约责任进行界定，确定争议解决方式
9	合同解除和变更	供应链合同中应写明合同解除或变更的条件
10	其他约定	根据合同实际情况约定一些其他条款，以保证合同利益的最大化，降低合同风险

3.1.3　关键风险

为了确保合同的公平性、合理性、客观性，最大限度地维护企业的合法权益，企业应做好供应链合同管理工作，这个过程中可能会存在以下五种风险。

1．合同隐瞒风险

合同隐瞒风险是指双方在合同签订、履行过程中，一方故意隐瞒真实情况，致使对方做出错误的决策行为，给对方造成损失。

2．合同谈判风险

合同谈判人员经验不足，缺乏技术、法律、财务等方面的相关知识，忽略了合同的重大问题或在重大问题上做出不当让步，导致企业在谈判中处于不利地位。

3．合同内容风险

合同文本拟定完成后，应进行严格的审核。合同条款不完整、表述不严谨或合同审核过程控制不当，容易出现合同内容风险，给企业造成损失。

4．合同执行风险

合同订立后，如果合同履行环节控制不当，容易出现以下两种严重风险。

（1）延期交货风险

在合同执行过程中，由于供应商生产设备异常、材料不配套、人员异常、工艺异常、环境异常等原因，可能导致材料供应不及时、生产计划编制不平衡，进而导致延期交货。

（2）延期支付风险

在供应链实践中，由于供应商鼓励零售商多订货或零售商资金紧张，很容易导致零售商不能如期支付货款。

5．常见法律风险

供应链合同中的法律风险主要有两类：一是标的风险，是指合同标的不合法、不明确，影响合同的合法性，导致合同成为无效合同；二是主体风险，是指合同主体的法律关系不明确或相混淆，致使签署的合同被认定为无效，给企业造成损失。

3.1.4　常见纠纷

企业供应链合同管理中常见的纠纷主要有图 3-1 所示的四类。

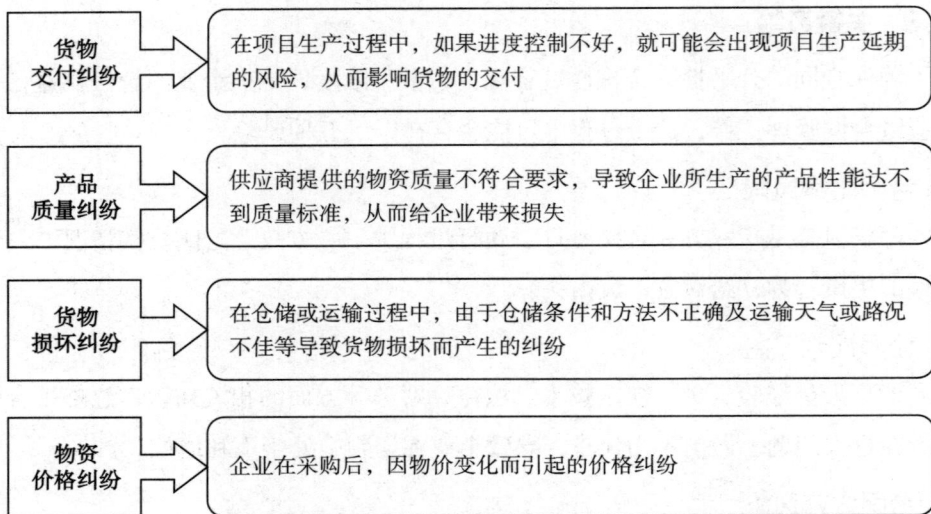

货物交付纠纷	在项目生产过程中，如果进度控制不好，就可能会出现项目生产延期的风险，从而影响货物的交付
产品质量纠纷	供应商提供的物资质量不符合要求，导致企业所生产的产品性能达不到质量标准，从而给企业带来损失
货物损坏纠纷	在仓储或运输过程中，由于仓储条件和方法不正确及运输天气或路况不佳等导致货物损坏而产生的纠纷
物资价格纠纷	企业在采购后，因物价变化而引起的价格纠纷

图 3-1　供应链合同管理中常见的纠纷

1．合同纠纷处理方式

当发生合同纠纷时，常见的处理方式有表 3-2 所示的四种。

表 3-2　合同纠纷处理方式

处理方式	说明
和解	发生纠纷时双方当事人自行协商，在尊重双方利益的基础上，就争议事项达成一致意见，解决纠纷
调解	通过第三方的主持，解决当事人之间的合同纠纷。执行调解的一般是当地的人民调解委员会或其他相关行政调解部门
仲裁	发生合同纠纷的双方当事人将纠纷提交到相关仲裁机关进行裁决，仲裁裁决具有法律效力，双方应该履行
诉讼	在合同纠纷发生后，双方没有仲裁协议的，任何一方都可以向人民法院提出民事诉讼请求，请求其依法对合同纠纷进行处理

2．合同纠纷处理程序

（1）合同履行过程中发生纠纷的，业务经办人员应在规定时效内与合同对方协商谈判，并及时报告主管领导。

（2）经双方协商达成一致意见的，双方签订书面补充协议，由双方法定代表人或其授权人签章并加盖单位印章后生效。

（3）合同纠纷经协商无法解决的，应依合同约定选择仲裁或诉讼方式解决。

（4）企业法律顾问会同相关部门研究仲裁或诉讼方案，报总裁批准后实施。

3．合同纠纷处理注意事项

处理合同纠纷时应注意两点，一是在纠纷处理过程中，企业任何部门或个人未经授权，不得向合同另一方做出实质性答复或承诺；二是在合同纠纷处理完毕后，企业应将有关资料汇总、归档，以备查验。

3.2　供应链合同模板

3.2.1　合同模板的起草

企业为了加强合同的规范化和信息化管理，防范法律风险，通常会为使用量较大的合同制作模板。

1．合同模板起草的步骤

合同模板的起草主要有以下七个步骤。

（1）确定合同名称。合同名称要清晰明确，直接表明交易目的。

（2）确定合同内容的清单、目录或概述。

（3）确定合同体例。确定是单一的合同文本，还是主合同加附件，或者是多个主合同加多个附件。

（4）确定重点内容。交易内容不同，合同的重点内容会有所不同。例如，生产合同的必备条款有产品的名称、单价、型号、质量要求、付款方式、标准与检验等；货物运输合同的必备条款有货物的起送地、到达地、货物的领取与验收方式等。

（5）参考类似范本。搜索类似的合同范本，起草模板时可以借鉴和参考。

（6）撰写合同内容。合同内容主要包括首部和必备条款、功能性条款及违约责任条款等。合同内容撰写完成后，应对可能发生的情况进行假设，保证合同可以清楚地描述发生相应情况后双方的立场。

（7）完稿后的审查。合同模板起草完毕后，核对所有内容并送至供应链管理部进行审查。

2．合同模板起草时的注意事项

合同模板的起草是供应链合同管理中的一项重要内容。合同模板起草时应小心谨慎、深思熟虑。合同模板起草时应注意以下七个问题，以免受诉讼困扰。

（1）尽可能使用短句，短句比长句更容易理解。

（2）尽可能用主动语态而不用被动语态。相对而言，主动语态的句子更简短，措辞更精炼。

（3）涉及数字时要设计成汉字与阿拉伯数字并存，减少不必要的错误。

（4）不要用自己发明的词语，切忌因为语句意思相近而引发争议，模板用词应该清楚、直接、准确无误。

（5）前后用词一致，例如，前文用"货物"指某个标的，就不能在后文改称为"产品"。

（6）在文法和标点符号上保持一致，注意文风的统一性及模板的通用性。

（7）明确争议处理办法、适用法律条款等。

3.2.2 合同模板的审定

1.合同模板审定内容

合同模板审定内容主要包括以下七个方面。

（1）规定合同范围和需求并写入文档。

（2）识别可能出现的意外风险并进行合理规避。

（3）恰当保护有关专利的信息。

（4）规定企业对供应方的责任。

（5）明确合同双方对术语的理解。

（6）确保合同双方有能力履行合同职责。

（7）审查产品型号，确保无误。

2.各部门的审定职责

在供应链合同模板起草完成后，企业通常会成立一个小组对合同进行审查与确定，各部门的审定职责如表 3-3 所示。

表 3-3　各部门的审定职责

审定部门	审定职责
供应链管理部	◆ 明确企业需求、合同范围 ◆ 确认商务条款的合理性 ◆ 确认需求变更及合同更改的处理方式 ◆ 明确对术语的理解 ◆ 明确专利信息 ◆ 确认服务内容的可行性 ◆ 检查产品相关信息
风控中心	◆ 识别合同风险 ◆ 评估合同风险
法务部	◆ 确认知识产权或版权的保护情况 ◆ 确认法律条款的正确性

审定结束后，各部门将各自的审定内容和审定意见填写在合同模板审定记录表中，总

结合同模板评审结果并综合分析，如果发现不妥之处，应责成合同起草部门或人员修改、重拟，直至确认无误，最后报总经办审批。

3.2.3　合同模板的更新

合同模板的更新是指企业内部人员通过对市场环境及经营状况等情况的分析，对原合同模板中的基本条款或主要内容进行变更。

1.合同模板更新的条件

（1）合同在双方执行过程中不断出现问题。

（2）相关标准发生改变。

（3）市场价格发生变动或行情发生变化，需要第一时间根据相关变动对合同模板做出调整。

（4）相关法律发生变化，新法实施或旧法废止，需要更新合同模板以适应新法。

2.合同模板更新的步骤

合同模板的更新主要有以下四个步骤。

（1）由供应链管理部发起，与客户协商一致后，提交合同模板变更方案。

（2）供应链管理部及其他部门评审模板并形成评审报告。

（3）由法务部进行评估，确定合同条款的合法合规性。

（4）由总经办审批，最终通过合同模板。

3.3　供应链合同的使用

3.3.1　合同条款的修订

企业招标时往往会附有合同，当供应商不同意其中的合同条款时，可以提出修订申请。合同条款的修订主要涉及以下三个方面。

1.首部和必备条款修订

合同首部主要是"鉴于"部分的内容，"鉴于"部分用于陈述合同订立的目的，可以发挥很好的风险防范和违约责任认定的作用。合同中的必备条款应注意不要有遗漏，例如，一般合同的交付条款容易遗漏标的交割方式。

2.功能性条款修订

合同中的功能性条款主要是定义条款、义务条款、担保条款及其他约定等，企业在修订这部分内容时需明确内容，防止陈述和保证被乱用，并且要注意利益平衡。

3．违约责任条款修订

违约责任条款修订包括对违约损失范围、违约金的具体数额或计算方式、违约金的支付方式和期限、违约责任的认定这四个方面的修订。当违约金与可能造成的损失不匹配或不合理及免责条款描述不清晰时，供应商可提出违约责任条款修订要求。

3.3.2　合同条款的变更

合同条款的变更不属于合同履行中的违约行为，变更合同条款是合同当事人为了进一步达到合同目的而做出的选择。

1．合同条款变更条件

当发生以下四种情况时，可以变更合同条款。

（1）因形势变化致使合同履行有失公平。

（2）因当事人违约。

（3）因订立时本意表示不真实。

（4）因当事人自愿。

2．合同变更申请

供应链企业发生合同变更时，需填写合同变更申请单。合同变更申请单示例如表3-4所示。

表3-4　合同变更申请单示例

合同变更申请单		
申请单位／部门		
合同编号		
合同名称		
合同乙方		
拟变更原因		
变更类别	□变更合同标的物　　　　　□变更合同期限 □增加合同部分内容　　　　□减少合同部分内容 □变更合同付款条件　　　　□其他	
原合同内容		
拟变更后的合同内容		
是否涉及价格变化	是□　　　否□　　　预计合同变更金额	
提出人员签字		
执行部门 意见		

（续表）

管理部门 意见	
财务经营部 意见	
总经理 意见	

3.3.3　合同条款的协商

1．合同条款协商原则

协商合同条款时应遵循以下三个原则。

（1）公平原则

在协商合同条款的过程中，双方必须在充分沟通、表达各自真实意思的前提下达成一致。

（2）信用原则

诚实守信是合同当事人经济往来的重要原则，也是市场经济的准则。

（3）书面原则

经双方协商一致可以改动的条款，双方必须以书面形式签订合同变更补充协议。

2．合同条款改动流程

（1）乙方提出要约

乙方首先向甲方提出变更合同的要约，该要约应包括希望对合同的哪些条款进行改动、如何改动、需要增加或补充哪些内容等。

（2）双方协商

甲方收到要约后予以研究，若无异议，则以书面的方式答复对方，此即为承诺；若有异议或仅部分同意，则提出自己的修改、补充意见，双方反复协商直至达成一致意见。

（3）条款改动

双方经协商达成一致后，条款的修改应当采用书面形式，以便待查，避免发生纠纷。

（4）公证、鉴证

如果原来的合同是经过公证或鉴证的，那么变更后的合同也应报原公证、鉴证机关备案，必要时还需要针对变更的事实予以公证、鉴证。如果原来的合同按照法律、行政法规的规定必须经过有关部门的批准、登记，那么合同变更后仍应报原批准、登记机关进行批准、登记，未经批准、登记的，变更不生效，仍按原合同执行。

3.4　供应链合同的谈判

3.4.1　合同谈判的要点

合同谈判是准备订立合同的双方或多方当事人为相互了解、确定合同权利与义务而进行的商务活动。谈判一般包括法律意义上的"要约邀请—要约—反要约—再要约—再反要约"流程，直至双方承诺并生效，合同才算正式订立。

合同谈判中有以下四个要点。

1．谈判前的准备

为了保证谈判的顺利进行，供应链企业在进行合同谈判时应做好以下四个方面的准备。

（1）组建谈判团队

谈判代表要有相应的决定权。谈判团队内部要有分工，如以谁为中心、谁为主攻、谁为调和者、谁记录、谁当配角等。

（2）了解对方企业的基本情况

了解对方企业的基本情况，包括企业实力、规模、注册地、人员情况、分支机构分布等，还要了解对方企业的基本发展战略与价值观等，这有助于谈判策略的确定。

（3）拟定谈判方案

供应链相关部门负责拟定谈判方案并做预演，以保证谈判工作有条不紊地进行。谈判方案的内容主要包括参与谈判的人员及谈判的时间、地点、主题。

（4）明确谈判基调

确定谈判基调是合同谈判的重要内容。哪一方先为这场谈判定下基调，即对话框架、范围、强度、坦率程度等，哪一方就占了先机。

2．谈判分歧的解决

当合同谈判过程中出现分歧时，双方应该找到解决办法，确定是否需要让步、怎么让步。

3．注意换位思考

在谈判过程中要注意换位思考，这有助于引导谈判走向成功。

4．注意谈判氛围

在谈判过程中难免会出现争执，这时谈判氛围会比较紧张。在各方分歧严重、谈判氛围严峻时，谈判人员应采取一定的缓和措施，减轻压力。

3.4.2　合同谈判技巧

合同谈判技巧有很多，因项目和谈判对象而异，常见的有以下四种。

1．果断地回答问题

当对方提出问题时，为了提高自己答案的可信度，在回答问题时要果断，不要犹豫。

2．永远不接受第一次报价

供应商第一次的报价往往有溢价，他们在等着企业议价。如果企业不经谈判就欣然接受初次报价，可能会令供应商生疑，使供应商考虑付款是否可靠等问题，或者让供应商觉得谈判人员十分业余，不利于未来合作的开展。

3．求大同、存小异

合同一旦签订，各方就必须全面履行合同中规定的义务，因此企业在合同谈判过程中必须保证利益最大化和合同的全面执行，大的原则不能放弃，小的条款可以协商，实现"求大同、存小异"的结果。

4．拒绝的技巧

在合同谈判过程中，拒绝不是指面无表情、态度生硬地回绝对方，而是用恰当的方式和语言留有余地地拒绝。拒绝的技巧如图 3-2 所示。

幽默拒绝	条件拒绝	提问拒绝	借口拒绝	补偿拒绝
根据对方的要求或条件推导出一些明显错误的、不现实的结论，从而间接地拒绝。这种拒绝方式往往能产生幽默的效果，既拒绝了对方，又不会破坏谈判氛围	在拒绝对方前，先要求对方满足自己的条件，若对方能满足，则可以满足对方的要求；若对方不能满足，则不满足对方的要求	面对对方提出的过分要求，通过一连串的问题来提出质疑。这一连串的问题足以使对方明白本企业无法满足其要求	面对过于强势的谈判对手如企业的"贵人"或非常重要的合作伙伴等，最好的办法是寻找合适的"借口"拒绝其要求	在拒绝对方的同时给予对方某种补偿。这种补偿不是可以兑现的金钱、货物或某种利益等，而是未来某种情况下的允诺，或者提供某种信息或服务等

图 3-2　拒绝的技巧

3.5 供应链合同的执行

3.5.1 合同的签订

合同的签订，意味着合同各方当事人之间民事权利与义务关系的成立。企业既有可能通过合同的履行获得理想的结果，也有可能事与愿违，遭受经济上的损失。

1. 合同签订前的准备

供应链相关部门的人员在签订合同前应做好以下四项准备工作。

（1）审查合同相对人的法人资格。

（2）审查合同相对人的经营范围。

（3）审查合同相对人的资信情况。

（4）审查合同相对人的履约能力。

2. 合同签订步骤

供应链企业签订合同时有以下三个步骤。

（1）内容协商：双方就合同的主要内容与条款进行协商讨论，确定合同文本框架。

（2）提交与修改：根据商讨的内容修改合同条款，直至双方没有异议。

（3）签字盖章：供应链管理部将确定的合同文本打印出来，先由一方签字盖章，再送交另一方签字盖章。

3. 电子合同签订注意事项

供应链企业在签订电子合同时，若对交付商品或提供服务的方式、时间有约定，则按照其约定执行，否则应根据《中华人民共和国民法典》中的相关规定确定交货时间等细则，以免发生纠纷。

3.5.2 合同执行的控制

1. 合同执行时的注意事项

合同执行过程是供应链合同管理的重点。做好合同执行管理工作可以有效地防范合同风险，确保供应链相关工作的顺利开展。合同执行时应注意以下六点。

（1）在合同签订后，采购员应及时向供应商发送订货单，让供应商及时准备企业所需的物品。

（2）采购员应本着经济的原则做好产品的采购工作，既能保证仓库中的产品库存最低，又能满足企业生产经营的需求。

（3）对于需要按照样品或图纸生产的产品，若存在生产周期长等现象，则企业应要求供应商提供进度安排，以确保及时交货。

（4）在合同执行过程中，采购员应处理好与供应商的关系，将供应商视为企业的战略合作伙伴，为采购工作的顺利实施打下基础。

（5）采购员应配合质量管理部做好采购产品的验收工作，当所采购产品不符合合同规定的标准时，采购员应积极联系供应商进行处理。

（6）采购员应建立合同履约的管理台账，对双方的履约进程进行详细的书面记录，并保存好能够证明合同履约的原始凭证。

2．合同执行跟踪时的注意事项

在合同签订后，相关人员应对合同的执行过程全力进行跟踪。合同执行跟踪时的注意事项如图 3-3 所示。

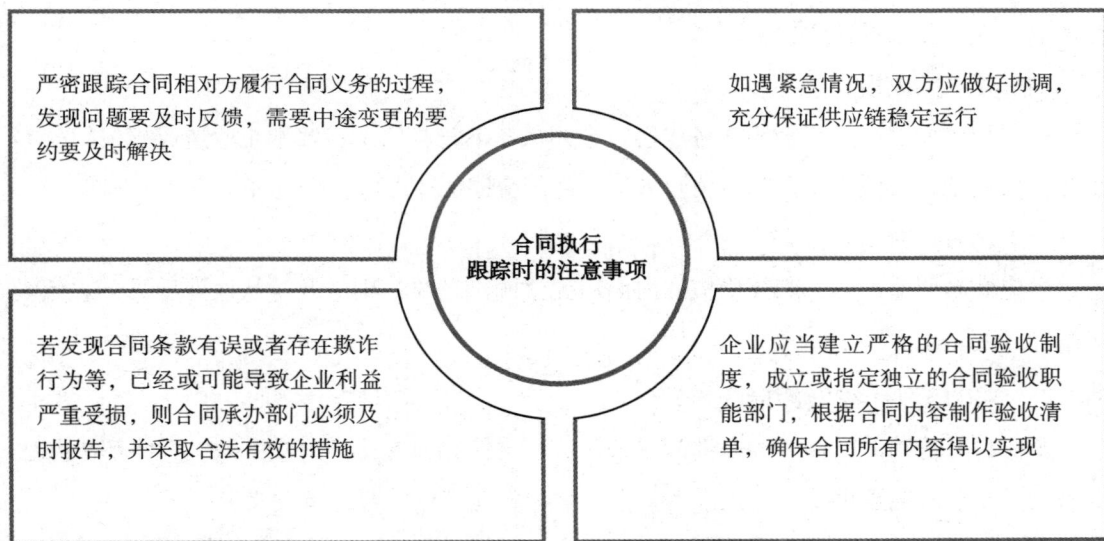

严密跟踪合同相对方履行合同义务的过程，发现问题要及时反馈，需要中途变更的要约要及时解决

如遇紧急情况，双方应做好协调，充分保证供应链稳定运行

合同执行
跟踪时的注意事项

若发现合同条款有误或者存在欺诈行为等，已经或可能导致企业利益严重受损，则合同承办部门必须及时报告，并采取合法有效的措施

企业应当建立严格的合同验收制度，成立或指定独立的合同验收职能部门，根据合同内容制作验收清单，确保合同所有内容得以实现

图 3-3　合同执行跟踪时的注意事项

3.5.3　合同违约管理

合同违约是指合同的一方当事人在合同履行过程中有违约行为，此时违约方要向守约方承担一定的责任。在供应链企业的经济往来中，合同违约会对双方造成损失，因此，企业需要从以下三个方面对合同违约行为进行管控。

1．合同违约情况监控与报告

合同签订后进入执行阶段，业务经办人员应随时跟踪合同的履行情况，发现合同相对方可能发生违约、不能履约或延迟履约等行为的，或者企业自身可能无法履约或延迟履约的，应及时报告领导处理，企业应该采取自救措施，维护自身利益。

2．合同相对方违约处理措施

针对合同相对方违约的情形，企业可以采取以下五项措施。

（1）要求合同相对方继续履行合同

继续履行合同是违约方必须承担的法律义务，也是本企业享有的法定权利。无论违约方是否情愿，只要存在继续履行的可能性，本企业就有权要求违约方继续履行原合同约定的义务。

（2）要求合同相对方支付违约金

合同相对方违约的，本企业可按照合同约定要求合同相对方支付违约金。

（3）要求定金担保

合同相对方违约的，本企业可按照合同约定及《中华人民共和国民法典》向对方收取定金作为债权的担保。违约方履行债务后，可将定金抵作价款或收回，违约方不履行约定债务的，无权要求返还定金。

（4）要求赔偿损失

合同相对方因不履行合同义务或履行合同义务不符合约定，给本企业造成损失的，本企业有权索赔，具体赔偿金额可由业务经办部门会同法律顾问与合同相对方协商确定。

（5）及时补救

供应商逾期违约的，若与供应商协商后无法圆满解决，则应及时从他处购买，避免影响生产进度。

3．企业自身违约处理措施

企业自身违约的，业务经办部门或人员应与合同相对方协商解决办法，并将解决办法以书面形式报总经理审批，经批准后，企业承担相应责任、履行有关义务。

3.6 供应链合同的保管

3.6.1 合同档案的建立

1．建立合同档案的必要性

供应链企业在生产经营过程中所需的生产原材料、生产设备及产品的销售等都需要借助各种合同来实现。如果合同档案在建立或者管理的任何一个环节出了问题，一旦发生经济纠纷，就有可能使企业陷入被动状态。

供应链企业在进行国内外经济往来时，必须强化涉外合同意识及国际风险意识，规范合同行为，不断提高用合同化解风险、保护自身合法权益的能力。因此，企业需要加强合同档案的建立和管理工作，确保各项生产经营的顺利进行。

2．建立合同档案的步骤

（1）基本内容检查

① 检查能证明签约方履约能力的资质证明、营业执照等材料是否齐全、是否在有效期内。

② 核对合同上所写的单位名称、法定代表人与相应的资质证明、营业执照所标明的是否一致。

③ 检查合同内容是否完善，有无缺失。

（2）确定归档逻辑

企业可根据合同种类、合同金额、合同提交部门、合同签署时间等自定义规则，可多要素同时记录，以便后期精准查找。

（3）拟定编号

每份合同都要有唯一的编号，编号可以是自行编译的字母加数字的组合。企业可根据自身需求选用最合适的编码规则。

（4）合同存档

纸质档案按照归档逻辑进行存档，严格按照规则进行排列，以降低后期调阅花费的时间成本。电子档案按照归档逻辑建立数据库。

3.6.2　合同档案保管注意事项

1．保管环境

合同档案的保管环境要有防火、防潮、防有害生物等措施，以确保合同档案的安全。

2．合同档案的移交和查阅

（1）正式签署合同后须将合同正本原件移交给合同保管部。

（2）电子合同关闭后由指定的网络管理员将全套合同资料移交给合同保管部。

（3）合同项目终止后相关人员将该项目的所有技术资料汇总成册，经业务经理鉴定，将具有长久保存价值的技术资料移交给合同保管部。

（4）移交的合同必须注明合同编号并保证齐全、完整，必须层次分明，符合其形成规律。

（5）移交合同档案时，必须当面清点并记录，双方签字认可方视为完成交接手续。

（6）各部门员工可在合同保管部查阅合同，确因工作需要需借出查阅的，经部门主管领导签字同意后方可在合同保管部办理借阅手续，以影印件借出。若无特殊情况，合同原件不得外借。

3．注意事项

（1）保存的合同档案每半年清理、核对一次，如有遗失、损毁，要查明原因，及时处理，并追究相关人员的责任。

（2）合同档案的密级为机密，任何人不得擅自将合同对外公开。

（3）对于重要的机密文件，一律存放在保险柜或带锁的文件柜中。

（4）如果职务部门划分发生变更或做出调整，企业必须在有关登记簿上注明变更与调整的理由，以及变更与调整的结果。

4．电子合同的保管

（1）保护敏感数据

对敏感数据进行加密或校验，避免敏感数据泄露，防止非法获取和篡改。

（2）确保数据的完整性

为了防止不符合规范的数据进入数据库，在用户对数据进行插入、修改、删除等操作时必须进行校验。

（3）防止数据被破坏或丢失

设置自动任务，每日对数据库和系统文件进行备份，因遇到灾难性错误而无法还原时，默认恢复到最近一次备份。

第 4 章
供应链支付管理

4.1 支付流程设计

4.1.1 应付款项计划制订流程

应付款项计划制订流程如图 4-1 所示。

主办部门	财务部	流程名称	应付账款计划制订流程

	总经理	财务部经理	财务人员	采购部经理	银行人员

形成应付账款

开始

签订采购合同

形成应付账款

未通过 未通过 未通过

应付账款支付

审批 ← 通过 ← 审核 ← 通过 ← 审核 ← 提出付款计划及付款申请

通过

签字确认 ← 核对申报单与增值税发票 ← 提供货款申报单

办理付款 → 出具回单

通知确认 ⇢ 确认及处理

账务处理

税务核对

未通过

审核 ← 账务处理

通过

编制报表

结束

编修部门		签发人		签发日期	

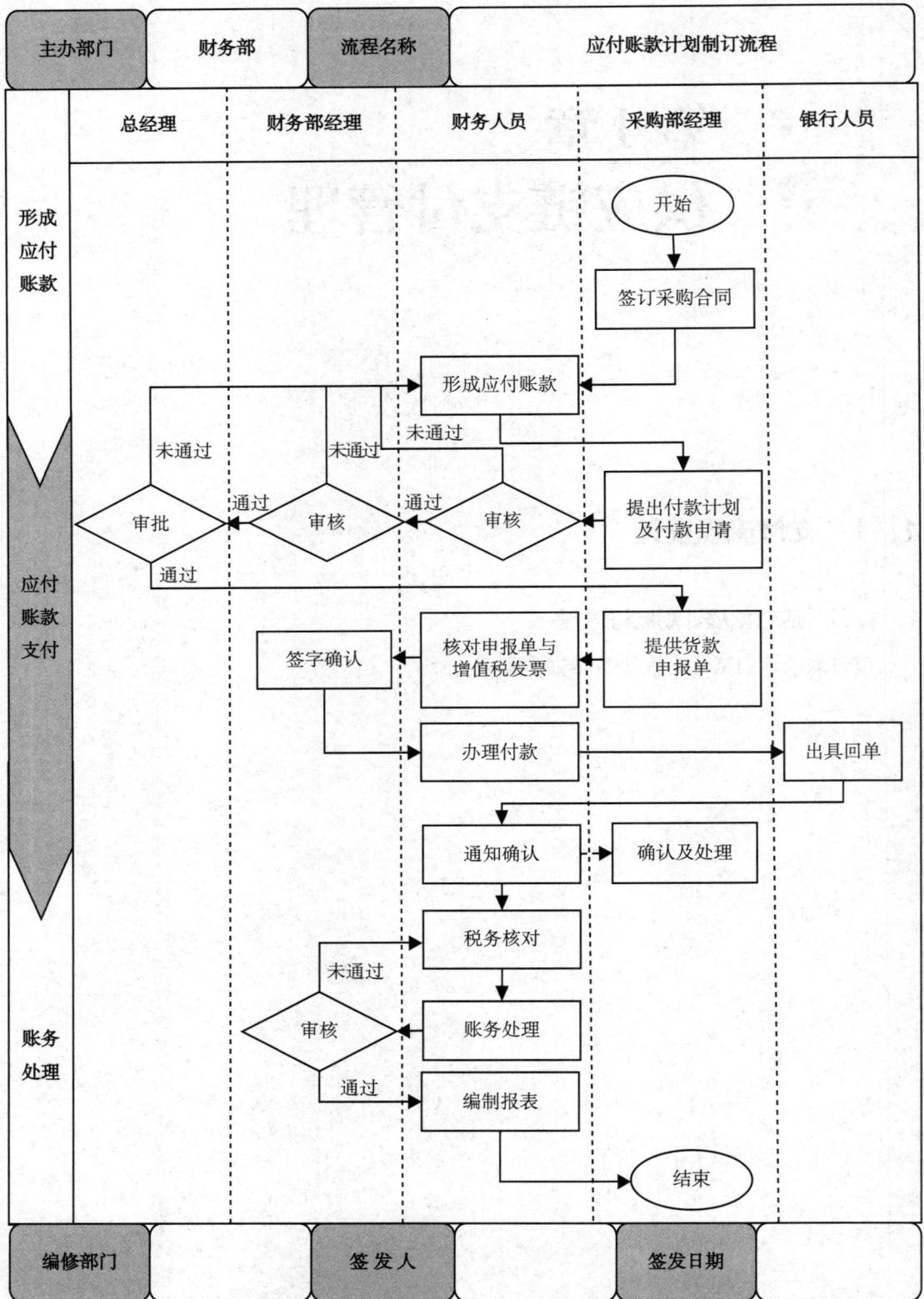

图 4-1　应付账款计划制订流程

4．1．2　发票与数据审核流程

发票与数据审核流程如图 4-2 所示。

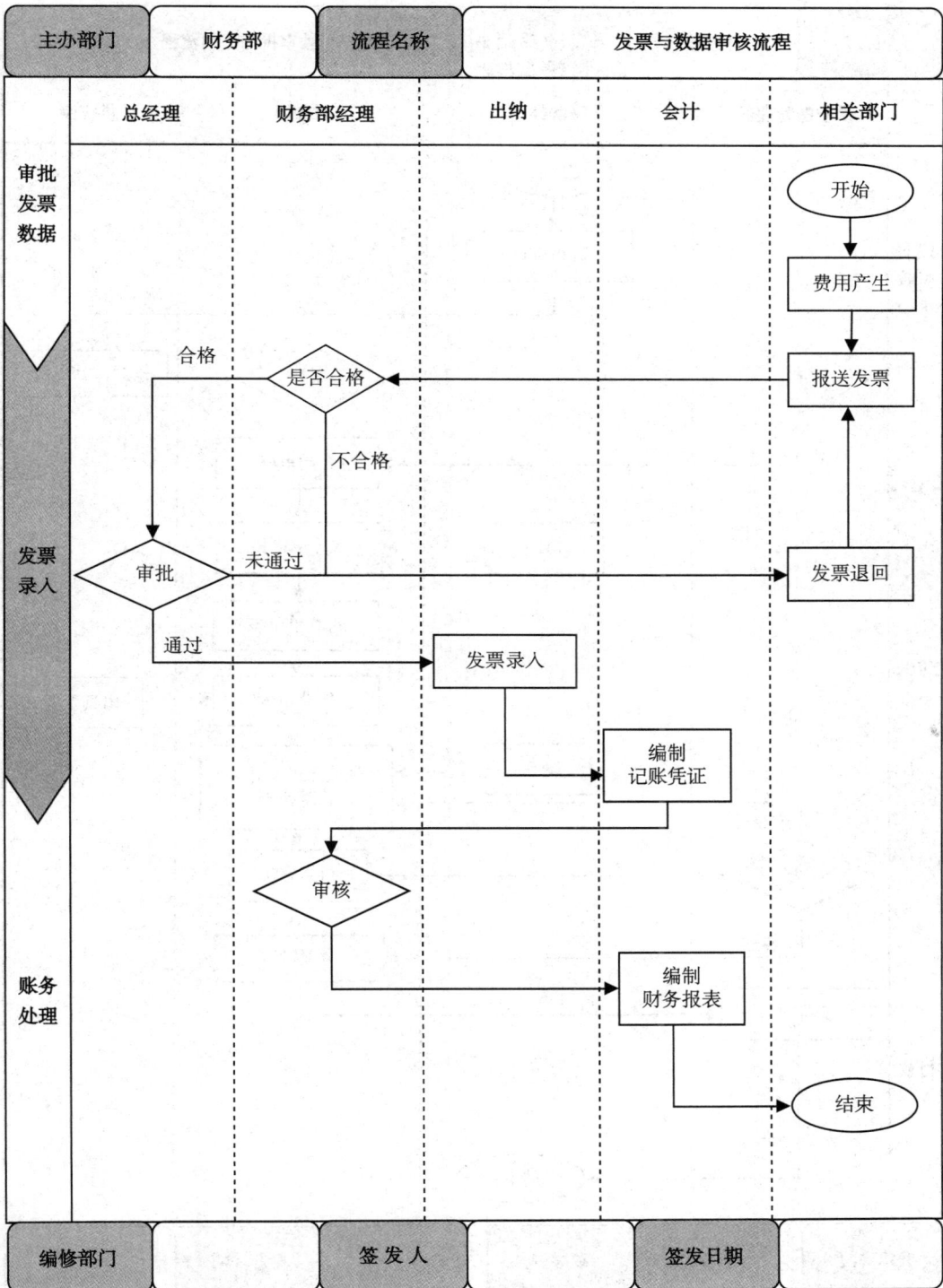

主办部门	财务部	流程名称	发票与数据审核流程

图 4-2　发票与数据审核流程

4.1.3 付款审批与支付流程

付款审批与支付流程如图 4-3 所示。

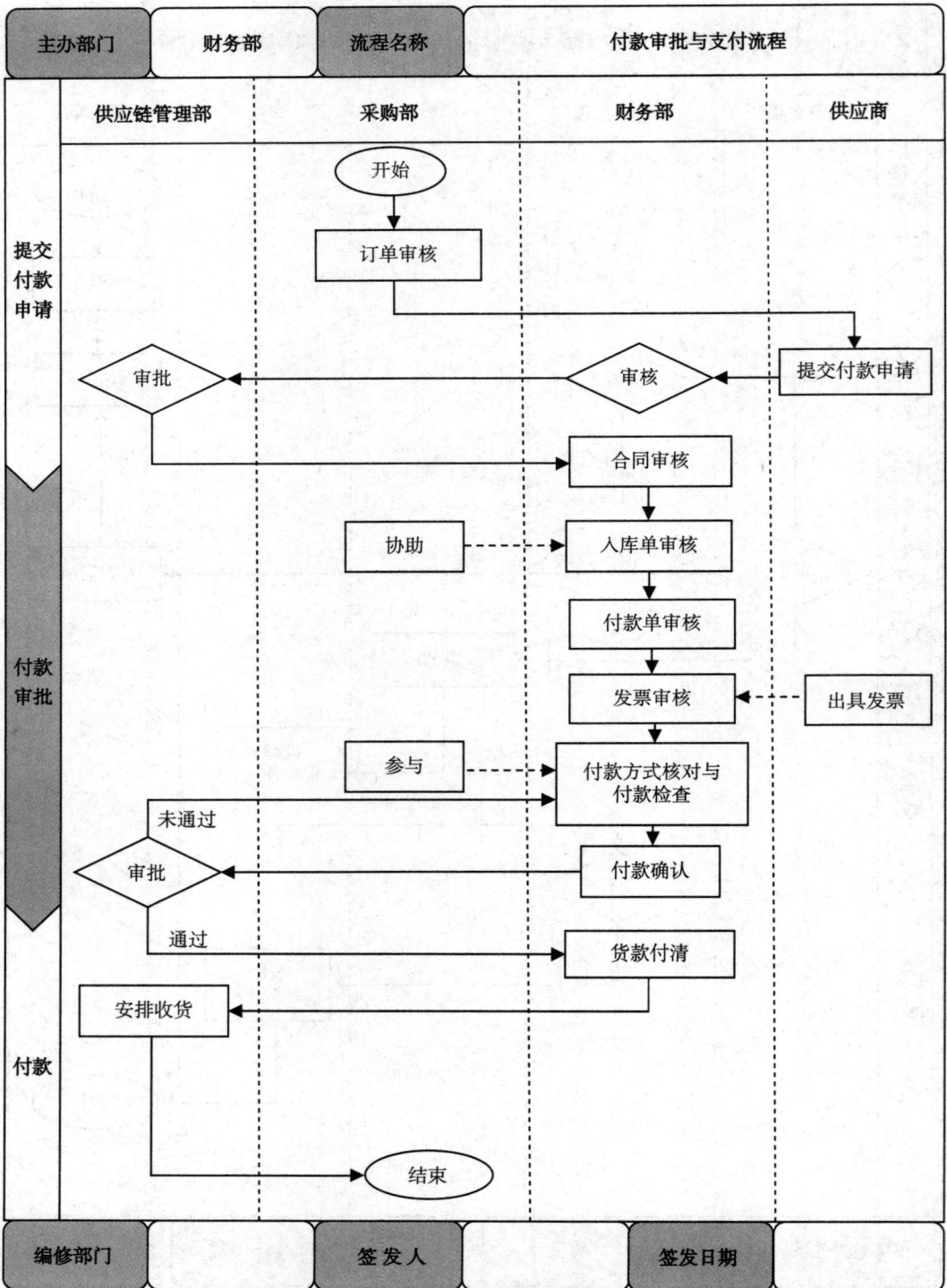

图 4-3　付款审批与支付流程

4．1．4　应付查询与核对流程

应付查询与核对流程如图 4-4 所示。

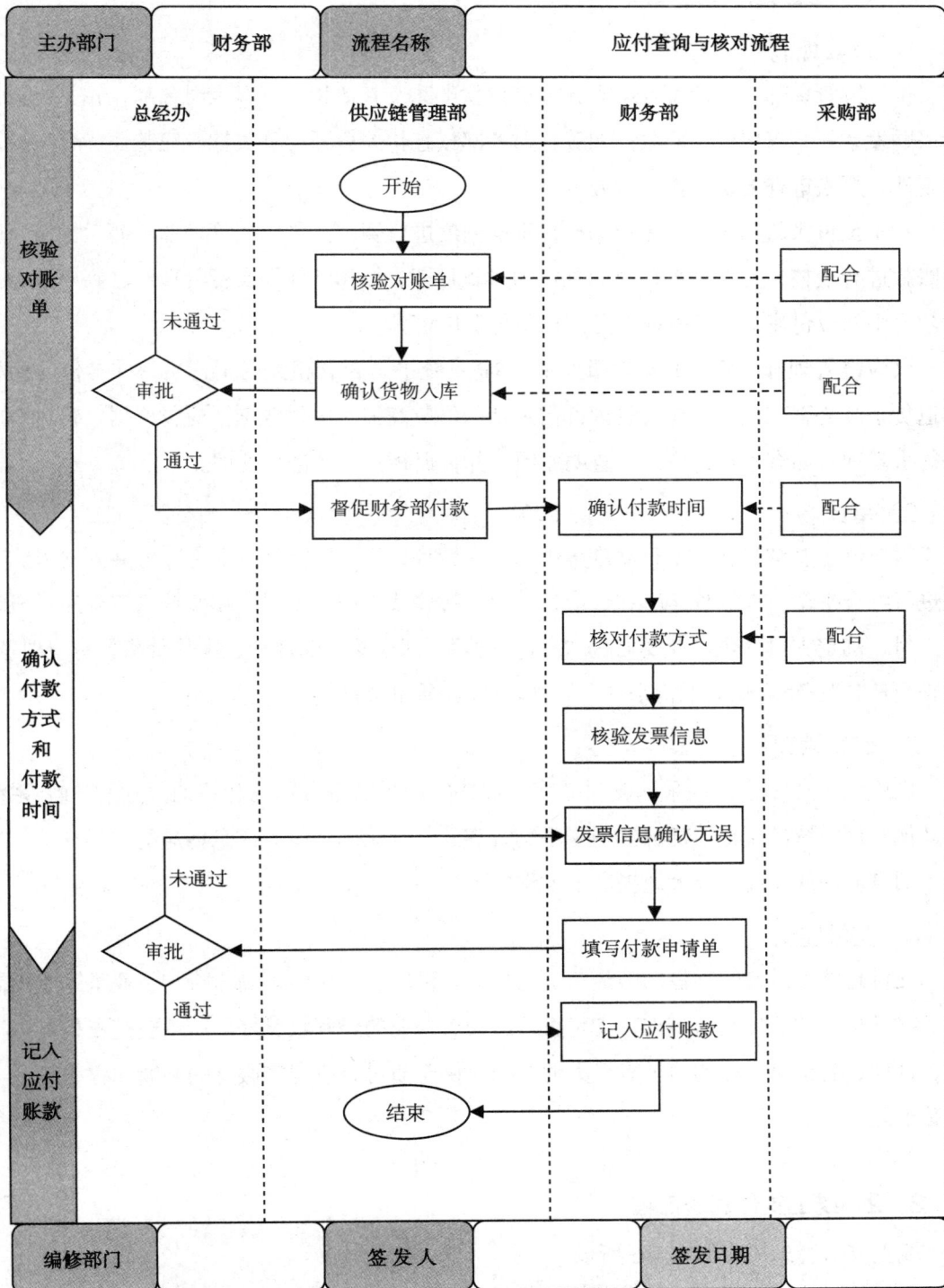

图 4-4　应付查询与核对流程

4.2 线上支付管理

4.2.1 线上支付管理事项

1.付款规范

供应链管理部在付款过程中需先提交付款申请及其他相关资料至财务部，相关资料包括采购发票、结算凭证、验收证明等，财务部核查相关凭证的真实性、完整性、合法性及合规性，严格审查无误并签字后方可办理。

对于预付账款和定金，需根据授权批准制度进行管理。供应链管理部定期对供应商应付账款进行校核，并按照采购合同规定的付款日期、折扣条件等实行管理，已到期并符合付款原则的应付账款应及时向财务部提出付款申请。

供应链管理部在审核付款时要检查 ERP 系统中是否有相关退货记录，并与供应商核实退货手续是否完整。供应链管理部需定期与供应商核对应付账款、应付票据、预付账款等往来款项，如有不符，应及时查明原因，并督促相关人员进行处理。

2.审计

供应链企业结算支付实行高度集中的统一管理，采购、审计、财务三方共同对采购支付进行综合平衡，最终确定哪些钱应该支付，哪些钱不应该支付，哪些钱应该延后一段时间支付。确定支付的供应商要通过"三审一检"，即审核采购计划、审核价格、审核票据、检查质量。"三审"保证低价采购，"一检"保证质量合格。

3.信息管理

供应链企业为了提高采购支付效率，加快实现采购业务信息化，通过建立 ERP 系统与其他管理系统的接口，部分实现了采购管理的无纸化，减少了信息传递的中间环节，加快了信息流动的速度，极大地提高了工作效率。

4.支付控制

支付是整个采购管理控制中最关键的环节。供应商支付的正确与否与企业采购成本高低及财务指标的好坏紧密相连，支付直接影响着企业的经营状况好坏；供应商支付是否科学、合理、公正对企业的信誉有极大的影响，供应商对企业合作诚意的判断在很大程度上来源于此。

4.2.2 线上支付管理流程

线上支付管理流程如图 4-5 所示。

主办部门	财务部	流程名称	线上支付管理流程

	总经办	财务部	供应链管理部	供应商

付款
申请
与
审批

开始

进入线上
供应链管理系统

未通过

核对付款申请单 ← 填写付款申请单

审批 ← 核对合同条款 ← 提交合同资料

通过

填写提货通知单 → 开具发票

线上
付款

核对金额 ← 付款检查 ← 备货、发货

线上付款

核对付款信息

资料归档

安排
收货

安排收货

结束

编修部门		签发人		签发日期	

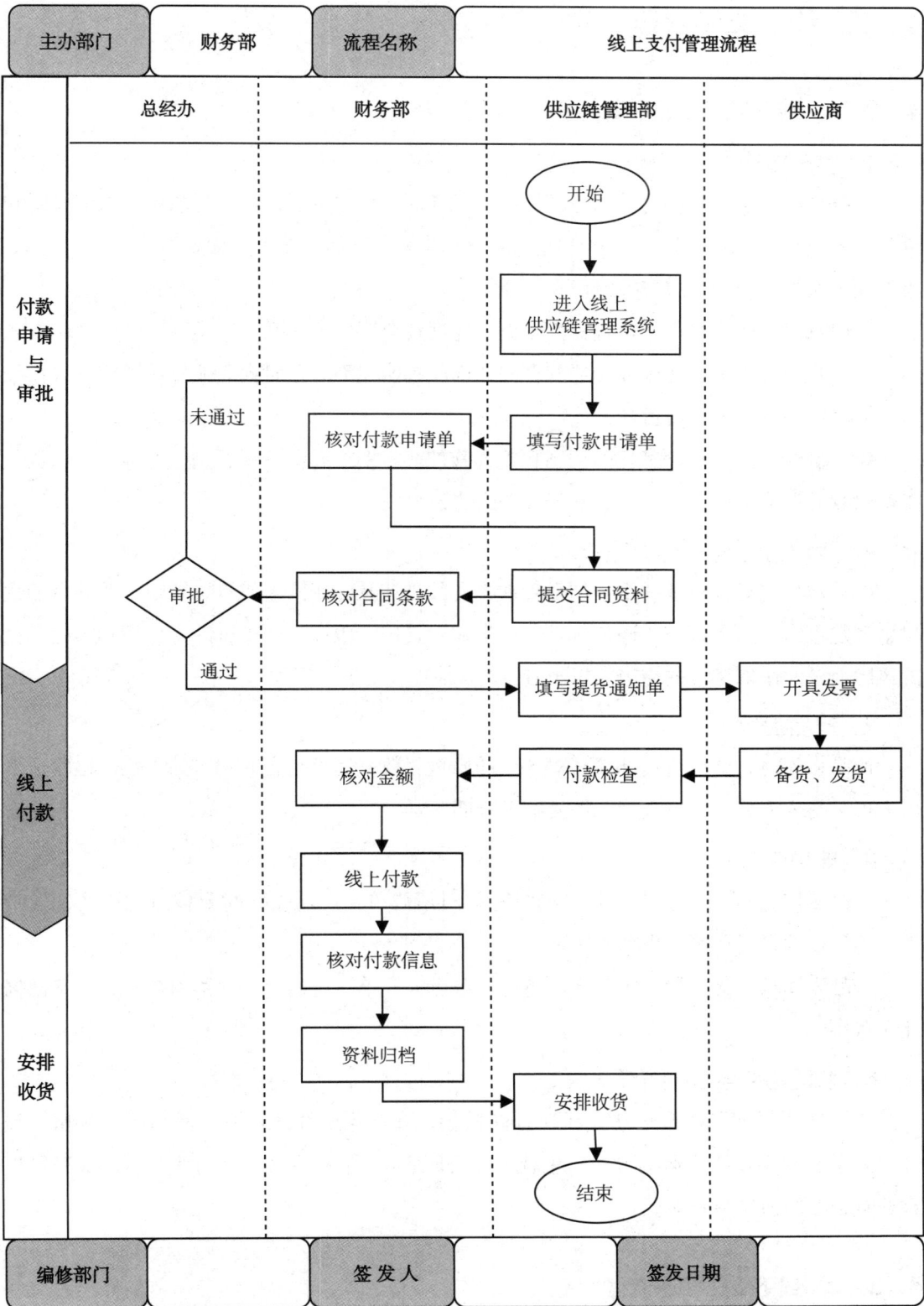

图 4-5　线上支付管理流程

4.3 线下支付管理

4.3.1 线下支付管理事项

1．付款审核

财务部应加强对采购付款的管理，健全财务部的付款流程，明确付款审核人的权限和责任，严格审核采购预算、采购合同及相应的单据凭证等，在审核无误后方可进行付款，没有相关单据及合同的应当拒绝付款申请。

在付款过程中应当严格审查付款单据、凭据及合同的真实性、完整性、合法性和有效性，若发现虚假单据、凭据或伪造的合同，则应查明原因并及时向企业有关部门或人员报告，同时拒绝付款或延缓付款。

财务部应注意对付款过程的控制和监督管理，若发现异常情况，则应立即停止付款或拒绝付款并说明理由，以免企业遭受资金或信誉损失。

2．预付款管理

财务部应当对预付款和定金加强管理，尤其是涉及金额巨大或投资期限长的项目的预付款和定金时，财务部应当谨慎选择，并定期对其进行跟踪、核查，综合分析其可能存在的风险，及时采取相应的措施予以规避。

3．产品检验

产品入库时，仓储管理部要核对产品的质量、数量是否与合同约定的一致，检验合格后方可填写入库单，并将入库单提交给采购部核对。

4．账单核对

产品采购过程中应严格做到采购时有材料请购单，产品入库时要核对供应商的送货单，然后根据送货单填写采购入库单。

产品入库核对无误后，采购部应将送货单、入库单、请购单转交给财务部，财务部据此入账。

5．合同约束与违约赔偿

采购部要根据采购金额建立相应合同模板，在合同中详细标明产品名称、规格、型号、数量、到货日期、运输方式、包装（是否回收）、保密约定、违约情况等，保证发生意外时企业的损失降到最低。

4.3.2 线下支付管理流程

线下支付管理流程如图 4-6 所示。

主办部门	财务部	流程名称	线下支付管理流程

	供应链管理部	采购部	财务部	供应商

订单采购

开始 → 发出采购需求 → 订单采购 → 达成采购协议 → 提交付款申请 → 审批

线下付款

付款申请确认 → 出具发票 → 核对发票 → 付款方式确认（参与）→ 付款审批 → 审批 → 付款确认 → 向供应商线下付款 → 货款付清 → 收款 → 发货

收货核对

安排仓储部门收货 → 入库确认 → 核对差异 → 资料归档保存 → 结束

编修部门		签 发 人		签 发 日 期	

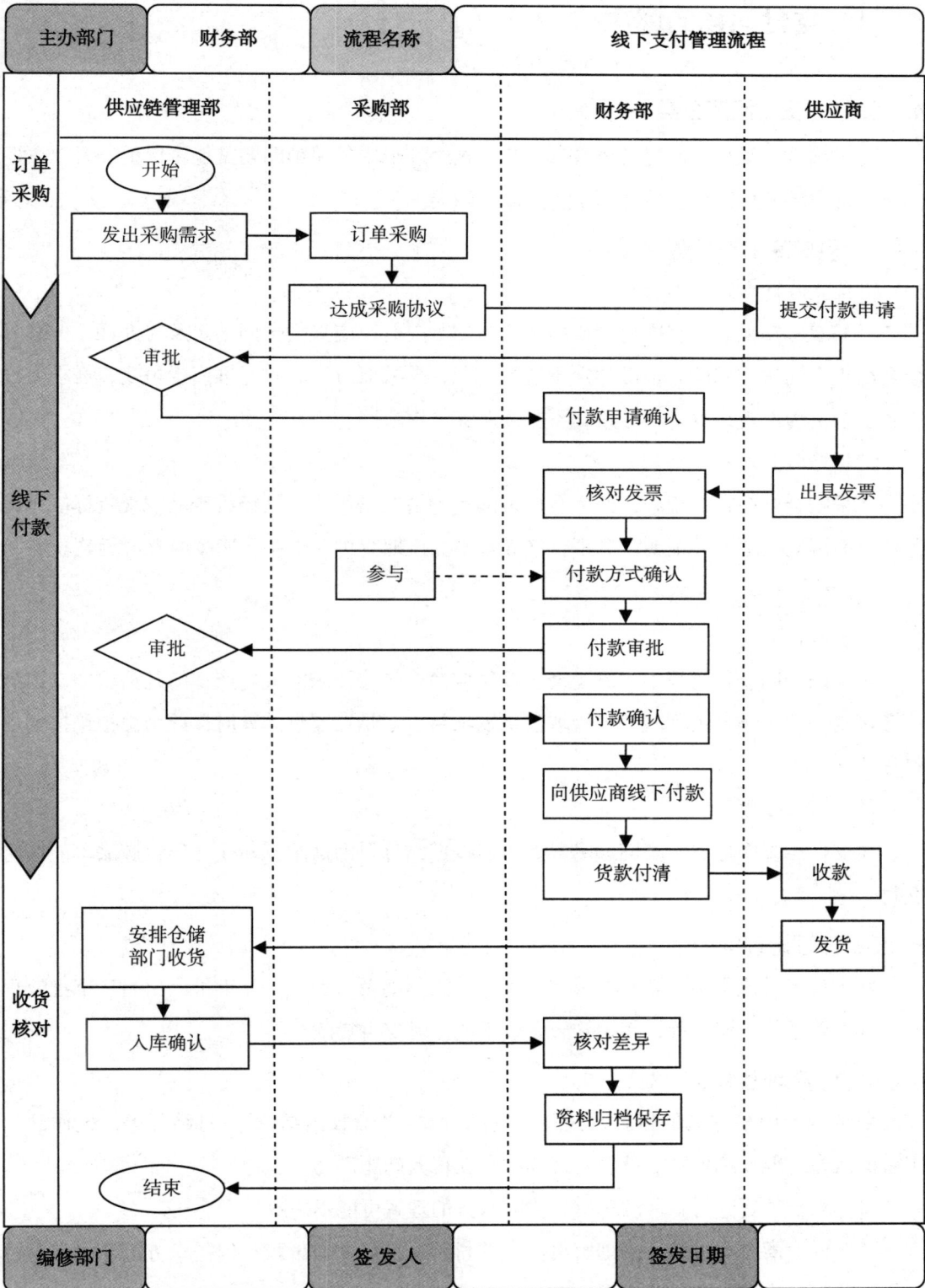

图 4-6　线下支付管理流程

4.4 支付问题的解决

4.4.1 支付问题分类

支付结算通常是合同履行的最后一步，这个环节中的关键问题是能否保证按时、按期支付。支付环节可能出现的问题主要有以下四类。

1．供应商出现问题

（1）验收标准约定不清

供需双方在采购过程中遇到检验不合格的情况时，应根据合同约定及时处理，但有时候会出现合同对产品验收标准约定不清的情况，导致双方对验收标准产生争议，需求方以验收不合格为由拒绝收货，导致其不能按期支付货款。

（2）检验质量不合格

在采购合同履行过程中，经常会出现的一种情况是供应商已经将产品按交货标准完成生产，但因某一项检验证明产品不合格导致不能按期交付，企业不能按期支付货款。

2．需求方出现问题

（1）项目取消

在采购合同履行过程中，难免会出现供应商已经按要求完成生产，但是需求方却因为业务调整、项目预算被削减等原因取消采购项目，于是在支付结算时以此为由拒绝按期支付货款。

（2）需求变更

在支付结算中还有一类问题易导致不能按期结算，即需求不断变更导致产品不能按时交付。

3．流程出现问题

在支付审批流程中，若某环节因为某些原因不能及时完成，如审批人出差、审批流程不合规需要重新走流程等，都会导致企业不能按时支付货款。

4．付款期限约定不清

采购合同中最常见的付款约定是"货到付款""30日内结清""月结"等，这样的约定貌似清晰，但仔细斟酌后就会发现其中存在很大问题。

（1）对于"货到付款"的理解，供需双方的理解可能不一致。

（2）供应商对"月结"的理解可能是交付满1个月才需付款，但需求方可能将其理解为货到验收合格后1个月或发票在财务立账满30日内付款。

因此，为避免此类问题，企业应在合同中精准定义付款期限。

4. 4. 2　支付问题解决流程

支付问题解决流程如图 4-7 所示。

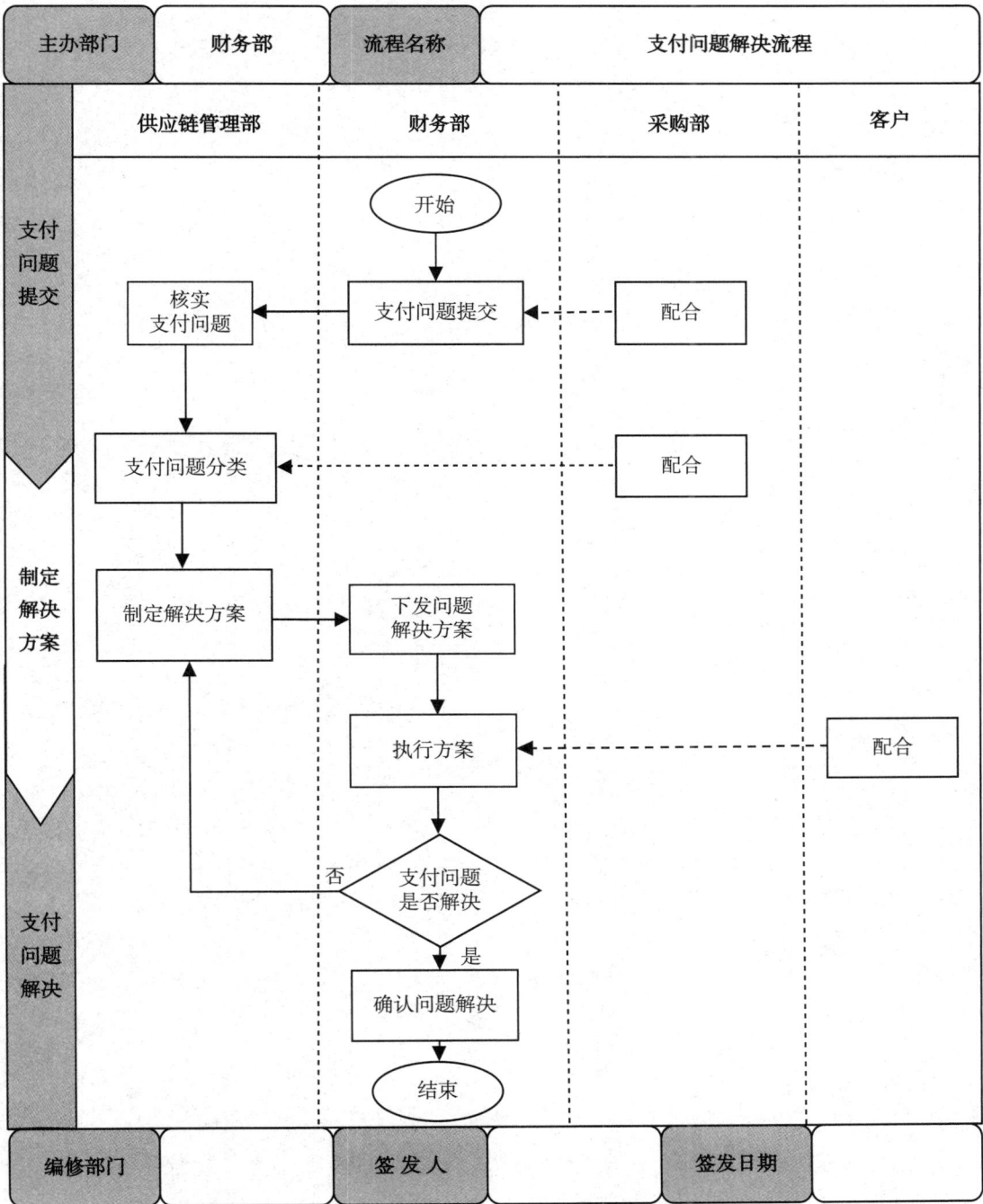

图 4-7　支付问题解决流程

第 5 章
供应链风险管理

5.1 供应链风险基础知识

5.1.1 相关术语与定义

1.风险

风险是指不确定性对目标实现产生的影响。风险通常被描述为风险资源、可能性事件、后续影响、可能性等。从某种意义上讲，风险＝可能性＋结果。

2.风险管理

风险管理是指控制某一项目或组织与风险相关问题的协调活动。

3.供应链风险

供应链风险是指供应链的不确定性对目标实现产生的影响。

4.供应链风险管理

供应链风险管理是指控制某一项目或组织与供应链风险相关问题的协调活动，其目的是防控风险的发生和降低风险产生的负面影响或损失。

5.1.2 供应链风险常见类型

根据不同的分类依据，供应链风险可以分为不同的类型。供应链风险常见类型如表 5-1 所示。

表 5-1　供应链风险常见类型

分类依据	常见类型
风险内容	战略风险、财务风险、市场风险、运营风险、法律风险
能否为企业带来收益	◎ 纯粹风险：只为企业带来损失这种可能性 ◎ 机会风险：既有为企业带来损失的可能性，也有为企业带来收益的可能性
风险来源及范围	◎ 外部风险：行业风险、市场环境风险和道德风险等 ◎ 内部风险：战略风险、财务风险、经营风险、交付风险、技术风险等
风险管理的职能	经营风险、管理风险、财务风险和法律风险
上下游关系	供应商端风险和客户端风险
风险的后果对象	◎ 人身风险：作用于人体，影响人们身心健康的风险 ◎ 财产风险：在供应链运营过程中，由于自然灾害、意外事故、工作疏忽或其他原因而导致财产发生毁损、灭失、贬值和减少的风险 ◎ 责任风险：个人或团体违反法律、合同或道义上的规定，构成侵权或违法行为，从而对国家、集体、他人造成人身伤害或财产损失，所需负担的经济赔偿或法律责任的风险

5. 1. 3　供应链风险管理过程

　　企业必须根据供应链风险发生规律，结合实际进行供应链风险管理，规避、降低和分散风险。供应链风险管理过程如图 5-1 所示。

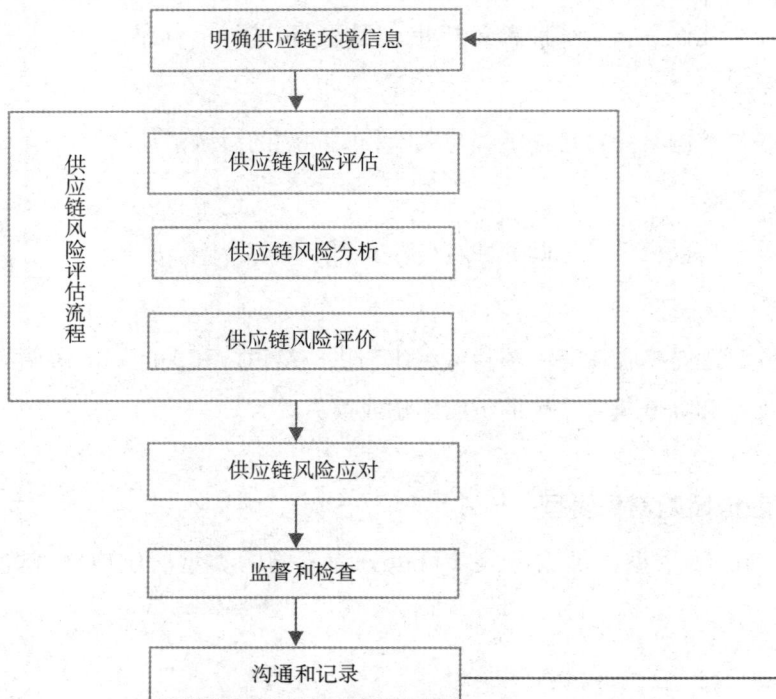

图 5-1　供应链风险管理过程

1．明确供应链环境信息

企业在进行供应链风险管理时，首先要明确供应链的内外部环境信息。

内部环境信息是指企业在实现供应链风险管理目标过程中所面临的内在环境的过去、现在和未来的各种相关信息，包括供应链的资金、时间、人力、过程、系统和技术等方面的能力，供应链信息系统、信息流和决策过程，供应链风险的内部利益相关者及其价值观和风险偏好，企业供应链管理的历史数据等。

外部环境信息是指企业在实现供应链风险管理目标过程中所面临的外在环境的过去、现在和未来的各种相关信息，包括国际的、国内的、地区的和当地的政治、经济、文化、法律法规等，影响企业供应链管理目标的关键因素及其历史和变化趋势，供应链风险的外部利益相关者及其价值观和风险偏好，供应链的资质、信用、支付能力等。

2．供应链风险评估流程

供应链风险评估流程包括供应链风险识别、供应链风险分析和供应链风险评价三个步骤。

（1）供应链风险识别是指分析供应链的各个过程环节，分析每一个参与主体及其所处的环境，找出可能影响供应链管理的风险因素，识别风险源，掌握每个风险事件的特征、原因、相互关系及潜在后果的过程。

供应链风险识别的目的是根据可能影响系统或组织目标实现的事件或者情况，生成一个全面的供应链风险列表。

企业在进行供应链风险识别时应当及时掌握相关最新信息，并根据其目标、能力及企业所面对的不同风险采用不同的风险识别方法。

（2）供应链风险分析是指根据供应链风险类型、获得的信息和供应链风险评估结果的使用目的，对识别出的供应链风险进行定性或定量的分析，为供应链风险评价和供应链风险应对提供依据的过程。

供应链风险分析要考虑供应链风险的原因和风险源、风险后果及其发生的可能性、影响后果和可能性因素，以及现有的风险控制措施及其有效性。

（3）供应链风险评价是指将供应链风险分析的结果与明确供应链环境信息时确定的风险准则进行比较，或者在各种风险的分析结果之间进行比较，确定风险等级。

3．供应链风险应对

供应链风险应对是指根据供应链风险评价的结果，结合企业风险承受度，做出风险应对决策，并选择和执行一种或多种改变风险的措施的过程。

首先是选择风险应对策略，常见的供应链风险应对策略包括风险规避、风险降低、风险分担和风险承受；其次是制订风险应对计划，具体内容包括预期收益、参与人员的安排、报告和监测要求、资源需求、执行时间等。

4．监督和检查

企业应确定监督和检查的责任，提供一套针对供应链风险应对计划执行情况的绩效考核办法，并与企业内部的绩效管理、考核及"对内报、对外告"活动相结合，做好监督和检查结果的记录，以保证供应链风险管理的连续性、适用性、充分性和有效性，实现持续改进。监督和检查的工作内容主要包括常规检查、监视已知的风险、定期或不定期的检查。

5．沟通和记录

企业在供应链风险管理过程的每一个阶段都应当与相关参与人员进行有效沟通和协商。沟通内容可包括正确识别环境信息、相关人员的关注点、供应链风险识别方法、供应链风险评估结果、供应链风险应对措施及效果等。

在供应链风险管理过程中，记录是实施和改进供应链风险管理的基础。记录的内容包括供应链管理各业务的基本信息、供应链风险基本信息、供应链风险应对措施、实施计划及效果等。

5．2　供应链风险识别方法

5．2．1　结构化访谈与半结构化访谈

1．方法概述

结构化访谈是指访谈者根据事先准备好的一系列与供应链风险相关的问题与被访谈者进行面对面交流，从而获取被访谈者对某种情况的看法，从被访谈者的角度识别相关风险。

半结构化访谈与结构化访谈类似，但是访谈过程控制程度相对降低，双方可以进行更自由的对话，探讨供应链管理中出现的问题，从而识别风险。

2．用途

结构化访谈与半结构化访谈适用于供应链管理中某个项目或过程的任何阶段，尤其是当利益相关者很难聚在一起参加头脑风暴，或者小组内难以进行自由的讨论活动时。

3．优缺点

（1）优点

① 被访谈者有时间考虑对某个问题或某种情况的看法。

②　通过一对一的沟通可以使被访谈者有更多机会对某个问题或某种情况进行深度思考。

③　与只有小部分人员参与的头脑风暴相比，结构化访谈与半结构化访谈可以让更多的利益相关者参与其中。

（2）缺点

①　访谈者通过这种方式获得对某个问题或某种情况的各种观点所花费的时间较多。

②　被访谈者的看法可能会带有偏见，因其没有通过小组讨论加以消除。

③　不具备头脑风暴法能够激发想象力的特征。

4．举例

某企业在供应链采购环节总是频频出现风险事件，企业领导决定通过结构化访谈与半结构化访谈找出供应链采购环节中最严重的风险及其源头。

（1）输入

①　根据供应链采购环节中的具体工作明确界定访谈目标。

②　从该工作的利益相关者中选取被访谈者。

③　准备访谈问题清单。

（2）过程

①　根据访谈目标，设计与供应链采购相关的访谈提纲及记录表。访谈提纲内容应该是开放式的、简单的、有针对性的，易于被访谈者理解；同时准备可能讨论的后续问题，以补充说明该问题。

②　将访谈提纲交给被访谈者。在收集问题的解答时要注意避免"诱导"被访谈者，以便被访谈者尽可能真实地表达自己的观点。

③　访谈时要营造良好的氛围，适当控制话题方向，适时追问，适当运用表情和动作，适时记录访谈内容。

（3）输出

被访谈者从自身角度出发发表对有关问题的看法。

5．2．2　检查表法

1．方法概述

检查表法是根据以前的风险评估结果或者过去的风险事件，将供应链管理业务中各阶段可能发生的潜在风险列举在表中，以供识别人员进行检查、核对，判断该阶段是否存在表中所列举的或相似的风险。

2．用途

检查表法可用于识别供应链管理中的危险、风险，起到评估控制的作用。它可以用于供应链风险管理业务的任何阶段，也可以作为其他风险识别或评估技术的组成部分使用，但其最主要的用途是检查在运用了旨在识别新的风险的技术之后，供应链是否还有未被发现的风险。

3．优缺点

（1）优点

① 简便易用，非专家也可以使用。

② 如果编制精良，它可以将各种专业知识纳入便于使用的系统。

③ 有助于确保常见的供应链风险不会被遗漏。

（2）缺点

① 限制了风险识别过程中的想象力。

② 它检查的是"已知的已知风险"，而不是"已知的未知风险"或"未知的未知风险"。

③ 变相鼓励"在方框内画勾"的习惯，使某些供应链风险管理活动过于狭隘，反而忽视了检查表外的更重要的风险因素。

4．举例

某企业在供应链采购合同管理环节总是频频出现风险事件，企业领导决定采用检查表法找出供应链采购合同管理环节中最严重的风险及其源头。

（1）输入

有关供应链采购合同管理环节中风险问题的信息及相关专业知识。

（2）过程

① 根据输入的内容，编制一个相关的、最好是经过验证的检查表。

检查表如表 5-2 所示。

表 5-2　检查表

项目或者活动	检查项目	判断	检查结论
合同签订管理	合同形式的选择是否准确		
	合同的主体资格是否与营业执照上的信息一致		
	合同内容或者条款的表述是否严谨		
	……		

② 使用检查表的人员或团队根据检查表的内容对合同管理环节进行核对检查，"√"

代表满足，"×"代表不满足。

③ 使用检查表的人员或团队应熟悉合同管理的每个环节，注意在使用前要检查表上的项目是否有缺失。

（3）输出

① 合同管理环节中各业务的风险源。

② 风险清单，根据风险源的大小及重要程度依次列出。

5.2.3 危害分析及关键控制点法

1. 方法概述

危害分析及关键控制点法（Hazard Analysis and Critical Control Points，HACCP）为识别、防范供应链管理过程中相关阶段可能发生的风险并采取必要的控制措施提供了框架，其作用是避免可能出现的危险，同时维护供应链管理过程中的安全性。这种方法旨在通过过程控制和关键点控制来尽量降低风险，防患于未然。

2. 用途

通过对供应链管理各阶段过程和业务流程进行审查，以及对可能影响交付成果实现的需求、计划、招标、合约、品控、仓储、配送等关键控制点的风险进行识别，将风险消除在过程中，消灭在关键点上。

3. 优缺点

（1）优点

① 控制程度较高、结构化的风险控制过程提供了识别、控制和降低供应链风险的归档证据。

② 重点关注预防危险和控制风险的方法与位置的可行性。

③ 鼓励在供应链全过程管理中进行风险控制，而非仅仅依靠最终的产品检验。

④ 有能力识别由于人为因素带来的危险及如何在引入点或随后对这些危险进行控制。

（2）缺点

① HACCP 较为复杂，要求企业识别各业务的相关危险，能界定它们代表的风险并认识它们作为输入数据的意义，还需要企业事先确定相应的控制措施。同时，风险识别的目标还需要其他工具的辅助。

② 在运用 HACCP 预防危险和控制风险的过程中，企业只有当控制参数超过了规定的限值时才会采取行动，这可能会错过某些风险控制的最佳时机。

4．举例

某企业在供应链采购需求计划管理环节总是频频出现风险事件，企业领导决定采用HACCP找出供应链采购需求计划管理环节中最严重的风险及其源头。

（1）输入

有关供应链采购需求计划管理环节中存在的危险及其风险与控制方式的信息。

（2）过程

① 根据供应链风险程度，分析需求计划管理环节中可能存在的危险。

② 针对识别的潜在危险，评估其发生的可能性和严重性，制定相应的控制措施。

③ 确定过程中可以控制或者消除危险的点位。

④ 确定控制危险的关键限值。

⑤ 建立关键点的监控系统。

⑥ 如果过程处于已确定的限值之外，须立即制定并执行纠正措施。

⑦ 确认HACCP计划，并建立审核程序及要求。

⑧ 对过程中的每一步进行记录，形成文件，归档保存。

（3）输出

① 危险分析工作表，包括可能引入、控制或加剧的危险，显著危险判断依据，各种危险可能的预防措施、控制措施等。

② HACCP计划包括一个涵盖所有关键控制点的清单，也需要归档记录。

5．2．4　失效模式和效应分析

1．方法概述

失效模式和效应分析（Failure Mode and Effect Analysis，FMEA）用于识别供应链管理各业务模块所有潜在的失效模式及其影响，并寻找原因，制定能够消除或避免潜在失效模式发生的有效措施。

2．用途

FMEA可以用来识别设备、程序、硬件、软件和系统失效模式及其影响，也可以用来识别人为失效模式及其影响。

3．优缺点

（1）优点

① 通过在风险发生初期发现风险，避免或减弱这些风险对供应链管理的影响。

② 识别业务中失效模式及其原因，并用可读性较强的形式表现出来。

（2）缺点

① 只能识别单个失效模式，无法同时识别多个失效模式。

② 耗时长且成本较高。

③ 对复杂的供应链管理系统来说，这项工作可能既艰难又枯燥。

4．举例

某企业在供应商扣分管理环节总是频频出现风险事件，企业领导决定采用 FMEA 找出供应商扣分管理环节中最严重的风险及其源头。

（1）输入

有关供应商扣分环节中各业务模块足够详细的信息，以便对其业务中的潜在风险进行有意义的分析。

这些信息包括供应商扣分环节中各业务模块的流程图、功能介绍、可能影响各业务模块运行的过程及环境参数的详细信息、有关供应商扣分环节发生的风险的历史信息等。

（2）过程

① 对供应商扣分环节中的各业务模块进行分组。

② 对于完成分组的环节，确认该环节所有可能产生的失效模式或潜在的缺失环节、造成这些失效模式的具体机制及该失效模式对该环节的影响。

③ 评估每个失效模式可能产生的影响及其严重程度。

④ 分析每个失效模式的起因，对每个识别出来的失效模式进行分类，判断其发生的可能性。

⑤ 确定失效模式的可控程度。找出减少失效模式发生的控制变量，确定一个失效模式可控程度（又称不易探测度）。

⑥ 制定并执行纠正措施。针对失效模式制定具体的措施，预防危险最大的几个失效模式发生。

（3）输出

FMEA 的主要输出结果是风险模式、失效机制及其对供应商扣分环节中各业务模块影响的清单。FMEA 也能提供有关引发风险的原因及其对供应商扣分环节影响方面的信息。

5．2．5 危险与可操作性分析

1．方法概述

危险与可操作性分析（Hazard and Operability Study，HAZOP）是一种对规划或现有产品、过程、程序或体系的结构化分析方法。该方法可以识别供应链管理过程中人员、业务、资材、交付及协同所面临的各种风险。

HAZOP 是一种基于危险和可操作性研究的定性技术，对需求计划、采购过程、业务程序等各个供应链管理步骤中能否实现供应链管理意图或运行条件的方式提出质疑。该方法通常由一支多专业团队通过多次会议进行。

HAZOP 的分析内容与 FMEA 类似，即识别过程、系统或程序的风险的原因和后果。其不同在于，HAZOP 团队通过考虑不希望的结果与预期的结果及条件之间的偏差来倒查可能的原因和风险模式，而 FMEA 则是先确定风险模式再评估。

2．用途

最初开发 HAZOP 是为了分析化学过程，但是该方法目前已被应用到其他类型的系统及复杂的操作中，包括机械及电子系统、程序、软件系统，甚至包括组织变更及法律合同的设计及评审。

HAZOP 可以处理由于供应链管理各业务程序和人为活动的缺陷所造成的各种形式的对供应链管理意图的偏离。

该方法也可以用于供应链管理过程中的各种评审。当用于计算机系统、网络安全控制时，该方法被称为控制危险及可操作性分析，或者计算机危险及可操作性分析（CHAZOP）。

3．优缺点

（1）优点

① 涉及多个专业团队，不同专业的人员在一起能互相影响和启发，能够识别出更多、更全面的风险。

② 可以对人为活动的缺陷所造成的各种形式偏离的原因及结果进行清晰的分析。

（2）缺点

① 耗时且成本较高。

② 输出的结果易受识别人员主观因素的影响。

③ 对文件或系统（过程）及程序规范的要求较高。

④ 重点是找到解决方案，而不是质疑基本假设。

⑤ 讨论可能会集中在识别内部风险上，而不是更广泛的风险或外部风险上。

4．举例

某企业在供应链采购抽检管理环节总是频频出现风险事件，企业领导决定采用 HAZOP 找出供应链采购抽检管理环节中最严重的风险及其源头。

（1）输入

与供应链采购抽检管理环节有关的系统、过程或程序，以及该环节设计的意图和运行条件的现有信息。

（2）过程

① 成立 HAZOP 研究团队。HAZOP 研究团队成员通常是多部门、多业务、多专业的，一般由 4~8 人组成，并指定一名在 HAZOP 方面接受过培训并具有丰富经验的人担任团队负责人。

② 收集文件。HAZOP 研究团队成员针对抽检管理环节收集相关信息、资料，主要包括操作规范、管理制度、流程图等。

③ 划分识别对象。将抽检管理环节划分为若干环节，明确各环节的功能、运行过程。

④ 建立关键引导词并进行分析。按照 HAZOP 中给出的关键引导词一一分析各环节会产生不良结果的可能偏差。

⑤ 分析产生偏差的原因及结果。

⑥ 制定解决方案和风险应对行动方案。

⑦ 将讨论内容进行记录并归档保存。

（3）输出

HAZOP 会议记录的内容包括使用的指导词、每个评审点的偏差、可能的偏差原因、已识别的风险的解决措施及负责执行该措施的人。

对于无法纠正的偏差，需要对偏差风险进行评估。

5.3　供应链风险定性分析方法

5.3.1　故障树分析

1. 方法概述

故障树分析（Fault Tree Analysis，FTA）是用来识别并分析造成供应链特定不良事件（又称顶事件）的因素的分析方法。它通过归纳法等方法识别出导致供应链特定不良事件的因素，然后按合乎逻辑的方式进行编排并用树形图进行表示，由此来描述其原因及其与重大事件的逻辑关系。

故障树中识别的因素可以是系统硬件故障、人为错误或造成供应链不良事件的其他相关事项。

2. 用途

FTA 可以用来对供应链特定不良事件的潜在原因及其路径进行定性分析，也可以在掌握因果事项可能性之后，定量计算供应链特定不良事件的发生概率，由此实现对供应链风险的精细化管理。该方法对具有多个等级业务和相互作用的分析系统特别有用。

FTA 可以在供应链风险管理设计阶段使用，也可以在供应链风险管理运行阶段使用，还可以用来分析已发生的风险。

3．优缺点

（1）优点

① 提供了一种系统、规范的方法，具有较高的灵活性，可以对各种导致供应链不良事件的原因进行分析，包括人际交往和客观现象等。

② 运用简单的"自上而下"的方法，关注那些与供应链不良事件直接相关的因素及其影响。

③ 图形的表达方式有助于使用者理解供应链风险管理行为及其包含的因素。

（2）缺点

① 计算出的供应链不良事件的概率或频率有时并不准确。

② 有时起因事件未得到限制，因此很难确定供应链不良事件的所有重要途径是否都包括在内（例如，将仓库火灾作为供应链不良事件的分析包括了仓库内所有的起火源。在这种情况下，用 FTA 就不太容易）。

③ 故障树是一个静态模型，没有解决时间的互相依赖性。

④ 故障树只能处理二进制状态（有故障或者无故障）。

⑤ 虽然故障树的定性可以包括人为错误，但是一般来说，各种程度或性质的人为错误引起的故障很难包括在内。

⑥ 故障树无法将多米诺效应或条件故障包括在内。

4．举例

某商场的信息系统是一个由服务器和商场各部门的客户机构成的计算机网络系统，风险事件纷繁多样，商场领导决定采用 FTA 将商场信息系统的风险事件分门别类地找出来，并根据各个风险的逻辑关系构建故障树，找出最严重的风险及其源头。

（1）输入

将商场的信息系统发生的风险事件界定清晰，将该事件的各个要素描述清楚。

（2）过程

① 风险分析。从重大事件入手，识别造成重大事件的直接原因或失效模式，并对其中每个原因或失效模式进行分析，以识别造成故障的原因。商场的信息系统发生的风险事件可从管理不善、主动威胁、被动威胁这三个角度进行分析。

② 构建故障树图。以电子商务模块出现故障为顶事件，以管理不善、被动威胁、主

动威胁为中间事件，余下的为底事件，绘制故障树图。

③ 分析。利用故障树找出各种失效事件之间的关系，找出各种失效事件的可能方式及这些风险的排序，以及对最小割集（在由故障树的某几个底事件组成的集合中，若该集合的底事件同时发生将引起顶事件的发生，则这个集合被称为割集；若故障树中存在这样一个割集——任意去掉一个底事件后就不再是割集，则这个割集称为最小割集）进行定性分析和定量计算，可以使安全管理人员对系统存在的故障有一个准确的定位，集中精力排除主要故障。

（3）输出

① 故障树图。用故障树图表示供应链特定不良事件发生的方式，说明同时有两个或更多事件发生时彼此相互影响的途径。

② 单个故障路径，说明每个路径的发生概率（如果有相关数据）。

③ 重大事件的发生概率。

5.3.2　情景分析

1．方法概述

情景分析（Scenario Analysis）是指通过对供应链管理中的某个状态或情景进行详细描述，分析并描述风险发生的可能性的高低、风险发生的条件，以确定风险是否需要处理并采用合适的应对措施的一种方法。换句话说，情景分析是类似"如果……就……"的分析方法。供应链管理的风险总是不确定的，而情景分析使我们能够预测未来的风险。情景分析不仅能得到具体的预测结果，而且还能分析供应链管理过程中各业务模块未来不同发展情景的可行性并提出需要采取的应对措施，为企业管理者提供决策依据。

2．用途

情景分析可用来分析供应链管理过程中某种特定环境下可能发生的事件及其潜在的后果和各种情景发生的可能性，也可用来预测风险发生的方式。在周期较短及数据充分的情况下，该方法可以从供应链管理现有的业务情景中推断出未来可能出现的情景。对于周期较长及或数据不充分的情况，情景分析的有效性更依赖于合乎情景的想象力。

3．优缺点

（1）优点

情景分析考虑到各种可能的未来情况，而这种未来情况更适合通过使用历史数据，运用基于"高级—中级—低级"的传统方式而推断出的预测。这些预测假设未来的事件有可能延续过去的趋势，尤其是在不甚了解预测的依据及现在探讨的风险会在何时发生时。

（2）缺点

① 在存在较大不确定性的情况下，有些情景可能不够现实。

② 对数据的有效性及参与者开发现实情景的能力要求很高。

③ 所用的情景可能缺乏充分的基础，数据可能具有随机性，同时可能无法发现那些不切实际的风险及这些风险产生的后果。

4．举例

某企业在供应链采购需求计划管理环节识别出风险点——"需求计划信息不完整"。供应链风险管理负责人决定采用情景分析对该风险点进行分析，以确定该风险是否需要处理。

（1）输入

有关当前供应链采购需求计划管理环节中的各业务发展趋势和变化的数据，以及对未来供应链采购需求计划管理环节变化的设想，还有与供应链风险管理相关的法律法规、标准等文件及数据。

（2）过程

① 明确情景分析的目的和主要任务。

② 对已识别出来的风险点"需求计划信息不完整"进行具体描述，形成多种不同的未来情景描述方案。

③ 情景模拟。邀请企业的相关人员进入描述的情景，面对不同情景中出现的相同状况或问题提出相应对策。辅助工作人员负责如实记录对风险出现后模拟情景中的人员对事件的反应，记录时不能加入个人主观意见。

④ 根据情景模拟情况，分析风险点"需求计划信息不完整"在不同情景中发生的可能性的高低及产生的影响。

（3）输出

在供应链采购需求计划管理环节，需求计划信息不完整发生的可能性的高低、发生的条件及随着条件的变化而调整行动方案的方法。

5．3．3 业务影响分析

1．方法概述

业务影响分析（Business Impact Analysis，BIA）是分析已经识别出来的风险对供应链管理业务运营的影响，并确定和量化管理这些风险所需的能力。

2．用途

BIA 用来确定危害性及供应链管理过程中相关资源的恢复时间，以确保供应链管理中各业务要求的持续实现。BIA 有助于确定供应链管理过程、内外部各方及各业务连接处的相互依存关系。

3．优缺点

（1）优点

① 对关键过程的认识使供应链管理中各业务模块能够持续达成业务要求。

② 提高了对相关资源的认识。

③ 有机会重新界定供应链管理各业务模块的运行过程，以增强其灵活性。

（2）缺点

① 参与完成调查问卷和参加访谈或讨论会的人员可能缺乏专业知识。

② 小组气氛可能会影响对供应链管理关键过程的全面分析。

③ 对恢复要求的期望过于简单化或过于乐观。

④ 很难获得对供应链管理整个运行过程的足够认识。

4．举例

某企业在供应链采购需求计划管理环节识别出风险点——"采购批次计划安排不合理"，供应链风险管理负责人决定采用 BIA 对该风险点进行分析，以确定该风险是否需要处理。

（1）输入

① 承担分析并制订计划的小组。

② 关于供应链采购需求计划管理环节中各部门、各岗位之间相互依存关系的信息。

③ 有关供应链采购需求计划管理过程中各业务模块运行的详情，包括流程、与其他业务的关系及与运行相关的人员。

④ 供应链采购需求计划管理环节中关键过程的缺失造成的运行结果。

⑤ 调查问卷。

⑥ 供应链采购需求计划管理中相关部门的受访者及计划联系的相关者名单。

（2）过程

① 通过调查问卷了解采购批次计划是否属于供应链采购需求计划管理的关键过程。

② 分析采购批次计划环节与供应链采购需求计划管理其他内外部利益相关者的相互依存关系。

③ 确定现有资源及发生采购批次计划安排不合理事件后继续正常运行所需的基本

资源。

④ 确定目前使用或计划开发的替代性工作程序。确认发生采购计划安排不合理时，是否有可替代性的工作程序。

⑤ 根据采购计划安排不合理产生的结果及相关职能部门的关键成功因素来确定企业所能容忍的损失的最大时间段。

⑥ 根据现有资源或技术确定采购计划安排不合理所造成的后果所需的恢复时间。

（3）输出

① 供应链采购需求计划管理中的关键过程。

② 采购批次计划环节与供应链采购需求计划管理其他内外部利益相关者的相互依存关系的优先级清单。

③ 因采购批次计划安排不合理带来的运行过程被影响的记录。

④ 供应链采购需求计划管理过程中采购批次计划环节发生风险的时间范围及业务恢复的时间范围。

5. 3. 4 人因可靠性分析

1. 方法概述

人因可靠性分析（Human Reliability Analysis，HRA）关注的是人因对供应链管理运行的影响，通过分析风险源来评估人为错误对供应链管理运行的影响。

在供应链管理中，很多业务模块在运作时都有可能出现人为错误，包括主观层面上的错误和客观层面上的错误。这些人为错误最终发展到严重地步的可能性或许不大，但有时人的行为是唯一能避免问题演变成风险的预防方式。

2. 用途

HRA 主要用于分析供应链管理中已发生的或潜在的人为错误产生的风险，确定风险发生的原因、后果及其发生的可能性，评估对供应链管理运行的影响，降低人为错误发生的可能性。

3. 优缺点

（1）优点

HRA 提供了一种正式的机制，根据人在供应链管理中扮演重要角色的情形，将人为错误纳入供应链风险管理的分析。

（2）缺点

① 人的复杂性及多变性使我们很难确定那些简单的失效模式及其概率。

② 很多人为操作缺乏简单的"通过 / 失败"判断模式。

③ 较难处理因质量或决策不当造成的局部故障或失效。

4．举例

某企业在供应链抽检管理环节识别出风险点——"品控人员擅自更改样品编码"，供应链风险管理负责人决定采用 HRA 对该风险点进行分析，评估人为因素导致该风险发生的可能性。

（1）输入

① 关于供应链抽检管理环节中的人为操作的相关信息，如流程、参与人员等。

② 供应链抽检管理环节中实际发生及有可能发生的各类错误的经验。

③ 有关人为错误及其量化的专业知识。

（2）过程

① 问题界定。调查在供应链抽检管理环节中有哪种类型的人为操作。

② 人员分析。分析在供应链抽检管理环节中参与人员是如何操作的。

③ 人为错误分析。分析造成品控人员擅自更改样品编码的原因及补救措施。

④ 量化。计算因人为因素导致品控人员擅自更改样品编码的可能性。

⑤ 影响分析。分析品控人员擅自更改样品编码对抽样结果的影响，判断其是否可以被接受。

⑥ 提出减少损失的方法。若不可接受，则提出其他减少损失的方法。

⑦ 记录存档。

（3）输出

① 人为错误模式、错误类型、原因和后果。

② 减少损失的方法。

③ 人为错误所造成风险的评估。

5.4　供应链风险定量分析方法

5.4.1　风险矩阵

1．方法概述

风险矩阵（Risk Matrix）是一种将定性或半定量的后果分级与产生一定水平的风险或风险等级的可能性相结合的方法，通过分析已被识别的风险发生的可能性和对供应链管理的影响程度绘制风险矩阵。

2．用途

风险矩阵通常作为一种筛查工具，根据风险在矩阵中的区域，确定其是否需要更细致的分析、是否应优先处理、是否需要进一步考虑。

风险矩阵也可以帮助企业在内部统一对风险定性等级的理解。设定风险等级的方法和赋予它们的决策规则应当与企业的风险偏好一致。

3．优缺点

（1）优点

① 提供了可视化的工具。

② 方法简洁明了，便于使用。

③ 将供应链风险按不同的重要性划分，便于做出决策。

（2）缺点

① 必须设计出适合企业供应链管理具体情况的矩阵，因此很难设计出一个适用于供应链管理各业务的通用矩阵。

② 很难清晰地界定等级。

③ 具有很强的主观色彩，拥有不同工作经验的供应链管理者评估的结果可能会有明显的差别。

④ 无法对风险进行叠加。

⑤ 很难评估组合或比较不同类型后果的风险等级。

4．举例

某企业在供应链采购需求计划管理环节发生风险事件——"需求部门、单位所提交的需求申报不准确（物资型号、数量、金额、漏项等），不符合项目实际需要"，供应链风险管理负责人决定采用风险矩阵分析该风险点发生的可能性和影响程度。

（1）输入

风险发生的可能性和影响程度的评价标准。

风险发生可能性评价标准如表 5-3 所示。

表 5-3　风险发生的可能性评价标准

方法类型	风险发生的频率描述				
定性方法	一般情况下不会发生	极少情况下发生	某些情况下发生	较多情况下发生	经常发生
半定量方法	10% 及以下	10%～30%（不包括 10%）	30%～60%（不包括 30%）	60%～90%（不包括 60%）	90% 及以上

风险发生的影响程度评价标准如表 5-4 所示。

表 5-4 风险发生的影响程度评价标准

方法类型	影响程度的描述				
定性方法	不受影响	轻度影响	中度影响	严重影响	重大影响
半定量方法	1% 及以下	1% ~ 10%（不包括 1%）	10% ~ 15%（不包括 10%）	15% ~ 20%（不包括 15%）	20% 及以上

（2）过程

① 根据风险发生的可能性和影响程度的评价标准，对风险点"需求部门、单位所提交的需求申报不准确（物资型号、数量、金额、漏项等），不符合项目实际需要"进行定性或半定量评估。

② 依据评估结果绘制风险矩阵。绘制风险矩阵时，一个轴表示影响度等级，另一个轴表示可能性等级，具体如图 5-2 所示。

可能性等级	5	IV	III	II	I	I
	4	IV	III	III	II	I
	3	V	IV	III	II	II
	2	V	IV	III	III	II
	1	V	V	IV	III	II
		1	2	3	4	5
		影响度等级				

图 5-2 风险矩阵

（3）输出

风险点"需求部门、单位所提交的需求申报不准确（物资型号、数量、金额、漏项等），不符合项目实际需要"的风险矩阵图。

5.4.2 风险指数

1. 方法概述

风险指数（Risk Index）是对供应链体系风险的半定量测评，是利用顺序标度的记分法得出的估算值，主要用于风险分析，如供应链金融风险评估等。

风险指数本质上是一种对风险进行分级和比较的定性方法，使用数字完全是为了便于操作。

2．用途

风险指数可作为一种范围划定工具，用于评估供应链体系中的采购、配送、退货等各个环节、各种类型的风险，并根据风险水平给风险分级。它还可以确定哪些风险需要更深层次的分析或定量评估。

3．优缺点

（1）优点

① 可以为企业的供应链管理提供一种有效的划分风险等级的工具。

② 可以将影响风险等级的多种因素整合到对风险等级的分析中。

（2）缺点

① 构建的供应链初始指标体系可能存在冗余，导致资源浪费甚至直接影响决策规则的有效性。

② 缺乏一个基准模型来确定所列出的供应链系统中风险因素的单个尺度是线性的、对数的还是其他形式，也没有固定的模型可以确定如何将各因素综合起来。在这些情况下，评级本身是不可靠的，因此对实际数据进行确认尤为重要。

4．举例

某企业在供应链管理环节识别出风险点——"特种设备作业现场未有效采取安全监护措施"，供应链风险管理负责人决定采用风险指数分析该风险点发生的可能性和影响程度。

（1）输入

对供应链管理进行分析，或者对企业供应系统现状进行宽泛描述。了解供应链各个环节中各种风险的来源、可能的路径及可能影响的方面。

（2）过程

① 制定风险事件发生的可能性等级和后果严重程度等级的评价标准。

风险事件发生可能性等级评价标准如表 5-5 所示。

表 5-5　风险事件发生可能性等级评价标准

等级	等级说明	发生情况
A	极低	一般情况下不会发生
B	低	极少情况下发生
C	中	某些情况下发生
D	高	较多情况下发生
E	重大	经常发生

风险事件后果严重程度等级评价标准如表 5-6 所示。

表 5-6　风险事件后果严重程度等级评价标准

等级	等级说明	后果说明
1	轻微	人员受伤轻于三级
2	轻度	人员轻度受伤
3	严重	人员严重受伤
4	灾难性	人员死亡

② 将上述风险事件的可能性和严重程度分别给以定性的加权指数，形成风险指数矩阵，具体如表 5-7 所示。

表 5-7　风险指数矩阵

可能性等级	结果等级			
	1（轻微）	2（轻度）	3（严重）	4（灾难性）
A（极低）	20	17	15	12
B（低）	19	14	10	8
C（中）	18	11	6	4
D（高）	16	9	5	2
E（重大）	13	7	3	1

注：指数越小，风险越大。

③ 结合历史数据，分析风险事件"特种设备作业现场未有效采取安全监护措施"。这个事件只在极少情况下发生，虽然它不能保障现场作业安全，但人员受伤轻于三级。

（3）输出

"特种设备作业现场未有效采取安全监护措施"事件发生的可能性等级为 B（低），后果严重程度等级为 1（轻微），风险指数为 19。

5.4.3　交叉影响分析

1．方法概述

交叉影响分析（Cross Impact Analysis）是一种系统预测技术，是在德尔菲法、专家咨询法等基础上发展起来的预测方法。采用这种方法时，首先要估计供应链相关事件出现的概率，以及事件之间相互影响的概率，然后对供应链相关事件的风险变化进行分析，预测其发生的可能性及影响程度，从而做出风险决策。

2．用途

交叉影响分析抓住了供应链业务风险决策中最关键的问题，即相关事件自然状态出现的概率。这种方法通过概率的变化明确决策方向，使决策目标更加清晰，在实践中主要应用于供应链相关业务风险决策的效果分析。

3．优缺点

（1）优点

① 考虑了供应链业务各相关事件之间的相互影响及其影响程度、影响方向。

② 运用系统性的分析方法，对有大量可能结果的数据进行系统的整理，较为科学。

③ 针对各事件的初始概率和影响程度，选择供应链相关领域的专家进行咨询。

（2）缺点

① 对数据的处理虽有一定的科学依据，但也有相当程度的主观任意性。

② 交叉影响因素的界定较难规范。

③ 过度依赖于受访者的专业知识水平。

4．举例

某企业在供应链品控管理抽检环节发生了风险事件——"复检未针对初检样品或备品，违规操作，造成复检结果失真"，供应链风险管理负责人决定采用交叉影响分析来判断该风险点发生的可能性和影响程度。

（1）输入

① 界定清楚所分析的风险事件，将事件的各个要素描述清楚。

② 熟悉所分析的风险事件的专家。

③ 支持软件。

（2）过程

① 确定风险事件"复检未针对初检样品或备品，违规操作，造成复检结果失真"与供应链品控管理抽检其他业务的影响关系。

② 通过专家调查，评定风险事件"复检未针对初检样品或备品，违规操作，造成复检结果失真"对供应链品控管理抽检环节的影响程度，确定交叉影响的概率。

③ 将上述相关数据输入计算机，计算变化概率，得出分析结果。

④ 根据分析结果，进行风险决策。

（3）输出

① 在交叉影响作用下各事件的最终发生概率估计值（校正概率）。

② 供应链相关业务的风险决策。

5．5　供应链风险评价方法

5．5．1　供应链风险定性评价方法

供应链风险评价是指在各种风险的分析结果之间进行比较，确定风险的等级。供应链风险定性评价方法主要有情况发生法、时间频次法、频率程度法、财产损失法、影响程度法。

情况发生法是指根据风险事件发生的条件进行风险等级划分，一般可分为一般情况下不会发生、极少情况下发生、某些情况下发生、较多情况下发生、经常发生，其对应的等级分别为极低、低、中、高、重大。

时间频次法是指根据风险事件发生的时间频次进行风险等级划分，一般可分为每天（每周、每月或每年）0~1 次、每天（每周、每月或每年）2~3 次、每天（每周、每月或每年）4~5 次、每天（每周、每月或每年）6~7 次、每天（每周、每月或每年）8~10 次，其对应的等级分别为极低、低、中、高、重大。

频率程度法是指根据风险事件发生的频率进行风险等级划分，一般可分为从不（0）、很少（10%）、有时（20%）、经常（40%）、通常（60%），其对应的等级分别为极低、低、中、高、重大。

财产损失法是指根据风险事件发生对企业财产损失的程度进行风险等级划分，一般可分为较低的财产损失（1 万元以下）、轻微的财产损失（1 万元 ~ 10 万元）、中等的财产损失（10 万元 ~ 50 万元）、重大的财产损失（50 万元 ~ 100 万元）、极大的财产损失（100 万元以上），其对应的等级分别为极低、低、中、高、重大。

影响程度法是指根据风险事件发生对进度、业务、流程、质量、运营、预算、成本、收益、效率、企业的影响程度进行风险等级划分，一般可分为没有影响、轻微影响、一定程度上的影响、严重影响、重大或无法弥补的影响，其对应的等级分别为极低、低、中、高、重大。

现以情况发生法为例说明。某企业在供应链配送管理环节识别出风险事件——"未跟踪物资配送进度，导致配送滞后或者影响支付"，供应链风险管理负责人决定采用情况发生法对该风险事件进行风险等级划分。

1．输入

有关风险事件"未跟踪物资配送进度，导致配送进度滞后或影响支付"风险分析的结果。

2．过程

通过风险事件"未跟踪物资配送进度，导致配送进度滞后或影响支付"风险分析的结果得知，该风险事件一般在工作人员交接的情况下发生，其风险等级为中，企业应建立一个发货及配送跟踪平台或信息系统，避免类似风险再次发生。

3．输出

风险事件"未跟踪物资配送进度，导致配送进度滞后或影响支付"的风险等级。

5．5．2　供应链风险定量评价方法

供应链风险定量评价主要包括风险矩阵法、风险指数法、SEP 法。

风险矩阵法是一种可视化的分析工具，它将风险发生的可能性及其后果分别定级，再综合评估风险的高低，在实践中有着广泛的应用。这种方法通常对每个风险都进行发生可能性和影响度分析，将发生可能性分为 A、B、C、D、E 五个等级，将影响程度分为 1、2、3、4、5 五个等级，然后根据这个分级，将风险点逐一放入横坐标为影响度、纵坐标为可能性的坐标内，最终依次标识出风险级别。

风险指数法是基于风险发生可能性（1~5 个级别，对应分值为 1~5 分）、影响程度（1~5 个级别，对应分值为 1~5 分）、管理改进迫切性（1~5 个级别，对应分值为 1~5 分）这三个维度计算风险值。

SEP 法是一种用于工作业务和生产区域风险评估的半定量评估方法。在供应链风险管理中，SEP 的各项指标应该有所变化，其中 S 表示风险可能造成的后果的严重程度，E 表示风险发生的频繁程度或频次、频率，P 表示风险发生的可能性。

现以 SEP 法为例说明。某企业在供应链需求计划管理阶段发生了风险事件——"需求计划不合理"，供应链风险管理负责人决定采用 SEP 法对该风险事件进行风险等级划分。

1．输入

供应链需求计划管理阶段现有的基础数据。

2．过程

（1）根据现有的基础数据和经验判断，对照 S、E、P 的基准值（见表 5-8、表 5-9 和表 5-10），分别给出风险项目的 S、E、P 分值。

（2）用公式 $R=P \times S \times E$ 计算出风险值 R。

（3）对照风险等级标准（见表 5-11），确定风险项目的风险等级。

表 5-8 后果（S）基准值

序号	风险可能造成的后果的严重程度	分值
1	无法交付、无法评标、伤亡、灭失、损坏、违法	100
2	工作中断，有可能易燃、易爆，有可能发生人身伤害，有可能产生重大损失	40
3	有安全隐患，可能会引发事故	15
4	对工作产生轻微影响	7
5	没有影响	3

表 5-9 发生的频率频次（E）基准值

序号	风险在业务中发生的频繁程度		分值
	重新修改计划、导致采购计划不准确	对采购业务的破坏	
1	经常	大于 2 倍的法定极限值	10
2	每天 1 次	介于 1～2 倍法定极限值之间	6
3	每周 1 次	法定极限值内	3
4	每月 1 次	正常允许水平和法定极限值之间	1
5	每年几次	正常允许水平内	0.5

表 5-10 风险可能性（P）基准值

序号	需求计划不合理的可能性		分值
	重新修改计划、导致采购计划不准确	对采购业务的破坏	
1	如果危害事件发生，即产生最可能和预期的结果	频繁：平均每半年发生一次	10
2	十分可能	持续：平均每年发生一次	6
3	可能	经常：平均每 2 年发生一次	3
4	很低的可能性，据说曾经发生过	偶然：平均每 3～5 年发生一次	1
5	可能性相当低但确实存在，多年没有发生过	很难：平均每 10 年发生一次	0.5

表 5-11 风险等级（$R=P \times S \times E$）标准

序号	风险等级	判定条件
1	重大	$R \geqslant 320$
2	高	$160 \leqslant R < 320$
3	中	$70 \leqslant R < 160$
4	低	$20 \leqslant R < 70$
5	极低	$R < 20$

3．输出

风险事件"需求计划不合理"的风险等级。

第6章
供应链绩效管理

6．1　供应链绩效评价体系

6．1．1　评价对象与内容

供应链绩效评价是指围绕供应链的管理目标对供应链整体、各部分环节的运营状况及运营关系所进行的事前、事中和事后的分析评价。

要评价供应链的绩效，就要对供应链的整体运行绩效、重要节点企业、供应链网链系统上的节点企业之间的合作关系进行评价。

1．供应链绩效评价对象

要进行供应链绩效评价，首先要明确评价对象，这里我们根据供应链的系统特性可以将评价对象分为两个维度，即内部评价对象和外部评价对象。

（1）内部评价对象

内部评价对象是根据企业供应链的整个过程确定的，面对的是供应链全过程的服务者，即企业供应链的支撑者，一般可以理解为需求、计划、采购、生产、交付、仓储、库存和物流等各个环节的功能执行部门。

（2）外部评价对象

外部评价对象是面向客户，以产品或服务从供给端到需求端的传输过程中的主体为对象，包括企业供应链管理中的供应商、制造商、物流商、分销商、零售商等位于各个节点上的企业。

2．供应链绩效评价内容

成员越多、环节越复杂、节点越丰富的供应链，其评价内容涉及的维度也就越多，但影响一家企业供应链管理成败的关键要素才是供应链绩效评价的核心内容。

供应链绩效有以下五项关键评价内容。

（1）效率

供应链效率评价是指对企业供应链全过程、各环节的实际工作效率进行的评价。

供应链效率的提高依托于信息流传递的快速性、准确性、正确性、真实性，依赖于组织的内部协同和各个环节作业流程的优化。

各个节点的数据信息传递是否准确、信息处理和反馈是否迅速、不同业务部门之间的协同是否良好、组织内部的职责是否分明、供应链各环节的流程体系是否清晰、组织成员是否相互推诿责任等，都是影响供应链效率的因素。

（2）协同性

供应链协同一般指两家或两家以上的企业，在多个不同环节之间通过协议或联合组织行动等方式进行工作。

协同性评价是指对供应链各个环节的企业协同运作工作成果的评价。

供应链协同性评价要求各节点企业树立"共赢而非零和博弈"的思想，为实现共同目标而努力，建立公平公正的利益共享、风险分散机制，在相互信任、真实承诺的基础上深入开展合作，搭建网络电子信息化技术平台共享信息，实现有效沟通，共同实现高度满意的客户端服务。

（3）敏捷性

供应链敏捷性考察的是供应链根据需求动态变化，对各部分功能进行快速重构和调整的能力。

供应链敏捷性要求能够通过供应链管理促进上下游节点企业之间的联合，进而提高企业的响应敏捷性。

对供应链各环节企业之间的物流、信息流进行计划、协调和控制，使供应链成员之间达到共赢，并对整个供应链进行全面的优化管理，及时响应外界条件的变化，增加企业对外界环境的响应速度，是实现供应链敏捷性的关键。

（4）可靠性

供应链可靠性就是要将供应链网络系统中的不确定性因素降至最低，保证供应链上物流、信息流和资金流的正常流动，增强其灵活性和确定性，降低采购、供应和交付的成本，真正达到通过优化供应链管理提高企业竞争力的战略目的。

（5）响应性

供应链响应性是以实现供应链的商流功能为主要目标，即对市场需求变化迅速做出反应。

供应链响应性要求供应链保持较高的市场应变能力，实现柔性生产，从而减少产品过时和失效的风险。

供应链敏捷性和响应性评价往往容易混淆，但在实际业务过程中，它们之间的区别是较为明晰的。如果将企业供应链应对市场需求变化的过程看成一个机械传动过程，那么可以简单地将供应链响应性看作"传"的过程，将敏捷性看作"动"的过程。

6.1.2　评价指标与分解

企业供应链管理水平如何评估？哪些绩效指标是关键评价指标？如何选择关键评价指标？评价指标如何能够支撑企业不断增强自身市场竞争力？它们与实现企业供应链管理整体战略的关系如何体现？

在供应链绩效评价过程中，这些问题常常困扰着供应链管理者。下面是大多数企业的供应链管理都涉及的、无法避开的主要评价指标类型，可以通过将其代入供应链各个环节来实现指标分解。

1. 供应链绩效评价指标类型

根据不同的对象，包括客户、供应端节点企业、企业自身等，可以将供应链绩效评价指标分为五类，即供应链成本、资产管理、生产率、质量、客户服务。

（1）供应链成本

成本是对企业在各个领域中投入的资金总额的反映。供应链成本是指供应链在全运作流程和周期内的成本。

从传统的财务统计角度看，统计供应链成本时要先对各环节所涉及部门的各自成本进行统计，得出各环节总成本后，再统计供应链整体成本。

常用的供应链成本指标包括采购成本、仓储成本、运输成本、库存管理成本、订单处理成本等。

（2）资产管理

供应链资产管理是指对企业供应链运作过程中投入的资产进行经营运作的过程。

企业供应链运作过程中投入的主要资产包括周期长、预期寿命长的固定资产和短期投资的营运资金。

① 固定资产指标，如资产回报率、资产周转率、产能利用率等。

② 营运资金指标，如库存周转率、库存供应天数等。

营运资金虽然是短期投资，但其重要性并不比固定资产低。

（3）生产率

生产率一般指单位设备或设备的单位容量，在单位时间内出产的合格产品的数量，用来表示投入与产出之间的关系。

在供应链管理中，由于其网链状系统的特殊性，很多企业在供应链中的位置不同，产出不同的产品，因此生产率的评价指标也不尽相同。

例如，评价原材料供应商的生产率指标一般为原材料生产总量和发货量；评价制造商的生产率指标一般为产品生产数量和发货量；评价运输承包商的生产率指标一般为订单交付数量和行驶里程。

（4）质量

供应链质量评价指标是指对分布在整个供应链过程中的产品质量的产生、形成和实现过程进行考核评估的指标。

通过质量评价指标可以实现供应链环境下产品的质量控制与质量保证。产品质量客观上一定是通过供应链全体成员的共同保证才能稳定实现。

常用的质量评价指标有以下两个。

① 正确率，如订单输入正确率、订单接收正确率、库存管理正确率、拣货正确率、信息正确率等。

② 损坏率，如运输损耗率、库存自然损耗率等。

（5）客户服务

供应链客户服务评价指标是对企业供应链服务客户实际成果的考核，可以概括为产品或服务的可用性和可靠性。

客户服务可用性和可靠性的实现一般可以体现为三个指标：客户满意度、客户保持率、客户增长率。

以上五类绩效评价指标在供应链各个环节中都有涉及，其考核和执行结果会对相关环节的对应工作产生重大影响。

2．供应链绩效评价指标分解

（1）关键绩效评价指标的设计

一些关键绩效评价指标是在绩效评价实施前，通过对需要考核的内容采用科学的方法进行分析而确定的。关键绩效评价指标的设计是绩效评价的关键环节。关键绩效评价指标提取的成功与否直接影响供应链绩效评价结果的有效性和准确性。

关键绩效评价指标设计是一项重要的基础性工作，关系到企业供应链管理的方方面面，需要各级领导及相关部门的积极配合和参与。

为确保评价指标设计过程的严谨性，企业在设计关键绩效评价指标过程中应遵循规范的程序。关键绩效评价指标的设计主要包括以下三个阶段。

① 罗列指标。罗列指标是指将可以作为评价指标的节点项目一一列出，然后形成指标清单。

② 筛选指标。一般情况下，罗列出来的评价指标数量较多，企业需要对这些指标进行筛选，选出关键指标。

③ 设置权重。权重是一个相对概念，某个指标的权重是该指标相对于其他指标重要程度的数字表现。一组指标的权重分配反映了相应工作和节点业绩不同层面的重要程度。

（2）绩效评价指标的分解方法

企业通常可以利用财务运算工具、关键成功要素法等对供应链绩效评价指标进行分解。

① 财务运算工具。通过财务关系分析，一些绩效评价指标可以通过简单运算得出。

例如，净利润 = 销售收入 – 成本总额 + 其他利润 – 所得税；销售收入 = 销售量 × 产品单价；成本总额 = 销售成本 + 销售税金 + 营业费用 + 管理费用 + 财务费用。

为使供应链绩效评价更加方便，并体现管理重点，对于运算指标的重叠部分，一定要加以简化，以使指标资源得到充分利用。

② 关键成功因素法首先分析关键成功因素，然后将之落实为关键业务指标并分解。

不同行业的关键成功要素各不相同，即使是同一行业的组织，由于各自所处的外部环境有差异、内部条件也不同，其关键成功因素会不尽相同。

这要求供应链成员企业采用此方法分解评价指标时要具体分析实际情况，不可盲目套用。

（3）供应链各环节的绩效指标分解

由于各类企业供应链的类型和复杂度不尽相同，结合上述五个供应链绩效评价指标，我们可以就采购、生产、物流这三大主要供应链环节进行绩效评价指标分解。

① 采购绩效指标的分解如表 6-1 所示。

表 6-1　采购绩效指标分解表

指标项目	具体指标	目标（值）
采购计划	采购计划完成率	考核期内指标值达＿＿％
	采购计划编制及时率	考核期内指标值达＿＿％
采购计划管理	采购及时率	考核期内指标值达＿＿％
	采购部门管理费用控制	＿＿万元以内
	采购质量合格率	考核期内指标值达＿＿％
供应商	供应商满意度	考核期内指标值达＿＿％
	供应商开发计划完成率	考核期内指标值达＿＿％
	供应商交货及时率	考核期内指标值达＿＿％

② 生产绩效指标的分解如表 6-2 所示。

表 6-2　生产绩效指标分解表

指标项目	具体指标	目标（值）
成本费用	单位生产成本降低率	考核期内指标值达＿＿％
	成本预算控制率	考核期内指标值达＿＿％
生产管理	生产计划完成率	考核期内指标值达＿＿％
	劳动生产率	考核期内指标值达＿＿％
	产能达标率	考核期内指标值达＿＿％
	设备利用率	考核期内指标值达＿＿％
	产品质量问题出现次数	＿＿次以内
	优良品率	考核期内指标值达＿＿％
	生产安全事故发生次数	0 次

生产环节中重要的质量评价指标分解如表 6-3 所示。

表 6-3　质量评价指标分解表

指标项目	具体指标	目标（值）
质量管理计划	质量管理计划编制及时率	考核期内指标值达＿＿％
	流程规范率	考核期内指标值达＿＿％
质量管理	年度计划完成率	考核期内指标值达＿＿％
	产品质量合格率	考核期内指标值达＿＿％
	质检计划完成率	考核期内指标值达＿＿％
	产品退货率	考核期内指标值在＿＿％以内

③ 物流绩效指标的分解如表 6-4 所示。

表 6-4　物流绩效指标分解

指标项目	具体指标	目标（值）
外部物流管理	物流配送及时率	考核期内指标值达＿＿＿%
	客户满意度	考核期内指标值达＿＿＿%
	物流路线规划率	考核期内指标值达＿＿＿%
	物流车辆调度及时率	考核期内指标值达＿＿＿%
内部物流管理	物流计划完成率	考核期内指标值达＿＿＿%
	物流任务完成率	考核期内指标值达＿＿＿%
	物流订单处理及时率	考核期内指标值达＿＿＿%

3．供应链绩效评价指标示例

这里以企业供应链配送中心为例，进行绩效评价指标的设计和分解，具体如表 6-5、表 6-6、表 6-7、表 6-8 和表 6-9 所示。

表 6-5　收货组评价指标示例

序号	部门	指标	优秀	良好	及格	不及格	数值来源
1	收货组	预约满足率	100%	≥ 97%	≥ 95%	＜ 95%	供应商到货预约表
2		收货及时率	100%	≥ 97%	≥ 95%	＜ 95%	WMS 收货管理
3		收货错误率	0	≤ 1%	≤ 2%	＞ 2%	抽检日报和现场记录的差异汇总
4		客户投诉次数	0	1	2	＞ 2	客服、总部等接收反馈的次数
5		7S 管理	≥ 95	≥ 80	≥ 65	＜ 65	7S 检查报表

表 6-6　运输组评价指标示例

序号	部门	指标	优秀	良好	及格	不及格	数值来源
1	运输组	送货及时率	100%	≥ 95%	≥ 92%	＜ 92%	客服差异汇总
2		货物丢失率	0	≤ 1%	≤ 2%	＞ 2%	客服差异汇总
3		退货退回及时率	≥ 99%	≥ 95%	≥ 93%	＜ 93%	退货数据汇总
4		客户投诉次数	0	1	2	＞ 2	客服、总部等接收反馈的次数
5		7S 管理	≥ 95	≥ 80	≥ 65	＜ 65	7S 检查报表

表 6-7　仓储组评价指标示例

序号	部门	指标	优秀	良好	及格	不及格	数值来源
1		上架及时率	100%	≥ 98%	≥ 95%	< 95%	WMS 上架管理
2		补货及时率	100%	≥ 98%	≥ 95%	< 95%	WMS 补货管理
3		上架、补货错误率	0	≤ 1%	≤ 2%	> 2%	抽检日报和现场记录的差异汇总
4		库存差异率	0	≤ 2%	≤ 3%	> 3%	DC 抽检日报
5	仓储组	库位准确率	100%	≥ 98%	≥ 95%	< 95%	DC 抽检日报
6		拣货及时率	100%	≥ 98%	≥ 96%	< 96%	WMS 拣货管理
7		拣货错误率	0	≤ 1%	≤ 2%	> 2%	客服和现场记录的差异汇总
8		商品破损率	0	≤ 1%	≤ 3%	> 3%	仓库差异数据
9		7S 管理	≥ 95	≥ 80	≥ 65	< 65	7S 检查报表

表 6-8　退货组评价指标示例

序号	部门	指标	优秀	良好	及格	不及格	数值来源
1		退货收货及时率	100%	≥ 98%	≥ 95%	< 95%	WMS 收货管理和收货登记表
2		退货收货差错率	0	≤ 1	≤ 2	> 2	DC 抽检日报
3	退货组	退货入储及时率	100%	≥ 98%	≥ 95%	< 95%	WMS 入储管理
4		退货出库及时率	≥ 95%	≥ 90%	≥ 80%	< 80%	WMS 拣货单管理
5		客户投诉次数	0	1	2	> 2	客服、总部等接收反馈次数

表 6-9　质控组评价指标示例

序号	部门	指标	优秀	良好	及格	不及格	数值来源
1		差异完结率	≥ 98%	≥ 95%	≥ 95%	< 95%	WMS 与客服差异汇总
2		检验及时率	100%	≥ 99%	≥ 96%	< 96%	DC 抽检日报
3		7S 检验及时率	100%	≥ 98%	≥ 96%	< 96%	DC 抽检日报
4	质控组	盘点及时率	1	—	—	0	实际盘点次数
5		商品有效期检查次数	4	3	2	1	报表数据
6		7S 管理	≥ 95	≥ 80	≥ 65	< 65	7S 检查报表

6. 1. 3 评价报告与改进

供应链绩效评价报告是对供应链各环节绩效执行情况的回顾和总结，为各环节企业或业务部门的绩效改进提供参考，为下一阶段供应链绩效工作改进提供方向的重要资料。

1. 供应链绩效评价报告模板

不同行业的企业供应链虽不尽相同，但基本的供应链绩效评价报告一般都包含三个部分：执行现状和考核概况分析、重要绩效数据分析、绩效偏差和改进重点。

常用的供应链绩效评价报告模板，扫描下方二维码即可查看。

2. 供应链绩效改进

供应链绩效改进是指运用绩效改进的方法或技术，发现并分析每个节点、环节的企业、部门或人员与供应链整体的绩效差距，设计并开发供应链绩效管理系统，以达到提高各环节、节点绩效的目的。

（1）供应链绩效改进策略

改进企业供应链整体绩效水平的前提是明确绩效改进的具体策略。

供应链绩效改进的策略主要有三种，即预防性策略与制止性策略、正向激励策略与负向激励策略、组织变革策略与人事调整策略。

① 预防性策略与制止性策略

这是覆盖了事前和事中的绩效改进策略。

预防性策略属于事前策略，是指在开展工作前，由供应链相应环节管理者制定绩效评估标准，标准中明确说明什么是正确的、有效的行为，什么是错误的、无效的行为，工作程序是什么，考核要求是什么，并由专业的培训师进行系统的培训和训练，使受训人员掌握具体的作业流程和操作技能，从而有效地减少失误。

制止性策略属于事中策略，是指通过工作记录法、观察法等对工作过程进行全面跟踪和调查，及时发现不恰当的地方，针对这种错误的行为及时指出并予以纠正。

② 正向激励策略与负向激励策略

改进不同性格的员工的节点工作绩效需要有针对性地使用这两种策略。

正向激励策略是指采取鼓励性的手段（如奖励、晋级、升职、表扬等）来进行正面激励，使相应节点工作的承担者努力改进自己的绩效水平的策略。

负向激励策略是指通过批评、惩罚的手段（如批评、扣发奖金、降薪、调任等），让相关责任人员意识到自己的错误，然后改进其绩效水平的策略。

③ 组织变革策略与人事调整策略

通过绩效差距分析，发现供应链绩效低的原因并不是由于某些环节或节点负责人员的主观原因造成的，而可能是由于供应链整体的结构问题、运行机制问题、协同矛盾等因素造成的，这时企业需要通过系统的诊断，找出供应链这个网链状系统中存在的问题，并有针对性地进行组织变革或人事调整。

（2）供应链绩效改进方法

供应链绩效改进方法有很多种，在进行绩效改进时，企业应根据实际情况及各种方法的特点、适用范围等选择适宜的方法或方法组合。

绩效改进方法主要包括传统绩效改进方法和现代绩效改进方法。

① 传统绩效改进方法

传统绩效改进方法有行为强化法、标杆超越法、卓越绩效模式法、六西格玛管理法和质量管理体系法。

a. 行为强化法。一个行为发生后，紧跟着一个强化刺激，促使这个行为再次发生，或避免其再次发生。

行为强化法通常包括正强化和负强化两种类型。正强化是用奖励的手段促使好的行为再次发生；负强化是用惩罚的手段让不好的行为不再发生。

b. 标杆超越法。和优秀的方式对比，吸收供应链绩效管理水平高的企业或组织的经验，并以其作为标杆和基准，对涉及本企业成功的关键因素进行改进或改革。

c. 卓越绩效模式法。该方法以客户为导向，追求卓越绩效管理理念，包括领导、战略、客户和市场、测量分析改进、人力资源、过程管理、经营结果七个方面。

d. 六西格玛管理法。六西格玛管理法是在提高客户满意度的同时降低经营成本和周期的过程革新方法。它是通过提高核心过程的运行质量来提升企业盈利能力的管理模式，也是企业在新经济环境下获得竞争力和持续发展能力的经营策略。

e. 质量管理体系法。为了实现质量管理目标，有效地开展各项质量管理活动，企业必须建立相应的管理体系。

质量管理体系通常包括制定质量方针、目标及质量策划、质量控制、质量保证和质量改进等活动。

② 现代绩效改进方法

现代绩效改进方法有技术更新改造法、培训教育辅导法、组织流程再造法、机器替代人工法、单位时间效益法和团队协作效益法。

a．技术更新改造法。这是指为了提高经济效益和产品质量、促进产品升级换代、降低成本、节约能耗、加强资源综合利用等目的，采用先进的、适用的新技术、新工艺、新设备、新材料等对现有设施、生产工艺条件进行的改造。

b．培训教育辅导法。培训教育辅导是一种有组织的知识、技能、标准、信息、信念等内容的传递及管理训诫过程。

为了实现统一的科学技术规范和标准化作业，通过目标规划设定、知识和信息传递、技能熟练演练、作业达成评测、结果交流公告等现代化流程，让受训人员达到预期水平。

c．组织流程再造法。流程再造是指一种从根本上考虑彻底地重新设计流程，使其在成本、质量、服务和速度等关键指标上取得显著提高的工作设计模式，它包括工作流程的改进和管理流程的改进两个方面，一般由企业管理层统一决策采用的方法。

d．机器替代人工法。这是指用机器操作来代替人工操作的方法。

e．单位时间效益法。这是指提高单位时间内的效益，用最短的时间或在预定的时间内把事情做好。

f．团队协作效益法。这是指以实现供应链管理目标为前提，通过资源共享和协同努力，调动各环节、节点的责任团队所有成员的积极性，去除团队内部所有不和谐和不公正的因素，对表现优秀者嘉奖，对表现差的人员进行批评，从而使团队产生一股强大而持久的协作力量，促进团队整体绩效的改善，进而不断减少企业供应链管理的内部消耗，使资源利用率最大化。

绩效改进需要系统化与整体化的思维和方法，以解决供应链绩效存在的问题、提高供应链绩效为目标。供应链是一个包含了需求端和供给端的整体系统，因此绩效改进需通过提高各环节、节点的企业或部门的绩效，进而提高供应链整体绩效。

绩效改进是一个不断提升、不断发展的过程，并不是一蹴而就的。绩效改进不拘泥于一种方法、技术或策略，它强调通过分析问题、寻找原因、评估收益与成本比率把握市场机遇，提高供应链整体绩效。

6.2　绩效评价方法

6.2.1　SCOR 法

1．方法概述

SCOR 法的核心是供应链运作参考模型（Supply Chain Operations Reference，SCOR）。

这是一个标准的供应链流程参考模型，是供应链的诊断工具，能使企业之间准确地交流供应链问题，客观地评测其性能，确定性能改进目标。

SCOR 模型将业务流程再造、标杆比较和流程评测等概念集成到一个跨功能的框架中，能够帮助企业了解业务流程现状、推导出未来预期，量化相似企业的运营绩效，并且分析得出最佳绩效的管理实践和软件解决方案。

SCOR 模型描述了企业五大基本流程：计划、采购、生产、配送和退货。它定义了供应链运作参考模型的范围和内容，并确定了企业竞争目标绩效的基础。企业可通过对这五个基本流程供应链运作性能指标的分析做出基本的战略决策。SCOR 模型如图 6-1 所示。

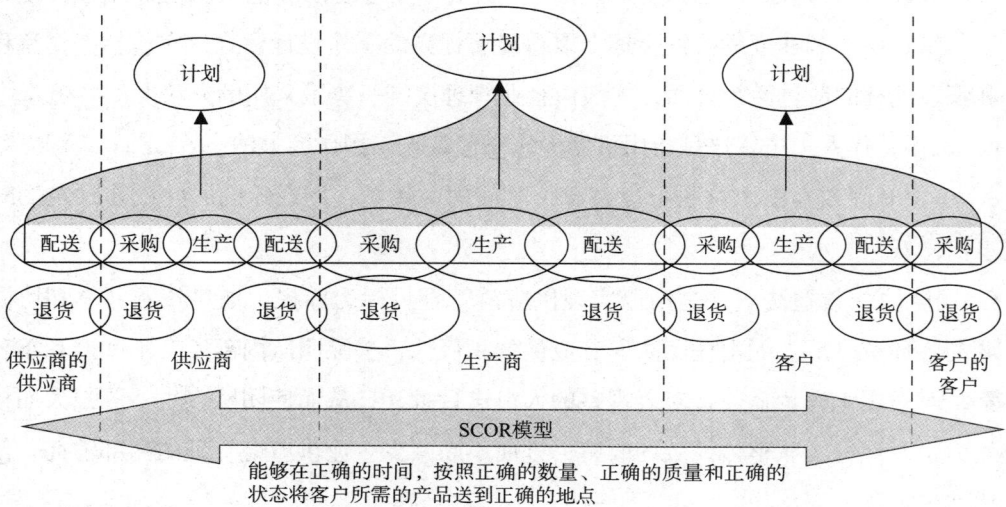

图 6-1　SCOR 模型

2．SCOR 模型分层

SCOR 模型可以分为三层，每一个层次都可以用于分析企业供应链的运作。各层的内容和功能如下。

（1）第一层：衡量绩效指标

这一层反映了供应链的性能特征，衡量了供应链的表现。衡量工作必须结合企业的目标，它适用于所评测的流程活动，并具备可重复性。

（2）第二层：配置层

这一层由各类标准流程类型组成。企业可选用该层定义的标准流程单元构建自身的供应链。

（3）第三层：流程元素层

这一层包括流程元素定义、流程绩效尺度、流程元素信息输入和输出、最佳运作方式及适用情况，以及系统能支持的最佳运作方式等。

3．SCOR 模型在供应链管理中的应用

（1）使用程序

使用 SCOR 模型时应遵守以下五个程序。

① 培训。根据模型实施情况对相关人员开展实施前的培训工作。

② 建模。根据企业的实际情况建立供应链运作参考模型。

③ 建立绩效评估卡。根据企业的需要建立供应链绩效评估卡。

④ 设计实施模型。根据绩效评估卡设计将来模型，开发供应链实施方案的原型。

⑤ 实施模型。开始实施供应链模型并进行不断的验证和改进。

（2）适用情况

SCOR 模型适用于以下五种情况。

① 为支持新产品生产而计划、建立和规划一家企业。

② 为企业进行供应链管理流程的再造。

③ 企业范围内实行 SCOR 流程，并将第一层的衡量标准作为管理层的评价标准。

④ 将物流工作组按照计划、采购、生产、配送和退货五大流程进行重组。

⑤ 用于多重组织中的协同预测，以及制定合同和采购订单。

6.2.2　平衡计分卡法

1．方法概述

平衡计分卡（Balanced Score Card）可以将对企业业绩的评价划分为财务、内部运营、客户、学习与发展四个维度。它不仅是一个指标评价系统，还是一个战略管理系统，是企业进行供应链绩效管理的有效工具。

2．平衡计分卡的四个维度

平衡计分卡的四个维度的具体内容如下。

（1）财务维度

我们向股东展示什么？企业经营的最终目的是盈利，只有盈利才能够使企业生存和发展。股东评价企业盈利状况的工具就是企业的财务状况，因此，平衡计分法将财务维度作为焦点。

（2）客户维度

客户怎样看待我们？企业要想在市场中立足并不断扩大其市场份额，就必须获得客户的认同，创造出满足客户需求的产品。

（3）内部运营维度

我们必须擅长什么？内部运营维度突破了传统考核仅仅针对组织生存的方式，更强调企业的独特竞争优势，使企业与竞争对手区别开来。

（4）学习与发展维度

企业能否继续创造更多的价值？学习与发展维度强调的是企业的可持续发展能力，避免企业发展出现短视行为。

3．平衡计分卡在供应链管理中的应用

（1）确立企业的供应链战略

通过调查采集企业供应链各种相关信息资料，运用 SWOT 分析、目标市场价值定位分析等方法对企业内外部环境和供应链管理现状进行系统全面的分析，进而确立企业的供应链战略。

（2）就企业的供应链战略达成共识

与企业的所有员工沟通企业的供应链战略，使其就企业的供应链战略达成共识。根据供应链战略，从财务、客户、内部运营和学习与发展四个维度设定具体的绩效考核指标。

（3）量化考核指标的确定

为四个维度的具体目标找出具体的、可量化的业绩考核指标。

（4）企业内部沟通与教育

加强企业内部沟通，利用各种信息传输渠道和手段，如刊物、宣传栏、电视、广播、标语、会议等，针对企业的供应链战略，对相关人员进行深入的传达和解释，并把绩效目标及具体的衡量指标落实到各级组织，乃至基层的每一位员工。

（5）绩效目标值的确定

确定每年、每季、每月的业绩衡量指标的具体数字，并与企业的计划和预算相结合。将每年供应链管理相关人员的浮动薪酬与绩效目标值的完成程度挂钩，形成绩效奖惩机制。

（6）绩效考核的实施

为切实保障平衡计分卡的顺利实施，应当不断强化各种管理基础工作，如完善人力资源信息系统、加强定编定岗定员定额、促进员工关系和谐、注重员工培训与开发等。

（7）绩效考核指标的调整

考核结束后，及时汇报企业各个模块的绩效考核结果，听取员工的意见，通过评估与反馈分析对相关考核指标做出调整。

4．平衡计分卡法在实践中存在的主要问题

（1）企业高层领导对平衡计分卡的价值认识不足

平衡计分卡的操作方式一般是自上而下的，需要得到企业高层领导的持续关注。但现实情况是很多企业一般只将其作为绩效考核的工具，而不是将其作为战略管理工具。

（2）宣传、培训、沟通力度不够

在实际操作过程中，通常企业高层领导对企业的经营战略很清楚，但下属员工不是很了解，企业没有将战略成功地转化成确保能够实现目标的行动方案，甚至没有发展成衡量员工执行各种方案的绩效指标，从而导致平衡计分卡无法发挥其应有的作用。

（3）技术层面的障碍

技术层面的障碍主要是绩效考核指标值及其权重的确定。例如，销售部的客户拜访数量这一指标尽管是量化的，但指标的真伪很难分辨，这会直接影响其权重高低，从而进一步影响考核效果。

6.2.3　ROF 法

1．方法概述

ROF 法中的"R"是指资源（Resources）；"O"是指产出（Output）；"F"是指柔性（Flexibility）。

之所以在强调资源和产出的同时强调柔性，是因为在传统的链评价中资源评价和产出评价已经得到了非常广泛的应用，柔性则鲜有人注意。

2．ROF 法中的三项指标

ROF 法中的三项指标对应不同的绩效评价目标。

（1）资源

资源主要包括仓储与库存、人力资源、设备资源、工业能源等，资源评价是针对这些资源的使用效率进行的。

（2）产出

产出是指生产出的内容，对产出的评价主要是从质量、数量及客户满意度三个方面进行的。

（3）柔性

柔性是指快速响应变化的能力。柔性由三种能力构成，即缓冲、适应与创新。

在供应链管理中，缓冲是指抵御供应链环境变化的能力，适应是指在发生变化时的调整能力，创新是指采用新行为、新举措来消除环境变化的影响甚至改变外部条件的能力。

ROF 法的三项指标是相互作用的，三者之间的关系如图 6-2 所示。

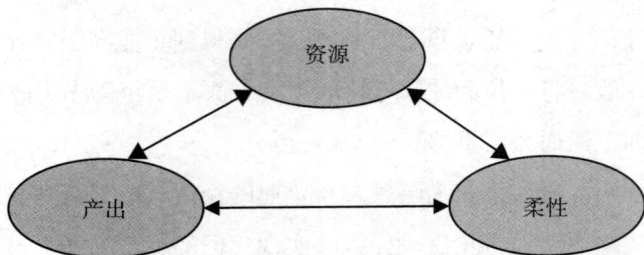

图 6-2　ROF 法中的三项指标之间的关系

3．ROF 法在供应链管理中的应用

ROF 法是宏观性的评价方法，相比具体的考核方法，它更像一个评价方向、评价战略。企业在供应链管理中采用这种方法时要注意以下三点。

（1）明确柔性概念，提高应变能力

很多企业对供应链管理中的运营风险和环境变化无法做出及时反应，欠缺抵抗和适应变化的能力，这都是由没有柔性概念、缺乏这方面的意识和考核而导致的。供应链上下游是紧密相连的，但它并非一条连续不断的单独存在的线，而是由各条不同功能的线有机结合而成的。这种特性决定了供应链运作过程中会出现各种问题，企业如果没有树立应变思维，培养应变能力，就无法抵御供应链管理中遇到的各种风险。

（2）细化评价指标

前文已经提到，ROF 法中的三项指标是相互作用的，三者的绩效评价操作也应是紧密结合的。企业可采用 ROF 法评价供应链管理全过程，也可只针对某个环节进行评价（如采购、物流、生产等）。在实际评价中，企业可将 ROF 三大方面的评价内容细化。例如，资源可细化为设备数量、设备损耗、人力成本等；产出可细化为产量、合格率、良品率等；柔性可细化为各环节具体的操作细则，并将一些重要步骤形成规范，如人员、设备必须一日三检等。

（3）建立评价体系

指标细化后，企业要针对供应链管理建立以 ROF 为基础的绩效评价体系。企业可着眼全局，建立针对供应链管理全过程的评价体系，也可只针对某一过程建立评价体系。

6.2.4　ABC 法

1．方法概述

ABC 法即作业成本法（Activity Based Costing，ABC），是一种通过对所有作业活动进行动态追踪，根据各项作业费用的消耗情况将成本进行合理分配的成本计算方法。它是对传统成本计算方法的创新。

作业成本法将直接成本和间接成本（包括期间费用）作为产品消耗作业的成本同等地对待，从而拓宽了成本的计算范围，使计算出来的产品成本更准确。

有管理学家将作业成本法描述为"基于活动的成本管理"。例如，在聚餐中，常规的费用分摊方法是按总费用均摊，但作业成本法下是喝红酒的支付红酒的费用，喝白酒的支付白酒的费用，吃青菜的支付青菜的费用，吃海鲜的支付海鲜的费用。如此计算可能会使计算过程更加烦琐，但对成本的把握更加准确。

2．作业成本法的实施步骤

作业成本法的具体实施一般遵从以下六个步骤。

（1）定义、识别和选择主要作业，以便根据作业开展同质作业库的工作。

（2）归集资源费用到同质成本库（这些资源通常可以从企业的总分类账中得到，但总分类账并无执行各项作业所消耗资源的成本）。

（3）资源费用归集后，企业应从中选择一个成本动因作为计算成本分配率的基准。

（4）计算成本库分配率，以便确定成本动因的成本。计算成本库分配率时，企业要考虑成本动因资料是否易于获得、成本动因和消耗资源之间相关程度等。

（5）成本分配率计算后，企业应将作业库中的费用分配到各产品上去，即某产品成本动因成本 = 某成本库分配率 × 成本动因数量。

（6）成本动因成本计算完成后，企业应计算产品成本，即某产品成本 =∑（成本动因成本 + 直接成本），直接成本可单独作为一个作业成本库处理。

3．作业成本法在供应链管理中的应用

在流程性较强的供应链环境中，传统的成本管理方法往往不是很有用，因为传统上的成本中心很少与供应链的实际管理活动保持一致。供应链成本管理要从供应链视角出发，以供应链中的作业和交易为基础，通过分析间接费用来优化产品成本。因此，可分析的间接费用有两个内涵，即企业级的间接费用（即作业成本）和供应链级的间接费用（即交易成本）。

在供应链绩效评价中，作业成本法往往与其他评价模型搭配使用。例如，ABC-EVA供应链绩效评价模型就是将作业成本模型与经济增加值模型（Economic Value Added，EVA）结合而产生的，其目的是解决跨企业供应链绩效评价的难题。其中，作业成本模型分析成本和绩效的驱动因素，经济增加值模型分析资源收益和资源成本的差额，二者结合方能建立符合供应链管理目标的跨企业绩效评价解决办法。

第7章
供应链客户管理

7.1 客户服务政策与程序

7.1.1 客户服务政策制定流程

客户服务政策制定流程如图 7-1 所示。

主办部门	客户服务部	流程名称	客户服务政策制定流程

	总经办	供应链管理部	客户服务部	相关部门

确定客户服务目标与客户满意度调研

开始 → 提出客户服务策略制定申请 → 审核 → 审批

确定客户服务目标 ← 参与

客户满意度调研

组织制定客户服务策略

制定客户服务策略

召开客户服务策略制定研讨会 ← 配合

汇总各部门意见

客户服务策略确定与下达

起草客户服务策略 → 确定客户服务策略 → 审批（未通过/通过）

下达客户服务策略 → 结束

编修部门		签发人		签发日期

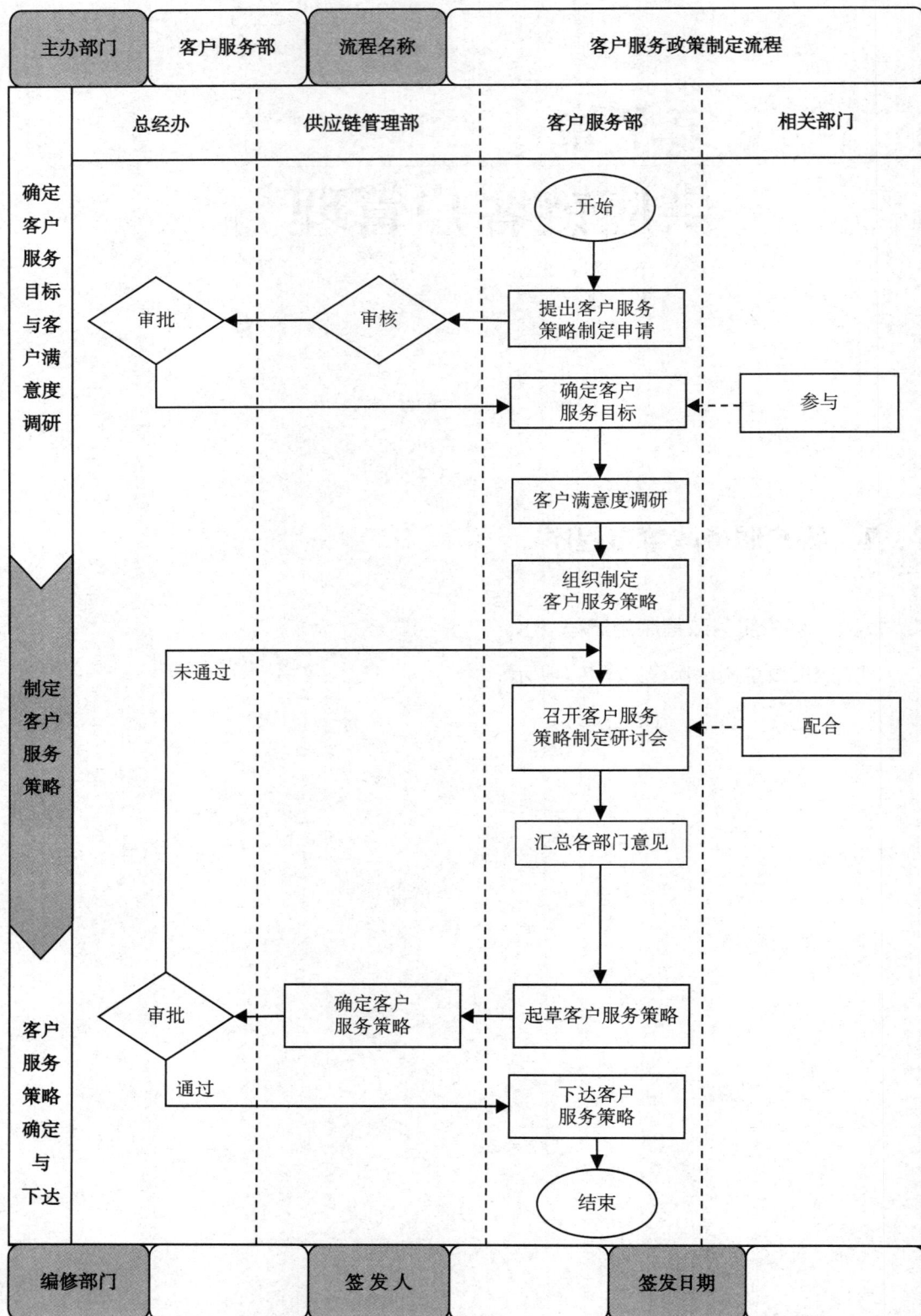

图 7-1　客户服务政策制定流程

7．1．2　客户服务管理流程

客户服务管理流程如图 7-2 所示。

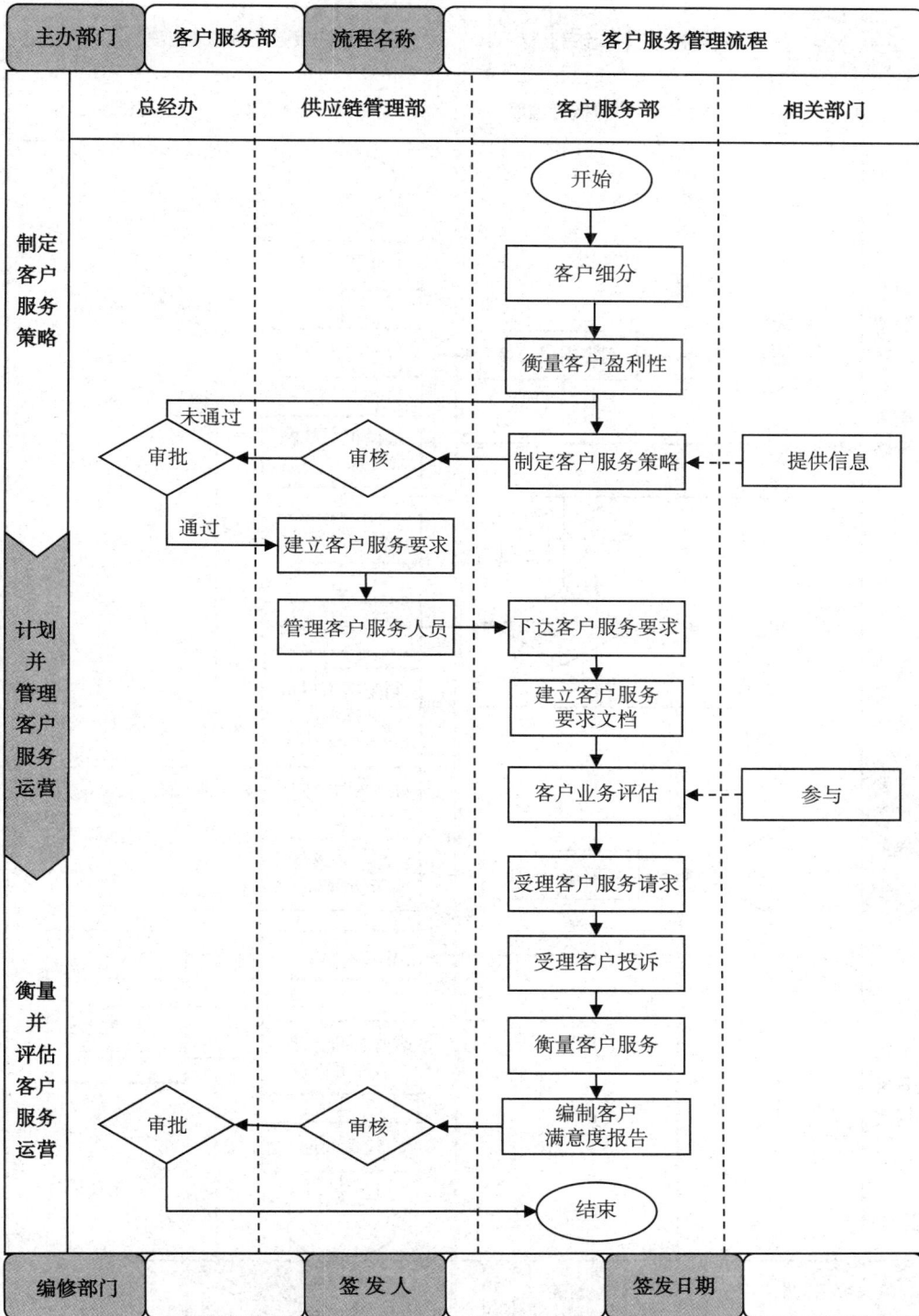

图 7-2　客户服务管理流程

7.1.3 客服服务渠道管理流程

客户服务渠道管理流程如图 7-3 所示。

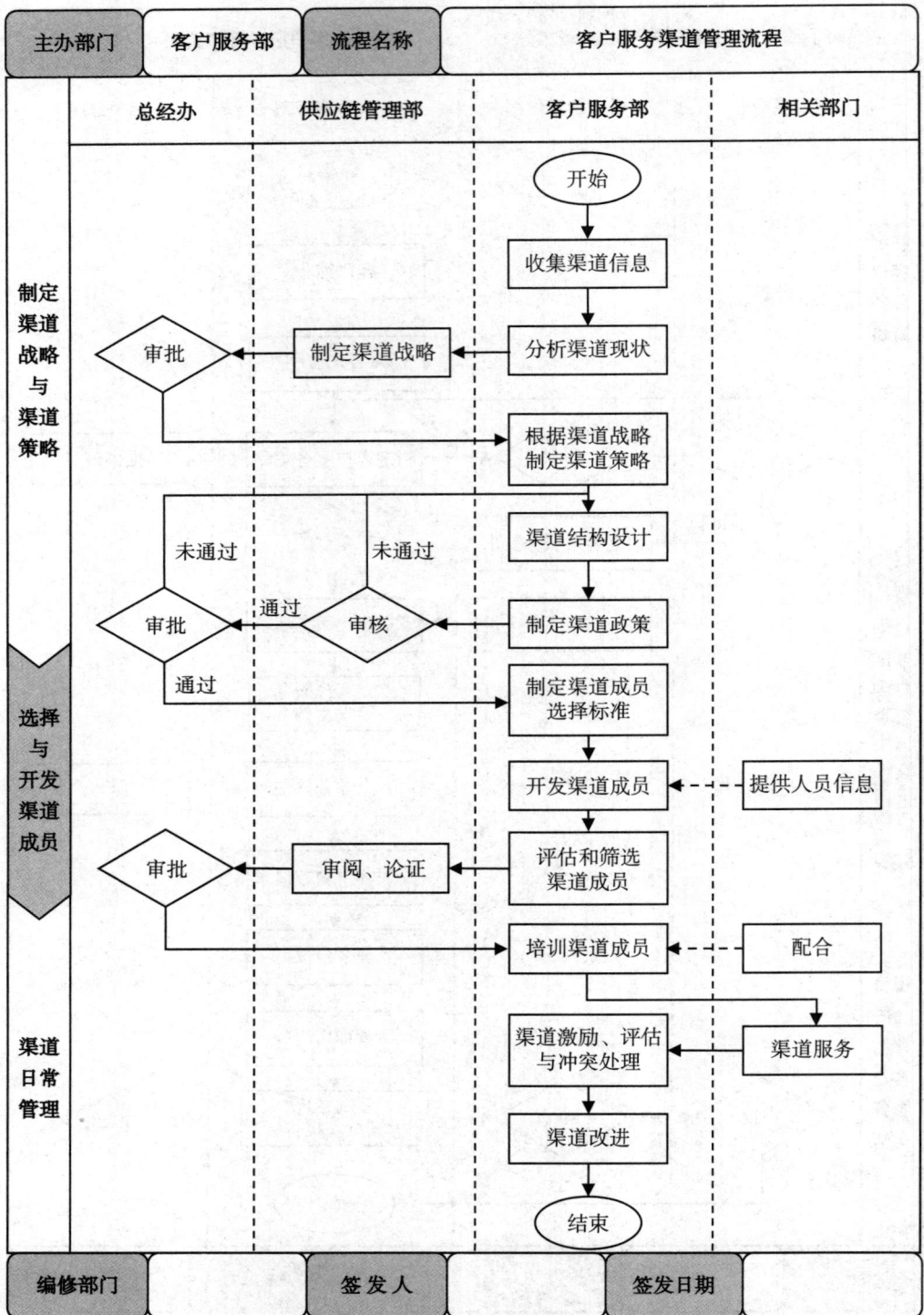

图 7-3 客户服务渠道管理流程

7.2 客户服务问题解决

7.2.1 客户问题接收、请求和查询流程

客户问题接收、请求和查询流程如图 7-4 所示。

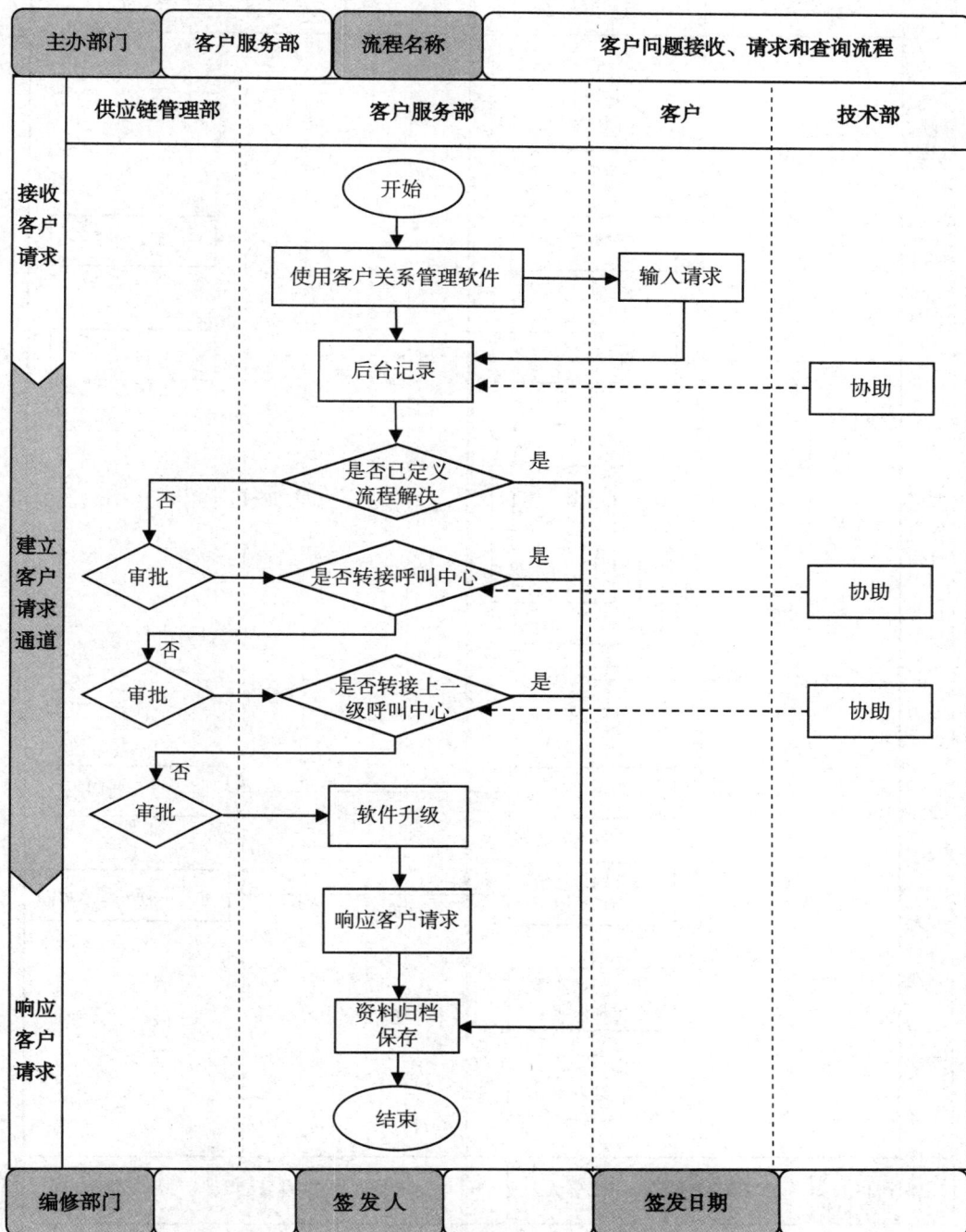

图 7-4 客户问题接收、请求和查询流程

7．2．2　客户问题分析、请求和查询流程

客户问题分析、请求和查询流程如图 7-5 所示。

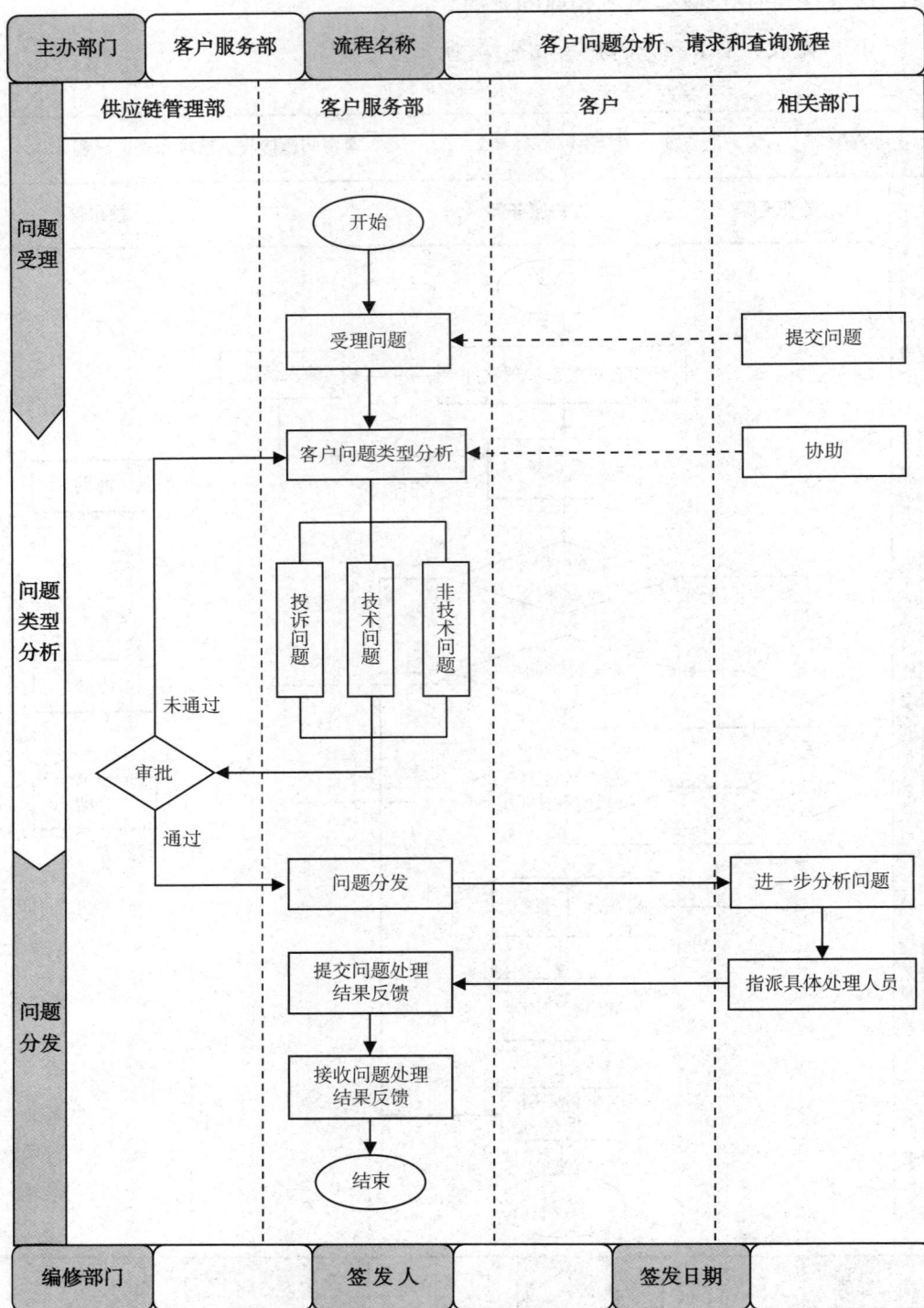

图 7-5　客户问题分析、请求和查询流程

7.2.3 客户问题解决、请求和查询流程

客户问题解决、请求和查询流程如图 7-6 所示。

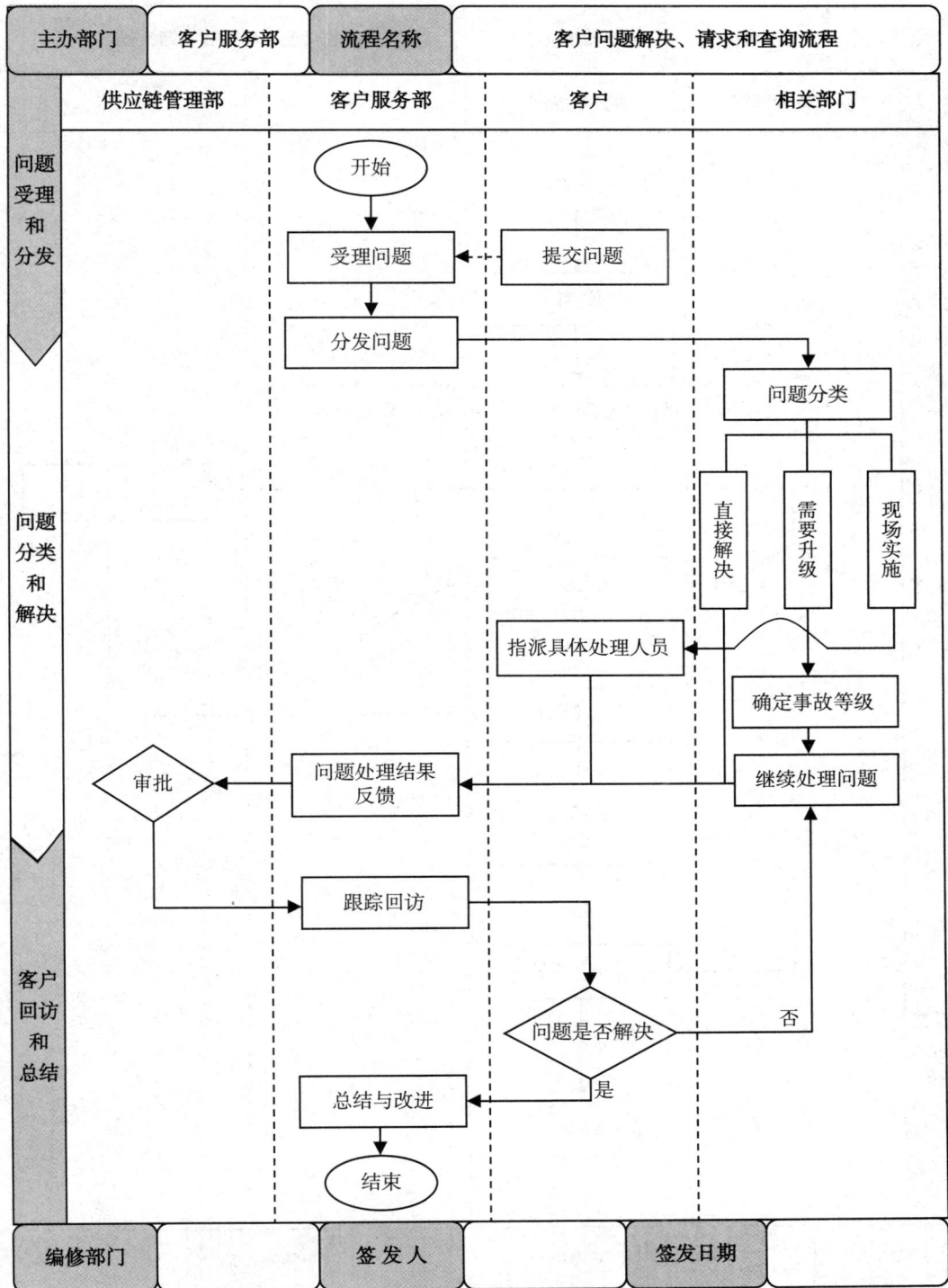

图 7-6 客户问题解决、请求和查询流程

7.2.4 客户问题反馈、请求和查询流程

客户问题反馈、请求和查询流程如图 7-7 所示。

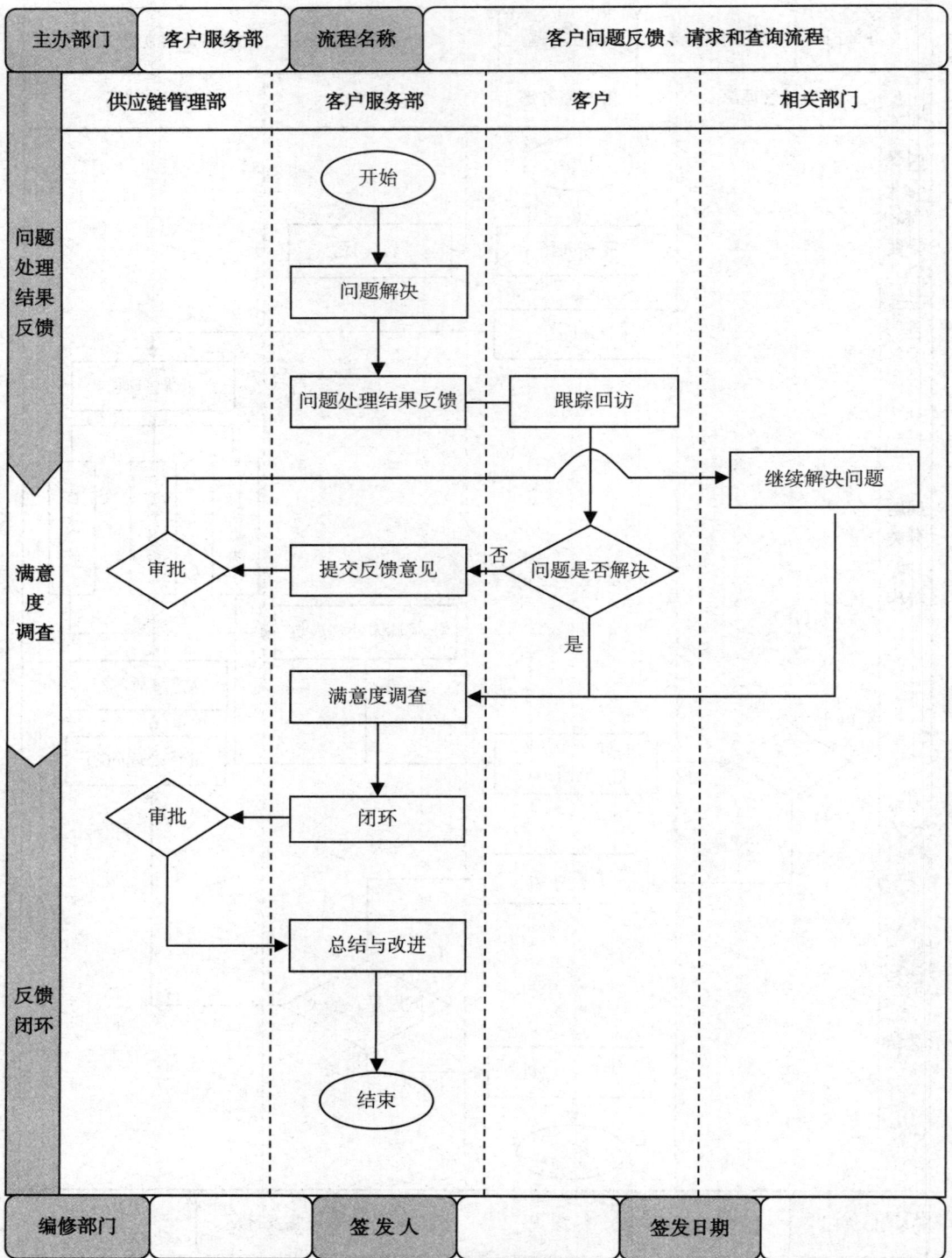

图 7-7 客户问题反馈、请求和查询流程

7.2.5　客户投诉接收、解决和回复流程

客户投诉接收、解决和回复流程如图 7-8 所示。

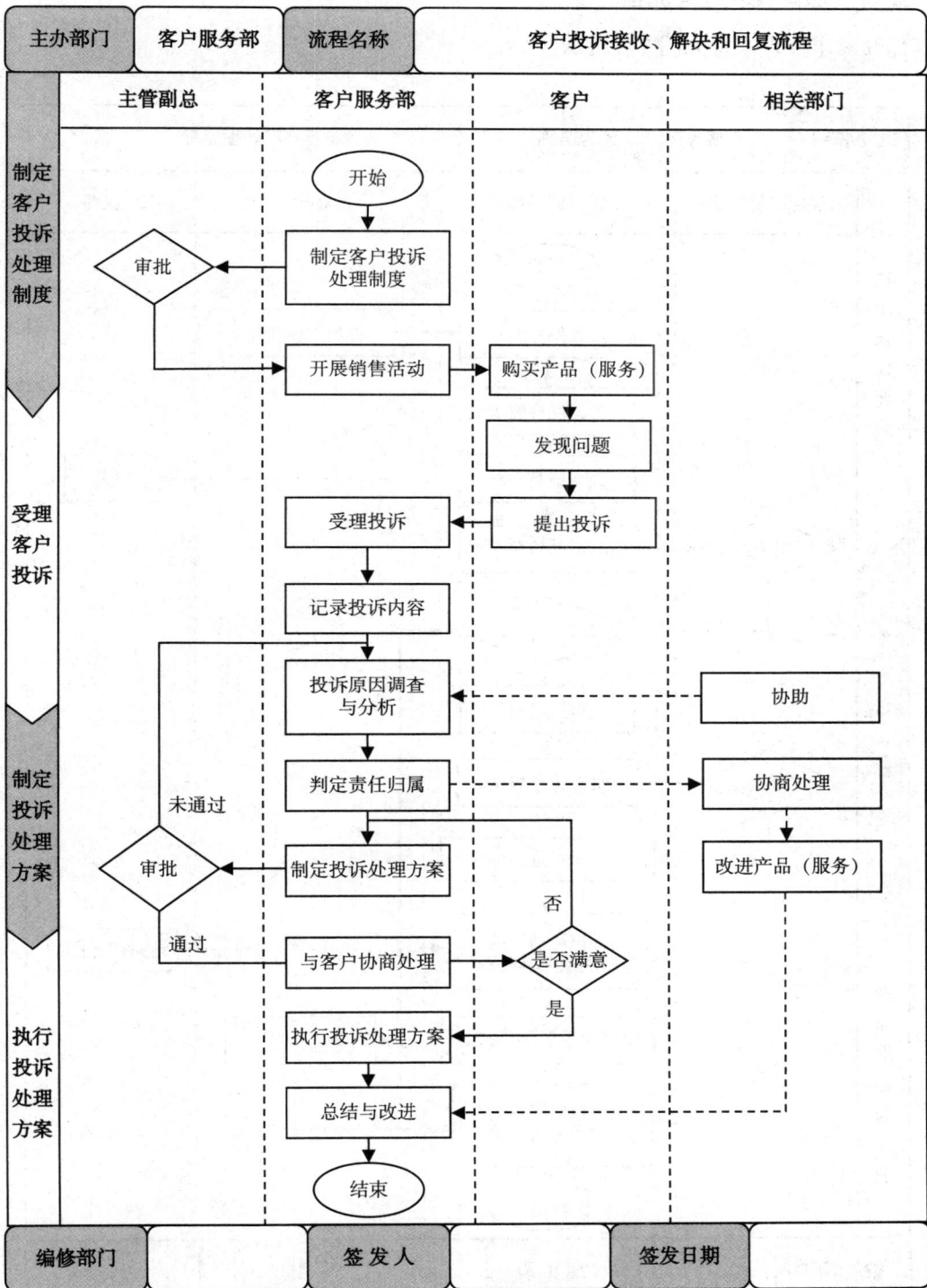

主办部门	客户服务部	流程名称	客户投诉接收、解决和回复流程

	主管副总	客户服务部	客户	相关部门
制定客户投诉处理制度	审批	开始 → 制定客户投诉处理制度		
		开展销售活动 →	购买产品（服务）	
			发现问题	
受理客户投诉		受理投诉 ←	提出投诉	
		记录投诉内容		
		投诉原因调查与分析		协助
制定投诉处理方案	未通过 / 通过　审批	判定责任归属		协商处理 → 改进产品（服务）
		制定投诉处理方案		
		与客户协商处理 →	是否满意（否/是）	
执行投诉处理方案		执行投诉处理方案		
		总结与改进		
		结束		

编修部门		签发人		签发日期	

图 7-8　客户投诉接收、解决和回复流程

7.3 产品售后服务管理

7.3.1 保修要求处理流程

保修要求处理流程如图 7-9 所示。

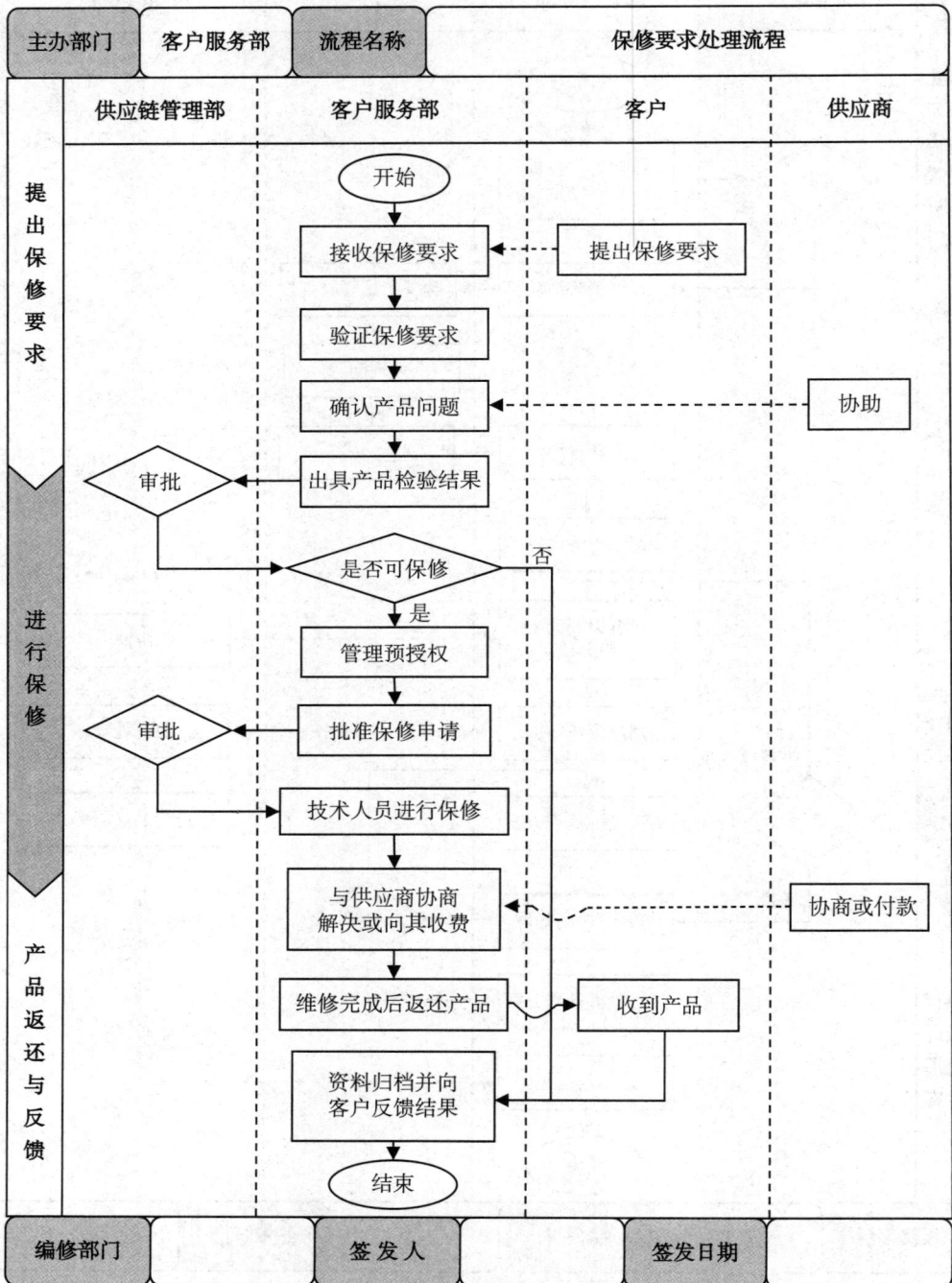

主办部门	客户服务部	流程名称	保修要求处理流程	
	供应链管理部	客户服务部	客户	供应商

```
提出保修要求：
                        开始

                        接收保修要求  ◄---  提出保修要求

                        验证保修要求

                        确认产品问题  ◄--------------------  协助

            审批  ◄---  出具产品检验结果

进行保修：
                        是否可保修  ---否

                        管理预授权  ↓是

            审批  ◄---  批准保修申请

            ---►  技术人员进行保修

产品返还与反馈：
                        与供应商协商
                        解决或向其收费  ◄------  协商或付款

                        维修完成后返还产品  ----►  收到产品

                        资料归档并向
                        客户反馈结果

                        结束
```

编修部门		签发人		签发日期	

图 7-9　保修要求处理流程

196

7.3.2　供应商产品回收管理流程

供应商产品回收管理流程如图 7-10 所示。

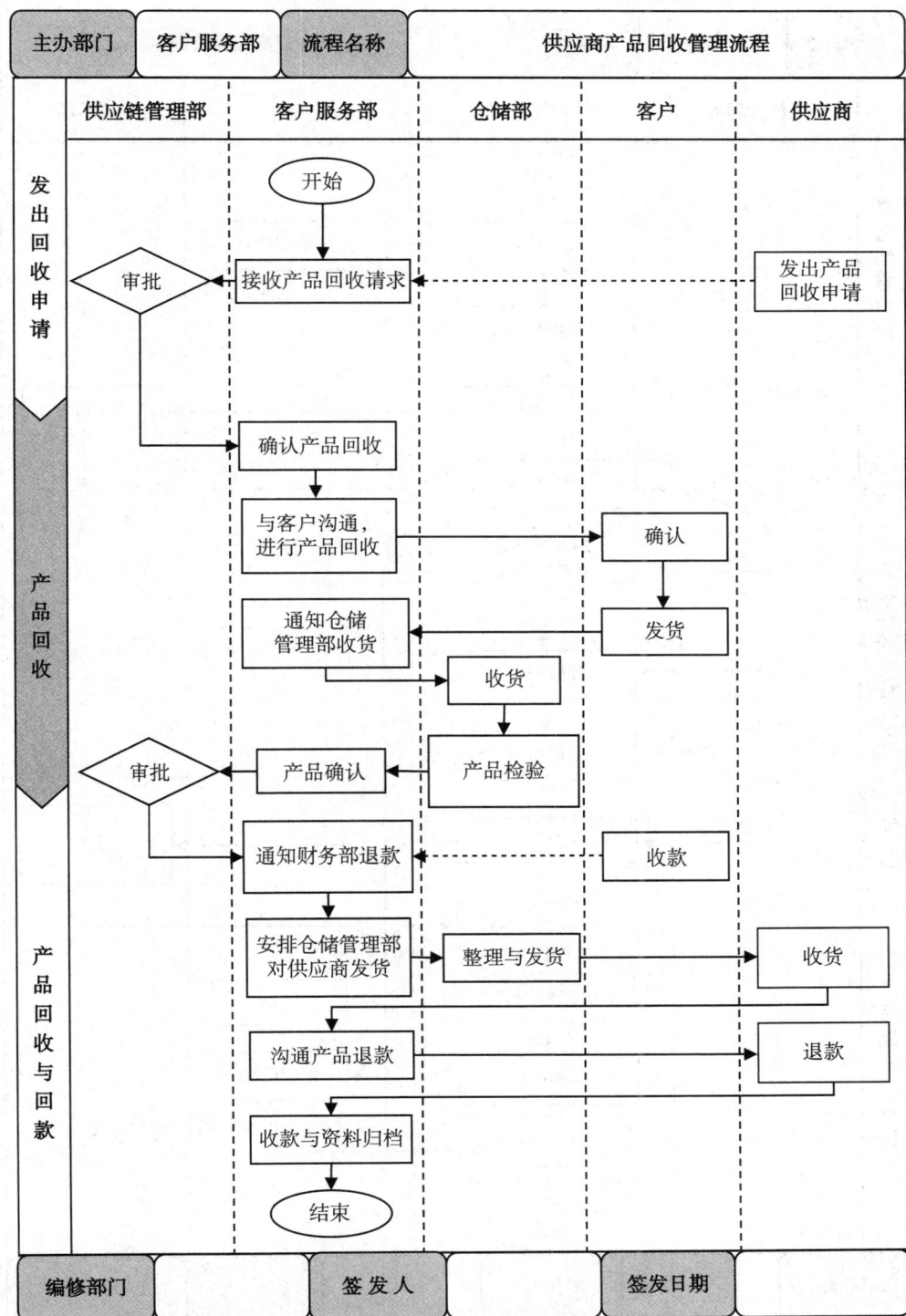

图 7-10　供应商产品回收管理流程

7.3.3 产品维修管理流程

产品维修管理流程如图 7-11 所示。

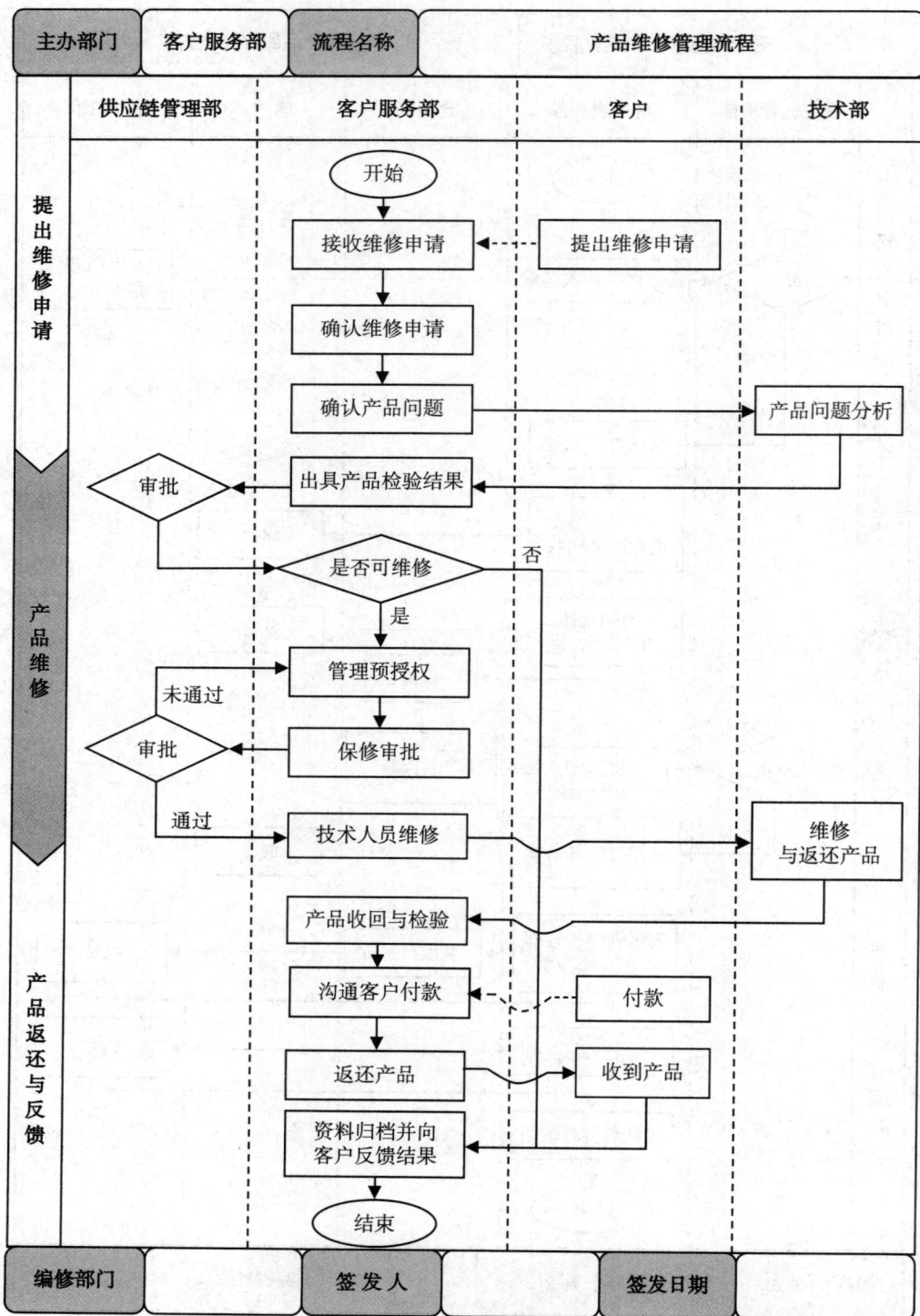

图 7-11　产品维修管理流程

7.3.4 产品退货管理流程

产品退货管理流程如图 7-12 所示。

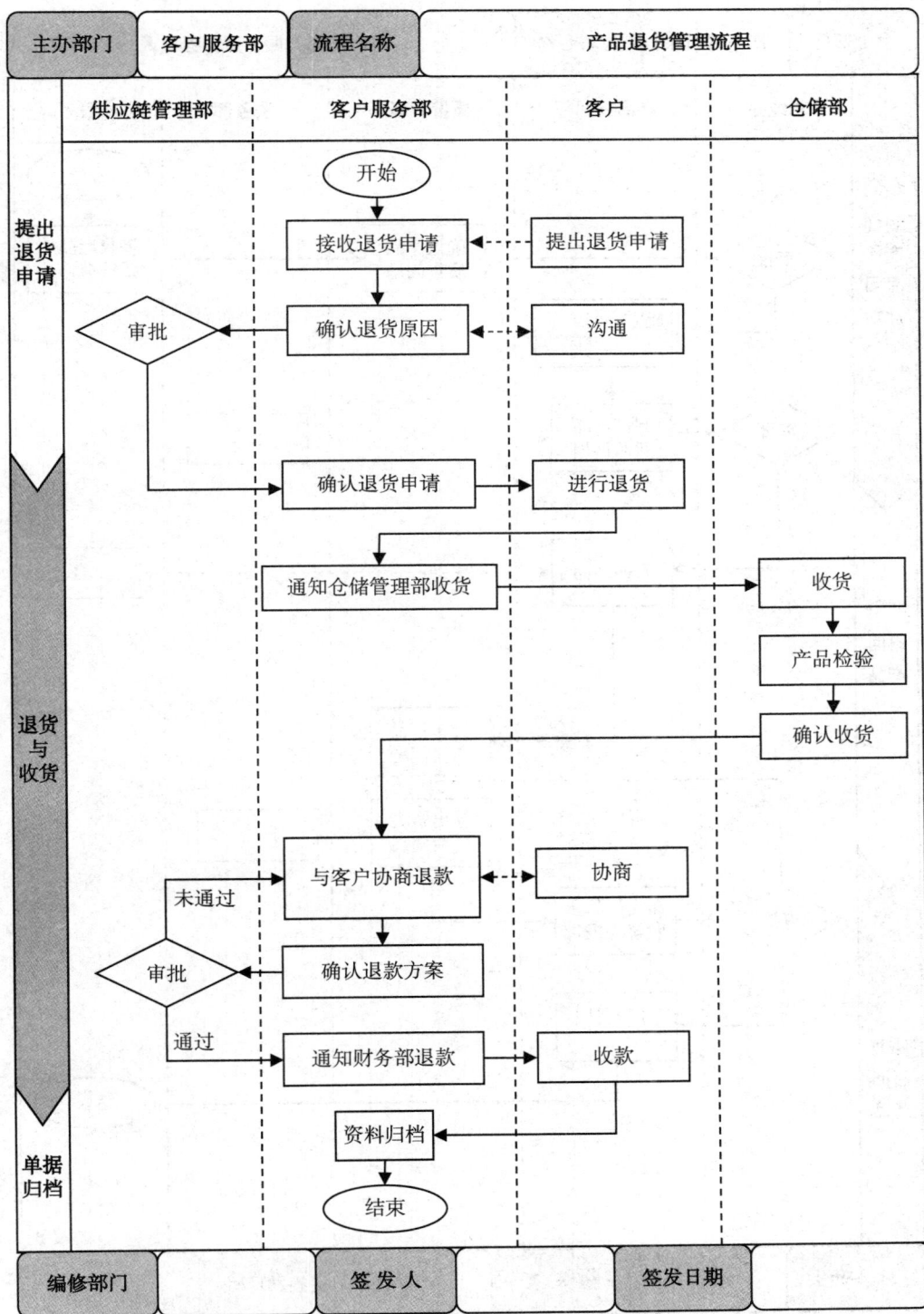

图 7-12 产品退货管理流程

7. 3. 5 产品召回管理流程

产品召回管理流程如图 7-13 所示。

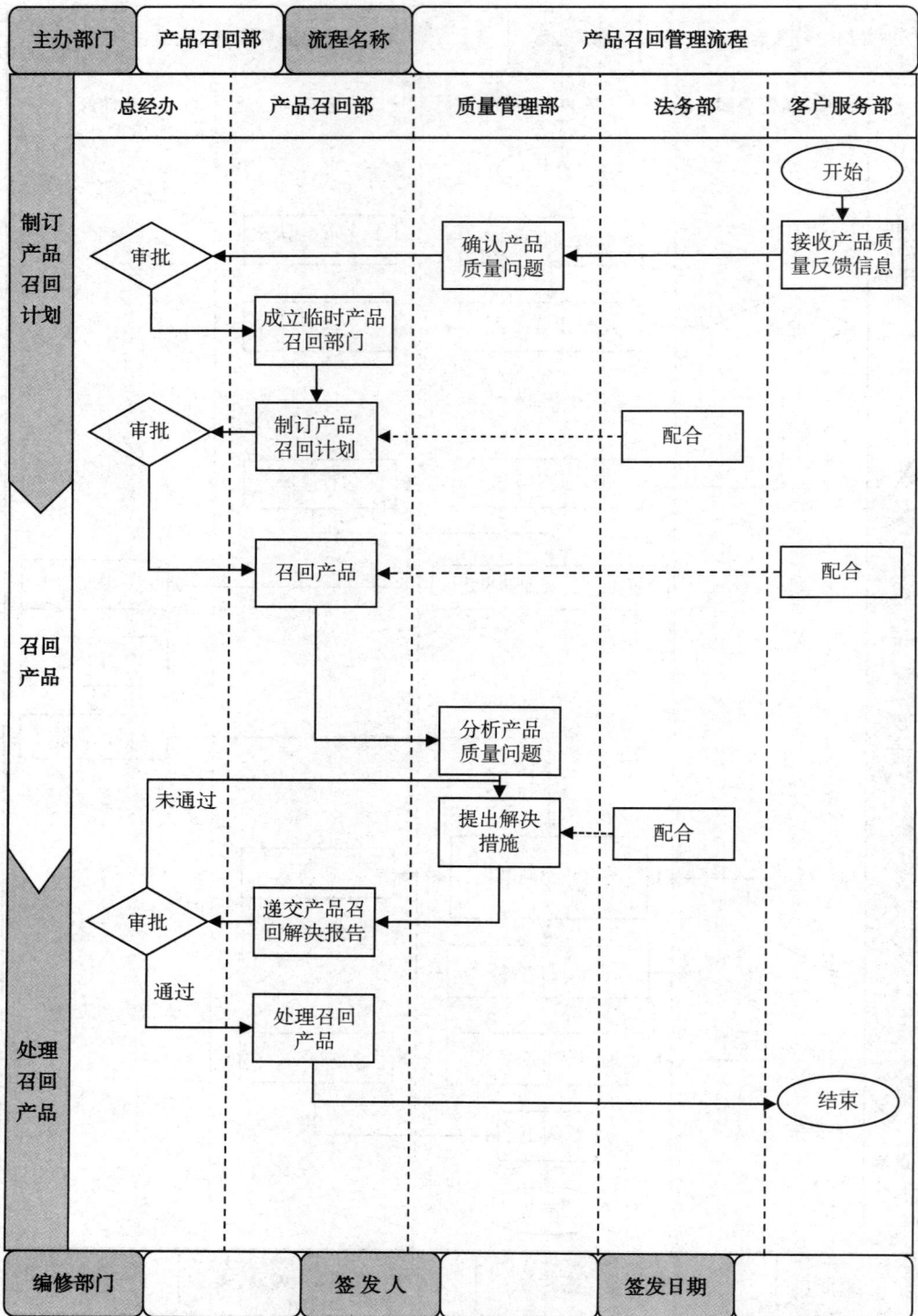

图 7-13　产品召回管理流程

7．4 客户服务运营评价与满意度管理

7．4．1 客户满意度管理流程

客户满意度管理流程如图 7-14 所示。

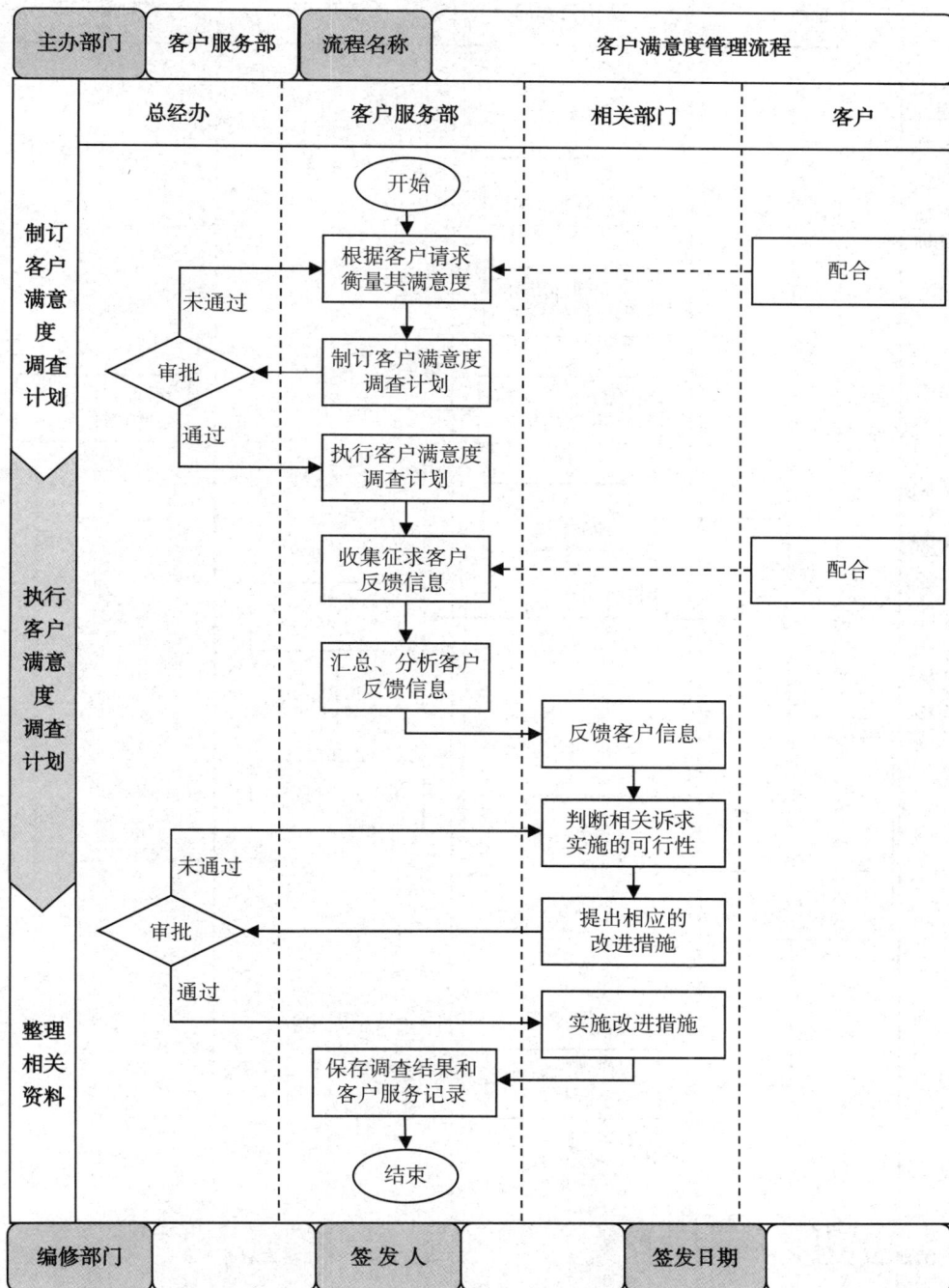

图 7-14 客户满意度管理流程

7.4.2 保修绩效评估流程

保修绩效评估流程如图 7-15 所示

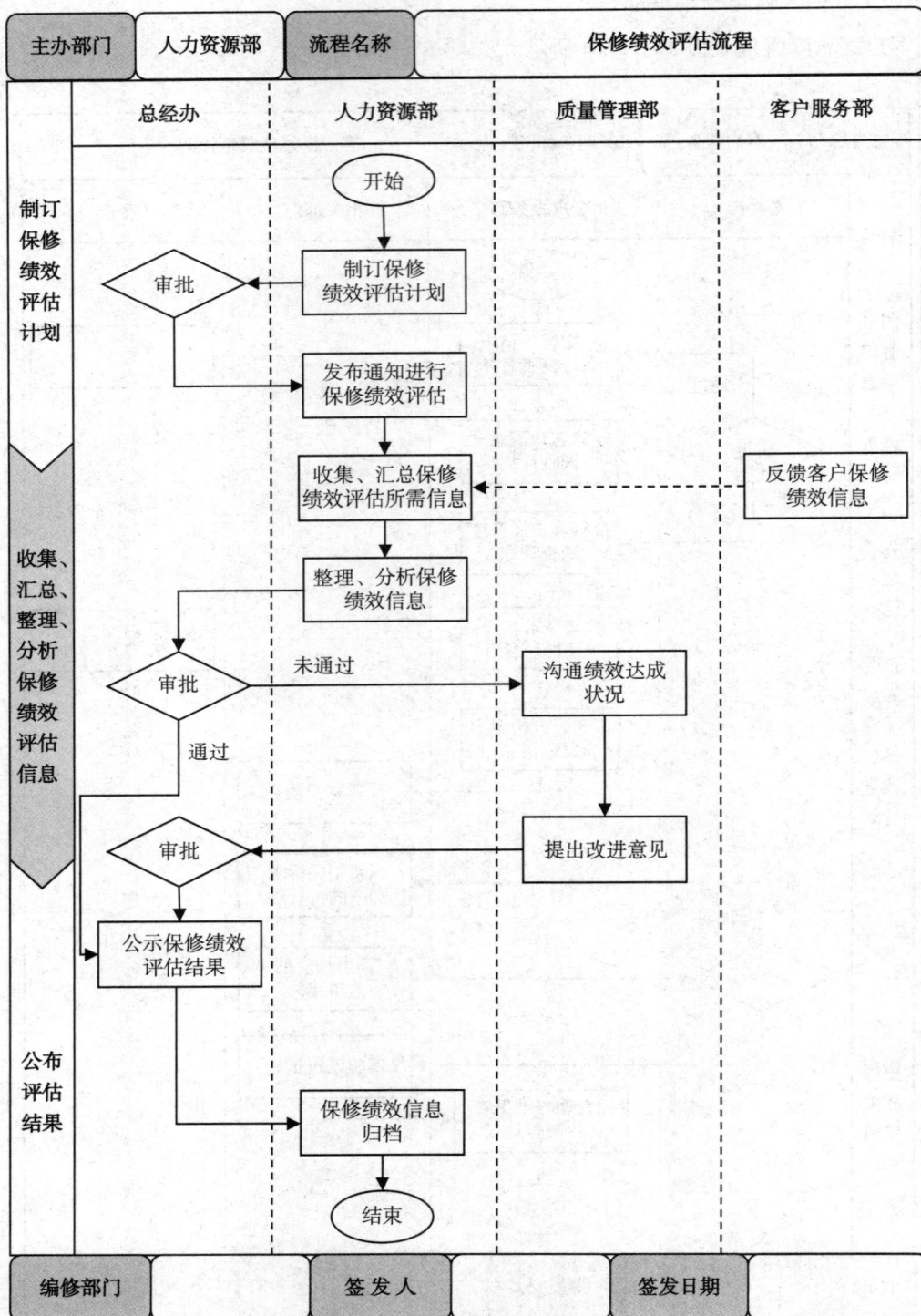

图 7-15　保修绩效评估流程

第 8 章
供应链过程管理

8.1 过程控制

8.1.1 需求准确性控制

需求准确性控制强调的是对需求内容的精准控制,这是需求管理的重要内容。需求准确性是对企业精细化、标准化、规范化运营所提出的要求。精准的需求有利于避免资源浪费、节约企业生产运营成本,给企业带来更大的利润空间。

在实际操作中,采购部(常见的需求管理部门)最好编制规范的需求规格说明书,以便获取准确的需求信息。需求准确性的控制主要从以下三个方面进行。

1. 需求来源控制

需求来源是指需求产生之处。在供应链的背景下,需求首先来源于市场,市场的需求反映到生产,生产的需求又反映到采购。这是需求来源的宏观反映过程。

具体而言,供应链背景下的需求主要来自以下五个部门。

(1)营销部

营销部的需求主要是通过对销售结果进行分析所得到的产品需求。市场部将产品需求反馈给企业决策层,企业决策层则进一步考虑产品需求背后的生产需求和采购需求。

(2)生产部

生产部的需求即生产需求很明确,主要包括生产资料和生产设备两个方面。生产需求往往是由生产计划和生产实际决定的。

（3）仓储部

仓储部的需求主要是根据库存统计分析和即将抵达的物料或产品所得到的仓储需求，它一般体现在仓储设备上。

（4）物流部

物流部的需求一般体现在运输设备上。

（5）一般职能部门

一般职能部门的需求主要体现在办公设备、管理设备上。

以上是常见的需求来源。从供应链角度看，这些需求最后都会反馈到采购部，形成采购需求。

采购部进行需求准确性控制，首先要做的就是控制需求来源。这要求采购部提高需求识别能力，针对不同的需求来源，制定相应的采购政策。

2．需求内容控制

需求内容一般包括三个方面，即生产资料、生产设备、办公用品。

（1）生产资料

生产资料又称物料，是指企业生产经营过程中所需要的各类原料、辅料、零件、半成品等。

（2）生产设备

生产设备是指各部门在日常作业中所需要的操作仪器、设备，一般有生产设备、质量监测仪器、技术仪器等。

（3）办公用品

办公用品是指计算机、打印机、桌椅、文具等常见的办公设备。

采购部要明确需求内容的类型。有些需求可能是随时产生、随时解决的，如临时需要的生产设备、仪器等；有些需求是定期产生和定期解决的，如生产资料和常规的生产设备，这些物资往往是根据计划定期采购的，不会随意增减。

除了需求类型，采购部对需求内容的控制还体现在对品牌、价格、型号、数量等内容的控制上。对于同一类型的需求，如生产设备，用哪个品牌、哪个系列，一般由已有供应商决定或考察供应商后决定。对于价格、数量等因素，采购部要与需求产生部门及供应商密切沟通，保证品牌准确、型号准确、价格合理、数量准确。

3．需求使用控制

需求使用，看起来是采购完成后的事项，但其实也可以通过一定的方式在采购前加以控制。需求使用控制主要是控制需求的合理性。需求合理性是指需求产生的时间合理、内容合理、价格合理、数量合理，要避免产生不合理的需求，避免资源浪费，从而保证需求的合理性、恰当性、准确性。

具体而言，采购部在收到需求申请后，首先要查看需求计划，若生产经营情况无变动，则不能无原则地满足不在需求计划之内的申请；对于临时、确有必要的计划之外的需求，采购部要与需求产生部门及企业决策层共同商议，保证需求有理、采购有据。

8.1.2　招标合规控制

招标是最常见的采购方式，招标操作较为复杂，涉及内外部单位较多，招标过程若控制不当，出现不合规操作，不仅可能导致经济损失，还可能导致法律风险。招标过程中的关键事项通常是招标合规管理的主要控制点，企业要从这些方面入手，做好招标合规控制。

1. 招标人控制

（1）内涵

《中华人民共和国招标投标法》（以下简称《招标投标法》）规定："招标人是依照本法规定提出招标项目、进行招标的法人或者其他组织。"由此可见，招标人是招标发起方，而且是法人而非自然人。

（2）控制内容

招标人控制主要是指招标方对自身资质进行检查。按照相关法律规定，招标人应具备以下四个条件：

① 必须依法成立；

② 必须具有必要的财产（企业法人）或经费（机关、社会团体、事业单位法人）；

③ 有自己的名称、组织机构和场所；

④ 能够独立承担民事责任。

企业要进行招标工作，首先要检查自身资质，确保企业是依法合规经营的。

2. 招标项目控制

（1）内涵

招标人必须提出招标项目从而进行招标。所谓提出招标项目，是指企业根据实际情况和相关法律规定，提出和确定拟招标的项目，办理有关审批手续，落实项目的资金来源等。

（2）控制内容

招标项目控制关键之处在于取得相关批准。《招标投标法》明确规定："招标项目按照国家有关规定需要履行项目审批手续的，应当先履行审批手续，取得批准。"

3．招标方式控制

（1）内涵

招标可分为公开招标和邀请招标。公开招标是指招标人以招标公告的方式邀请不特定的法人或其他组织投标。邀请招标是指招标人以投标邀请书的方式邀请特定的法人或其他组织投标。

（2）控制内容

两种招标方式有各自的要求。企业在进行招标时要确认不同方式的具体要求，选择符合要求的招标方式。

具体而言，根据相关法律规定，招标人采用公开招标方式的，应当发布招标公告；国有资金控股或占主导地位的企业依法必须进行招标的项目，应当公开招标；招标公告应当通过国家指定的报刊、信息网络或其他媒介发布。

招标人采用邀请招标方式的，应当向三个以上具备承担招标项目的能力、资信良好的特定法人或其他组织发出投标邀请书，但须符合下列情形之一：技术复杂、有特殊要求或受自然环境限制，只有少量潜在投标人可供选择；采用公开招标方式的费用占项目合同金额的比例过大。

企业在进行招标时，要根据自身资质、招标项目来决定采用何种招标方式。

4．代理机构控制

（1）内涵

由于招标工作步骤较多、涉及面广，很多企业可能没有能力或精力全面负责招标工作。根据相关法律规定，招标人有权自行选择招标代理机构。招标代理机构是依法设立、从事招标代理业务并提供相关服务的社会中介组织。

（2）控制内容

如果企业选择委托招标代理机构进行招标，那么企业需要注意从以下三个方面进行合规控制。

① 招标代理机构的资质问题。根据相关法律规定，招标代理机构应当具备下列条件：有从事招标代理业务的营业场所和相应资金；有能够编制招标文件和组织评标的相应专业力量。企业要先审查招标代理机构的资质，再与其签订书面委托合同，合同约定的收费标准应当符合国家有关规定。

② 不得干涉原则。根据相关法律规定，招标代理机构在招标人委托的范围内开展招标代理业务，任何单位和个人不得非法干涉。

③ 规避原则。根据相关法律规定，招标代理机构不得在所代理的招标项目中投标或代理投标，也不得为所代理的招标项目的投标人提供咨询。

5．招标文件控制

（1）内涵

根据相关法律规定，招标人应当根据招标项目的特点和需要编制招标文件。招标文件的编制质量和深度关系着整个招标工作的成败，因此，企业要重视招标文件。无论企业在具备能力的情况下自行编制，还是委托招标代理机构进行编制，都要确保招标文件内容完整、准确、详尽、规范。

（2）控制内容

对于具体控制要点，要以相关法律规定为准。

① 招标文件的内容。根据相关法律规定，招标文件应当包括招标项目的技术要求、对投标人资格审查的标准、投标报价要求和评标标准等所有实质性要求和条件及拟签订合同的主要条款。国家对招标项目的技术、标准有规定的，招标人应当按照其规定在招标文件中提出相应要求。

② 招标文件不得要求或标明特定的生产供应者及含有倾向或排斥潜在投标人的其他内容。

③ 招标人对已发出的招标文件进行必要的澄清或修改的，应当在招标文件要求提交投标文件截止时间至少 15 日前，以书面形式通知所有招标文件收受人。该澄清或修改的内容为招标文件的组成部分。

④ 招标人应当确定投标人编制投标文件所需要的合理时间；但是，依法必须进行招标的项目，自招标文件开始发出之日起至投标人提交投标文件截止之日止，最短不得少于20 日。

⑤ 招标人发售资格预审文件、招标文件收取的费用应当限于补偿印刷、邮寄的成本支出，不得以营利为目的。

⑥ 接受委托编制标底的中介机构不得参加受托编制标底项目的投标，也不得为该项目的投标人编制投标文件或提供咨询。

对于招标文件的控制要点，相关内容及禁止事项都有明确的法律规定，企业须对按照法律规定编制合法、规范、符合实际的招标文件。

6．资格预审控制

（1）内涵

资格预审是指投标前对获取资格预审文件并提交资格预审申请文件的潜在投标人进行

资格审查的一种方式。资格预审的目的是确定合格投标人名单,这在现代招标工作中比较常见。企业在进行资格预审工作时要注意从不同方面控制其合规性。

(2)控制内容

① 招标人采用资格预审办法对潜在投标人进行资格审查的,应当发布资格预审公告、编制资格预审文件。

② 依法必须进行招标的项目的资格预审公告和招标公告,应当在国务院有关部门依法指定的媒介发布。在不同媒介发布的同一招标项目的资格预审公告或招标公告的内容应当一致。指定媒介发布依法必须进行招标的项目的境内资格预审公告、招标公告时不得收取费用。

③ 编制依法必须进行招标的项目的资格预审文件和招标文件,应当使用国务院有关部门会同有关行政监督部门制定的标准文本。

④ 资格预审结束后,招标人应当及时向资格预审申请人发出资格预审结果通知书。未通过资格预审的申请人不具有投标资格。

⑤ 招标人可以对已发出的资格预审文件或招标文件进行必要的澄清或修改。澄清或修改的内容可能影响资格预审申请文件或投标文件编制的,招标人应当在提交资格预审申请文件截止时间至少 3 日前或投标截止时间至少 15 日前,以书面形式通知所有获取资格预审文件或招标文件的潜在投标人;不足 3 日或 15 日的,招标人应当顺延提交资格预审申请文件或投标文件的截止时间。

⑥ 潜在投标人或其他利害关系人对资格预审文件有异议的,应当在提交资格预审申请文件截止时间 2 日前提出;对招标文件有异议的,应当在投标截止时间 10 日前提出。招标人应当自收到异议之日起 3 日内做出答复;做出答复前,应当暂停招标投标活动。

⑦ 招标人编制的资格预审文件、招标文件的内容违反法律、行政法规的强制性规定,违反公开、公平、公正和诚实信用原则,影响资格预审结果或潜在投标人投标的,依法必须进行招标的项目的招标人应当在修改资格预审文件或招标文件后重新招标。

⑧ 招标人终止招标的,应当及时发布公告,或者以书面形式通知被邀请的或已经获取资格预审文件、招标文件的潜在投标人。已经发售资格预审文件、招标文件或已经收取投标保证金的,招标人应当及时退还所收取的资格预审文件、招标文件的费用,以及所收取的投标保证金和银行同期存款利息。

企业应根据实际情况,及时与代理机构或自有专业人士沟通,确保资格预审工作合规合法。

7．开标控制

（1）内涵

招标阶段的工作完成后，招标采购将进入开标阶段。开标应在招标通告所规定的时间、地点公开进行，由招标人组织，并邀请所有投标人参加。

（2）控制内容

开标工作的合规控制要点如下。

① 开标前。若在招标文件发售后需对原招标文件做变更或补充，或者发现有影响采购公正性的不正当行为，或者接到投标方的质疑或投诉，或者需变更、取消采购计划时，招标人可推迟开标时间，以书面形式通知投标人并向其致歉。

② 开标中。由投标人或其推选的代表以公开的方式检查投标文件的密封情况，确认无误后，由工作人员拆封并宣读投标人名称、投标价格及投标文件的其他主要内容。在开标过程中，招标人若对投标文件中的内容有疑问，可要求投标人做出简要的解释，但是解释内容不能超出投标文件的内容范围或改变原有的投标文件内容。在开标过程中，相关负责人要做好开标记录，主要记录项目的名称、招标号、投标人的名称及报价、截止后收到标书的处理情况等。

8．评标控制

（1）内涵

评标是指评标委员会和招标人依据招标文件规定的评标标准和方法对投标文件进行审查、评审和比较的行为。评标一般要建立评标小组或者评标委员会。

（2）控制内容

① 评标人员控制。评标合规控制主要是控制评标人员，即组成评标小组或评标委员会的人员。

关于评标人员的数量和结构，根据相关法律规定，依法必须进行招标的项目，其评标委员会由招标人代表和有关技术、经济等方面的专家组成，成员人数为 5 人以上单数，其中技术、经济等方面的专家不得少于成员总数的 2/3。与投标人有利害关系的人不得进入相关项目的评标委员会。非依法必须进行招标的项目，其评标人员结构可参照此规定控制。

② 评标人员要求。前文提到的专家应当从事相关领域工作满 8 年并具有高级职称或具有同等专业水平，由招标人从国务院有关部门或省、自治区、直辖市人民政府有关部门提供的专家名册或招标代理机构的专家库内的相关专业的专家名单中确定；一般招标项目可以采取随机抽取方式，特殊招标项目可以由招标人直接确定。

③ 评标委员会成员的名单在中标结果确定前应当保密。

9．定标控制

（1）内涵

评标完成后，招标委员会按照招标文件的规定对投标文件进行评审和比较，然后撰写评标报告，并向招标委员会推荐合适的中标候选人。招标人根据评标委员会的推荐清单，确定最终的中标候选人，或者授权评标委员会直接确定中标人。

（2）控制内容

定标阶段标志着招投标工作已进入尾声。招标方要注意做好收尾，确保收尾工作合规合法。

具体而言，评标委员会经过评审后，若认为所有投标均不符合招标文件要求，则可否决投标，招标人需重新招标；若有符合招标文件要求的，则评标委员会应确定中标候选人。一般情况下，若排位第一的中标候选人愿意签订采购合同，并且招标方没有收到与其相关的举报和其他负面信息，即可确定其为中标人。

在确定中标人后，招标人要及时向中标人发出中标通知书。

8．1．3 招标时间控制

1．内涵

在招标工作中，很多事项有时间要求。这些时间要求是有法律依据的，企业要关注这些内容，并在实际进行招标工作时严格遵守这些时间要求。

2．控制内容

招标工作中的时间规定如表 8-1 所示。

表 8-1 招标工作中的时间规定

序号	法律依据	具体内容
1	《招标投标法》第二十三条	招标人对已发出的招标文件进行必要的澄清或修改的，应当在招标文件要求提交投标文件截止时间至少 15 日前，以书面形式通知所有招标文件收受人。该澄清或修改的内容为招标文件的组成部分
2	《招标投标法》第二十四条	招标人应当确定投标人编制投标文件所需要的合理时间，但是，依法必须进行招标的项目，自招标文件开始发出之日起至投标人提交投标文件截止之日止，最短不得少于 20 日
3	《招标投标法》第三十四条	开标应当在招标文件确定的提交投标文件截止时间的同一时间公开进行；开标地点应当为招标文件中预先确定的地点
4	《招标投标法》第四十六条	招标人和中标人应当自中标通知书发出之日起 30 日内，按照招标文件和中标人的投标文件订立书面合同

（续表）

序号	法律依据	具体内容
5	《实施条例》第十六条	招标人应当按照资格预审公告、招标公告或投标邀请书规定的时间、地点发售资格预审文件或招标文件。资格预审文件或招标文件的发售期不得少于 5 日
6	《实施条例》第十七条	招标人应当合理确定提交资格预审申请文件的时间。依法必须进行招标的项目提交资格预审申请文件的时间，自资格预审文件停止发售之日起不得少于 5 日
7	《实施条例》第二十一条	招标人可以对已发出的资格预审文件或招标文件进行必要的澄清或修改。澄清或修改的内容可能影响资格预审申请文件或投标文件编制的，招标人应当在提交资格预审申请文件截止时间至少 3 日前，或者投标截止时间至少 15 日前，以书面形式通知所有获取资格预审文件或招标文件的潜在投标人；不足 3 日或 15 日的，招标人应当顺延提交资格预审申请文件或投标文件的截止时间
8	《实施条例》第二十二条	潜在投标人或其他利害关系人对资格预审文件有异议的，应当在提交资格预审申请文件截止时间 2 日前提出；对招标文件有异议的，应当在投标截止时间 10 日前提出。招标人应当自收到异议之日起 3 日内做出答复；做出答复前，应当暂停招标投标活动
9	《实施条例》第五十四条	依法必须进行招标的项目，招标人应当自收到评标报告之日起 3 日内公示中标候选人，公示期不得少于 3 日
10	《实施条例》第五十七条	招标人最迟应当在书面合同签订后 5 日内向中标人和未中标的投标人退还投标保证金及银行同期存款利息
11	《实施条例》第六十条	投标人或其他利害关系人认为招标投标活动不符合法律、行政法规规定的，可以自知道或应当知道之日起 10 日内向有关行政监督部门投诉
12	《实施条例》第六十一条	行政监督部门应当自收到投诉之日起 3 个工作日内决定是否受理投诉，并自受理投诉之日起 30 个工作日内做出书面处理决定；需要检验、检测、鉴定、专家评审的，所需时间不计算在内

注：《实施条例》为《中华人民共和国招标投标法实施条例》的简称。

8．1．4　供应商管理与评级控制

供应商管理是采购管理的重要一环。供应商管理主要包括调查、选择与维护。供应商的第一次评级管理是在供应商调查之后、供应商选择之前进行的，随着和供应商合作次数的增加，供应商评级行为也会持续在多次合作之后、下次选择之前发生。

供应商管理与评价控制是一项重要且比较复杂的内容。

1．供应商开发管理控制

供应商管理从开发开始。供应商开发管理工作应注意遵守科学的、符合企业实际要求的操作步骤，通过合理程序达到控制目的。

（1）开发准备

① 市场分析。供应商管理人员应首先对采购市场进行分析，了解市场趋势及各大供应商的市场定位。

② 供应商开发途径选择。采购部应积极运用各种渠道寻找潜在供应商。供应商开发途径主要包括公开招标、新闻媒体、产品发布会等。

③ 潜在供应商筛选。供应商管理专员对了解到的潜在供应商进行初步筛选，确定符合企业各项要求并有合作意向的供应商。

（2）供应商调查

供应商调查主要是为了了解供应商的资质和运营情况，以免后期合作中出现风险。

① 采购部根据企业采购物资需求编制供应商调查表，并向有合作意向的供应商发送。

② 凡有意与本企业建立供应关系且符合条件者均可填写供应商调查表，此表将作为供应商选择和评估的参考依据。

③ 若供应商的生产条件发生变化，则采购部应要求供应商及时对供应商调查表进行修改和补充。

④ 采购部组织相关人员随时调查供应商的动态及产品质量。供应商调查表每年复查一次，以了解供应商的动态，同时依据变动情况更正原有资料内容。

2．供应商评级管理控制

对于供应商评级管理，应建立科学的评审机制来保证评审结果的合理性。

（1）初步评审

① 供应商管理人员根据收到的供应商资料，结合本企业的具体采购需求进行筛选、评估，筛选出符合本企业要求的供应商候选人。

② 供应商主管根据供应商提供的资料，对供应商进行分级，可分为关键、重要、普通三个级别，然后针对不同级别的供应商实行不同程度的审核。

③ 在对供应商进行初步评审时，采购主管需确定采购的材料符合相关法律法规的要求和安全要求，并要求供应商提供相关证明文件。

（2）现场评审

① 由采购部、质量管理部、生产部、技术部、财务部等组成的评估小组到供应商生产现场进行实地考察。

② 评估小组深入供应商的生产线、技术设备部门、质量检验部门和管理部门，对供应商的供应能力、技术能力、质量状况进行实地评审。

③ 现场评审完毕后，评估小组填写供应商评审记录表并评价打分，以此作为供应商

选择的重要依据。

（3）样件评审

企业有相关需求时，采购部应向供应商提出样品需求，并由评估小组中的相关成员对供应商提供的样件的材质、性能、尺寸、外观、质量等方面进行检验、评估。完成检验后，检验人员需在样件上贴样件标签，注明合格或不合格，并标识检验状态。

3．供应商选择管理控制

经过对供应商的开发与评审，企业已基本确定供应商的选择范围。若企业的开发与选择程序是健康、规范的，则在正式选择供应商时只需遵循以下四个原则即可达到控制的目的。

（1）目标定位原则

根据企业采购管理目标制定采购产品的品质、数量和技术目标，并据此选择供应商。

（2）优势互补原则

尽量选择在某领域或某方面具有企业所不具备的优势的供应商，以实现优势互补。

（3）择优选择原则

在相同的报价与交货条件下，尽量选择品牌形象好、有为著名企业提供产品和服务经验的供应商。

（4）共同发展原则

尽量选择可全力配合企业发展的供应商作为合作伙伴，实现稳固而互利的合作关系。

8．1．5　运输与配送控制

运输与配送控制包含两个方面的内容，一个是采购内容的运输与配送，另一个是产品或服务的运输与配送。因为本书以供应链为大背景，所以此处主要以传统"采购—生产—销售"模式为主，内容主要针对从采购到生产、从生产到销售的配送问题。对于不存在实物的服务、虚拟产品等内容的配送，企业应灵活应对。

具体而言，运输与配送的控制可从以下五个方面进行。

1．装卸控制

装卸控制是指采购的物料、设备或生产的产品在配送前，在进行装配时应进行的控制。装配控制可从以下两个方面进行。

（1）装配准确

装卸的内容应是完整、没有遗漏的，此控制侧重数量方面，企业需根据采购订单或销售订单确保装卸内容完全与订单匹配。

（2）装卸完好

装卸的内容是完好、没有损坏的，此控制侧重质量方面，企业要避免出现因装卸问题导致内容受损或产生残次品。企业相关部门要通过建立制度、制定台账、落实责任人员等方式来控制装卸的准确性和完好性。

2．配送方式控制

配送方式控制主要涉及配送单位和交通工具两个方面。

（1）配送单位

常见的配送单位有两种，即卖家和第三方。对于采购中的配送，卖方即供应商；对于销售中的配送，卖方即销售企业。

第三方配送实际上是卖方将配送责任转移给第三方单位的行为。然而，对买方而言，配送责任永远在卖方。因此，不管企业是采购中的买方身份还是销售中的卖方身份，只要采用第三方配送，就要对第三方进行考察，与其做好对接，在配送过程中及时沟通，跟踪配送进度。

另外，配送单位还需要关注配送人员。配送人员是否专业，是配送过程是否顺利的重要因素。企业要严格控制配送人员，对于企业自己的配送人员，要加强培训；对于第三方人员，要事前确认信息，获得其有效的联系方式。

（2）交通工具

常见的用于配送的交通工具包括汽车、火车、飞机、轮船等，可将其分为水、陆、空三类。不同的交通工具有不同的特点，对应于不同的配送效率和配送成本。常见交通工具的配送特点如表 8-2 所示。

表 8-2　常见交通工具的配送特点

	汽车		火车	飞机	轮船
配送距离	距离近	距离远	适合远距离	只适合远距离	只适合远距离和水路
效率	高	低	高	很高	很低
成本	低	较高	低	很高	低
配送数量	较少		较多	较多	很多
配送对象要求	无特别要求		有特别要求	有特别要求	无特别要求

企业要根据距离、数量、时间、配送内容特性等合理选择交通工具。

另外，若企业选择自身拥有的交通工具（如企业名下的汽车、飞机等），则要定期对其进行检查和维修保养，避免人员、货物出现安全事故。

3．配送线路控制

配送线路是指配送时选择的路线。一般而言，应选择距离最近、路况最佳的路线，合理使用水、陆、空三种方式，规划最短、最安全、最顺畅的路线。

4．配送时间控制

配送时间是指配送时过程中所花费的时间。这个时间应是提前规划好的。配送要做的工作就是准时、准确、完好地将货物送到指定地点，准时便是对配送时间的要求。

5．货物签收控制

货物签收可通过货物签收率来表示。由于存在签收检验机制，因此货物签收率其实反映了配送内容是否准确和完好、配送时间是否准确。对于不完整、不完好的货物，接收方会详细统计，选择不签收还是有条件签收要根据事先的约定确定。配送单位需保证货物是被完整、完好地配送的。配送单位只要保证前面几点（装卸、人员、工具、路线）是规范的，并在配送过程中遵守配送规则，只要不出现无法规避的意外情况，配送结果一般都是符合预期的。

8．1．6　库存合理性控制

库存合理化是指以最经济的方法和手段从事库存管理活动并发挥其作用的一种库存状态及其运行趋势。

库存合理化主要体现在库存量合理、库存结构合理、库存空间合理、库存时间合理四个方面。

1．库存量合理性控制

（1）内涵

库存量合理是指库存要满足市场需要、满足生产需要，符合经济核算原则。库存量不合理的两个极端是库存冗余和库存不足。

（2）控制方法

① 库存定额控制。企业可以采用物料定额控制的方法，对一定时期内每种物料的平均库存量进行控制。这种方法通常用于各类不能缺货的物料的库存控制。

② 库存资金定额控制。企业可以在一定时期内对某种物料平均库存占用资金进行控制，一般采用总额控制的方式对各类物料的存量及占用资金进行控制。

2．库存结构合理性控制

（1）内涵

库存结构是指库存总额中各类物料所占的比例，具体包含同类物料中高、中、低档之间的比例及同种物料不同规格、不同花色库存量之间的比例。

（2）控制方法

① 物料质量结构控制：对各类质量的库存物料进行结构控制，以适应当地市场需求的方法。在此过程中，企业应把握市场行情，按需组织货源，根据供求变化适时、适量采购，加强物料入库验收，防止伪劣物料进入储存环节，对库存物料实行库存定额管理等。

② 物料层次结构确定：库存物料需满足不同水平消费需求的结构状况，除了满足主要层次消费者需求，还要兼顾其他层次的消费者需求，并确定各层次物料占全部物料的比例。

③ 物料销售结构分析：通过销售结构的分析，确定经营中的主要品种、次要品种和一般品种，从而有区别地开展库存管理工作。

3．库存空间合理性控制

（1）内涵

库存空间控制是指通过库存动态，合理安排仓库内的物资摆放，节省空间，使库存空间保持在合理的水平。

（2）控制方法

企业应适时、适量地提出物料需求，避免超储或缺货，减少库存空间占用，按照节约库存的原则，安排仓库内物料的摆放，降低库存的总费用，控制库存资金占用，加速资金周转。

4．库存时间合理性控制

（1）内涵

库存时间控制是指控制所有库存物料的库存时长以适应供求变化。

（2）控制方法

库存时长的合理控制可通过对物料保本期（物料从入库到出库，不发生亏损的最长期限）和物料保利期（能实现目标利润的最长库存期限）的控制来进行。

8．1．7　生产时间控制

生产时间控制又称生产进度控制，生产进度上通常存在生产进度过快或过慢两种问题。这两种问题都说明了生产进度存在异常，其控制办法则有异曲同工之处。

1．内涵

（1）生产进度过快

生产进度过快即生产速度完全超出预期，导致产品大量冗余，占据库存空间。

需要明确的是，生产进度过快虽然一定程度上体现了企业的生产效率，但往往也意味着生产质量问题。在实际生产运行中，生产进度过快的问题是较少出现的。

（2）生产进度过慢

生产进度过慢是最常见的生产进度问题，是指生产进度完全跟不上销售和采购进度，导致销售无货和生产资料冗余。

2．控制方法

（1）消除生产瓶颈

生产瓶颈是指在生产过程中出现的阻碍企业生产流程从而导致生产无法增加有效产出或减少库存和费用的问题。根据木桶原理，木桶最短的一块木板决定了木桶水位的高度，同样，生产瓶颈就是生产中的最短木板，它从根本上限制了企业的生产能力、生产进度和生产效率。

制约生产的瓶颈因素一般包括技术、质量、工艺、设备、材料、人力、突发因素、时间制约、生产不均衡等。要消除生产瓶颈，就要从这些方面来考虑企业是否出现了生产瓶颈。生产瓶颈的消除应立足于事前控制、因素性预防控制，具体的消除方法如图 8-1 所示。

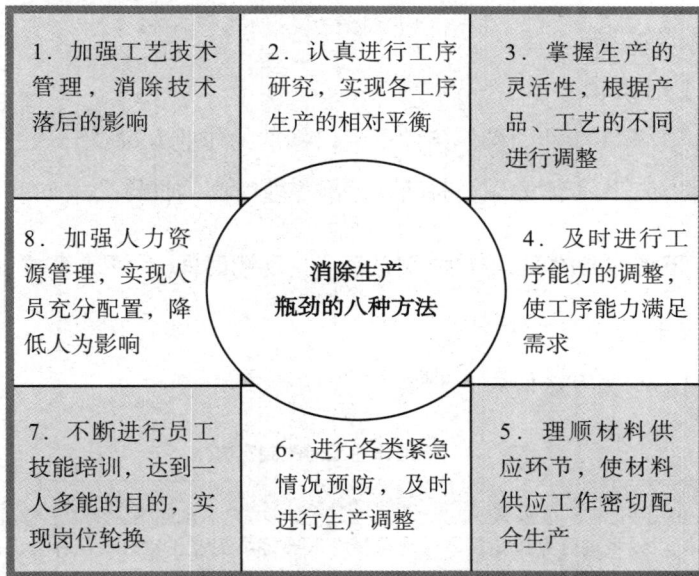

图 8-1　消除生产瓶颈的八种方法

（2）均衡化生产

均衡化生产是指在完成生产计划的前提下，企业及企业内的各车间、工段的生产环节在相等的时间阶段内完成的产品数量保持一定的比例或稳定递增。实施均衡化生产能提高生产各环节的配合效率，提升生产效率。

均衡化生产具体有三个方面的要求：一是每个生产环节都要均衡地完成所承担的生产任务，二是各阶段物流要保持一定的比例，三是要尽可能缩短物料流动周期。

实现均衡化生产主要有图 8-2 所示的六种方法。

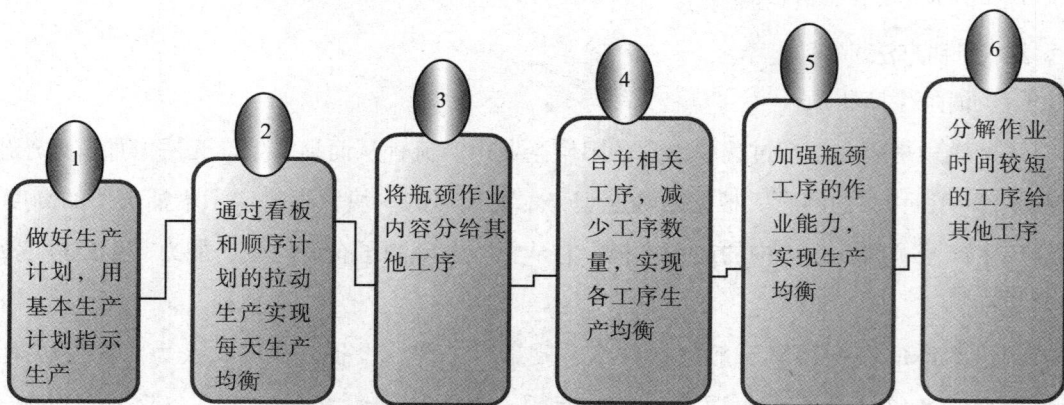

图 8-2　实现均衡化生产的六种方法

（3）解决作业效率低下

若生产人员作业效率低下，则生产部需制定标准工时，将标准工时作为生产人员的考核指标，提高其生产效率。

① 标准作业工时概念

标准作业工时是指在标准的操作条件下，以标准的作业方法及合理的劳动强度和速度完成符合质量要求的工作所需的作业时间。标准作业时间的计算公式如下：

标准作业时间 ＝ 正常作业时间 ×（1+ 宽放率）＝ 观测时间 × 评比系数 ×（1+ 宽放率）

② 标准作业工时的制定方法

标准作业工时的制定方法如表 8-3 所示。

表 8-3　标准作业工时的制定方法

方法	概述
秒表测试法	使用秒表进行直接测量，通常选择一般熟练员工在正常环境下作业。时间测量也有多种方法，既可以选择多次测量，也可以选择连续测量
模特法	◆ 将人体的各种动作分解为 21 种基本动作。在制定作业标准工时的时候，可以将员工作业动作分解为基本动作，并根据动作耗时来制定标准作业工时 ◆ 模特法中最基本的动作单元时间为 0.129 秒，可以根据熟练度等条件的不同而加以调整

方法	概述
预定动作时间标准法	通过对作业单元动作的详细描述（细分到"伸手""抓取""加压"等），结合距离、重量等因素查找对应工时，累加即为标准作业工时
简明工作因素法	将各种动作分解成基本动素，其基本单位为 BU，每个 BU 的时间为 0.06 秒，每个动素为 5 个 BU，企业将员工的动作分解为基本动素，据此制定标准作业工时

（4）减少生产线切换时间

要想减少生产线切换的时间，可以使用快速换模法。快速换模法又称六十秒即时换模，是一种快速有效地对生产工序进行切换的方法，用来不断快速装换调整设备，将换线时间缩到最短。

① 快速换模包含以下基本概念：换模是指因产品更换，而必须使机器或生产线停止生产，以从事更换动作；换模时间是指因从事换模动作，而使机器或生产线停止生产的时间；线内换模又称内部换模，是指必须在机器停止生产状态下才能进行的换模动作；线外换模又称外部换模，是指机器在生产运转中仍然可以进行的换模动作。

② 快速换模法的三个基本要点如表 8-4 所示。

表 8-4 快速换模的三个基本要点

要点	具体内容
区分内部换模和外部换模	快速换模要求将与设备装换调整有关的操作区分为内部换模和外部换模
减少内部换模	内部换模占用停机时间，所以要缩短整个装换调整时间，最关键的是把内部换模减少到最低限度，将内部换模转变为外部换模，这是快速换模法的核心
简化外部换模	要简化外部换模，并一定要在设备运行过程中完成全部的外部换模。这样，企业就可能在设备停机后的很短时间内迅速完成设备装换与调整

8.1.8 产品质量控制

1.内涵

产品质量控制是指通过有效手段对生产产品的质量进行控制，以达到企业预期的良品率。

产品质量控制一般可分为三个方面，即事前控制、事中控制及事后控制。事前控制对应的是预防；事中控制对应的是解决；事后控制对应的是改进。其中，预防环节尤为重要。

产品质量控制针对事前、事中、事后三个方面分别开展，但是这种模式有一个弊端，即比较分散，不成体系，也不符合供应链背景下对生产环节统筹兼顾、协调合作的要求，因此企业可建立全面质量管理体系，以此解决产品质量控制问题。

2. 控制方法

全面质量管理是指企业生产以质量为中心、以全员参与为基础，将专业技术、管理技术、数理统计技术集合在一起，建立一套科学、严密、高效的质量保证体系的管理方法。

（1）全面质量管理的基本原则

全面质量管理要遵循图 8-3 所示的四个。

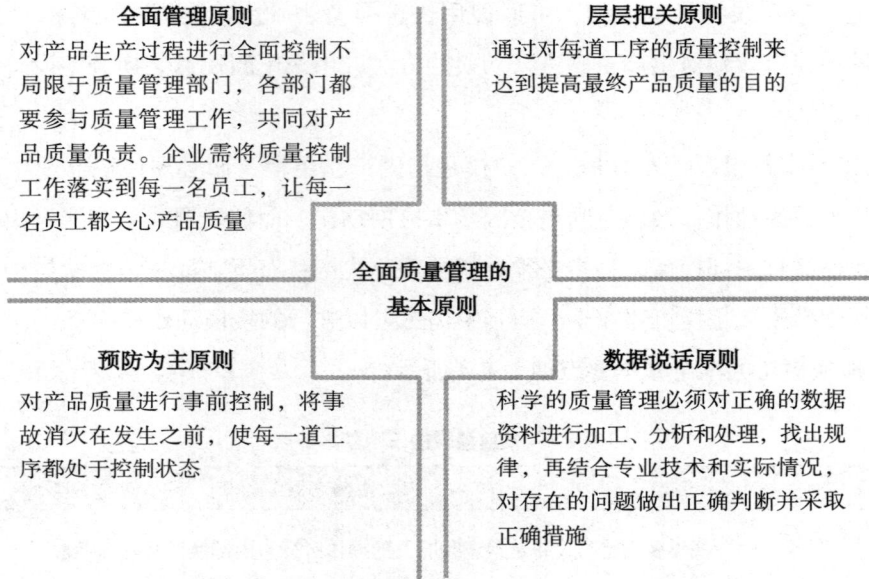

全面管理原则
对产品生产过程进行全面控制不局限于质量管理部门，各部门都要参与质量管理工作，共同对产品质量负责。企业需将质量控制工作落实到每一名员工，让每一名员工都关心产品质量

层层把关原则
通过对每道工序的质量控制来达到提高最终产品质量的目的

全面质量管理的基本原则

预防为主原则
对产品质量进行事前控制，将事故消灭在发生之前，使每一道工序都处于控制状态

数据说话原则
科学的质量管理必须对正确的数据资料进行加工、分析和处理，找出规律，再结合专业技术和实际情况，对存在的问题做出正确判断并采取正确措施

图 8-3 全面质量管理的基本原则

（2）全面质量管理的基本方法

全面质量管理的基本方法可以概况为"一个过程、四个阶段、八个步骤、七种方法"，具体如图 8-4 所示。

（3）质量持续改进

质量持续改进是指加强质量管理，不断提高管理水平。企业实施质量持续改进活动能使产品质量持续满足客户的要求。

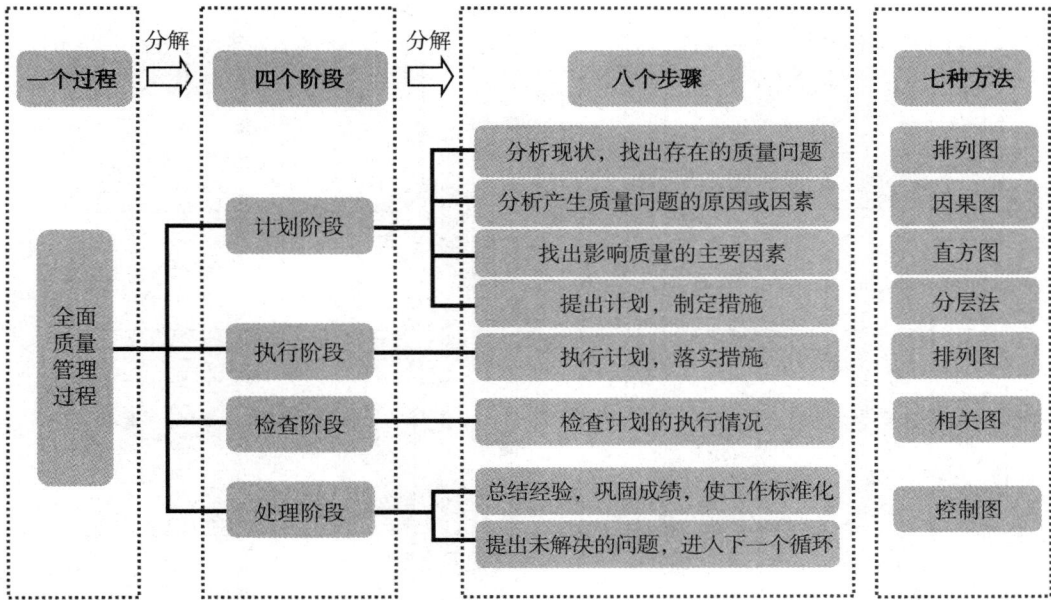

图 8-4　全面质量管理的基本方法架构

① PDCA 循环

质量持续改进最常用的方法是 PDCA 循环法，它包括四个阶段。强调持续是指 PDCA 循环后会开始新的一轮 PDCA，如此循环往复。PDCA 循环的特点如图 8-5 所示。

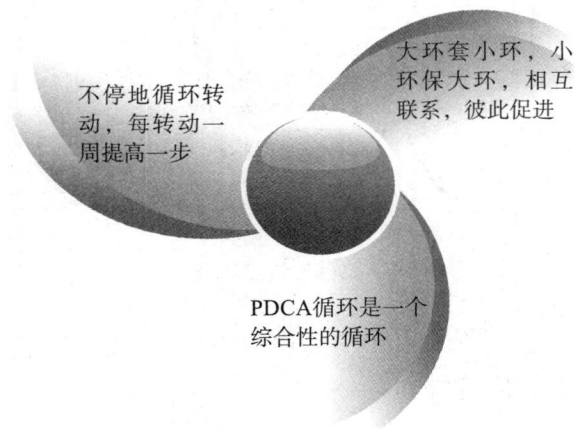

图 8-5　PDCA 循环的特点

② 持续改进的四个阶段内容

PDCA 循环通过四个阶段、八个步骤来进行。四个阶段分别是计划（Plan）、执行（Do）、检查（Check）和行动（Act），具体如图 8-6 所示。八个步骤的具体内容如图 8-4 所示。

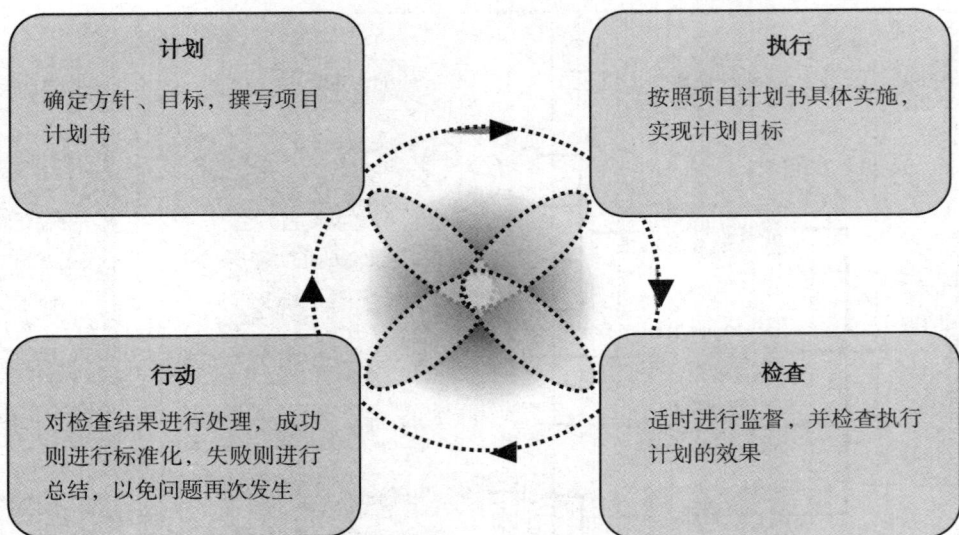

图 8-6　PDCA 循环的四个阶段

③ 持续改进工作要求

在持续改进的过程中，企业领导、员工都要积极配合质量改进工作，相关工作要求，如图 8-7 所示。

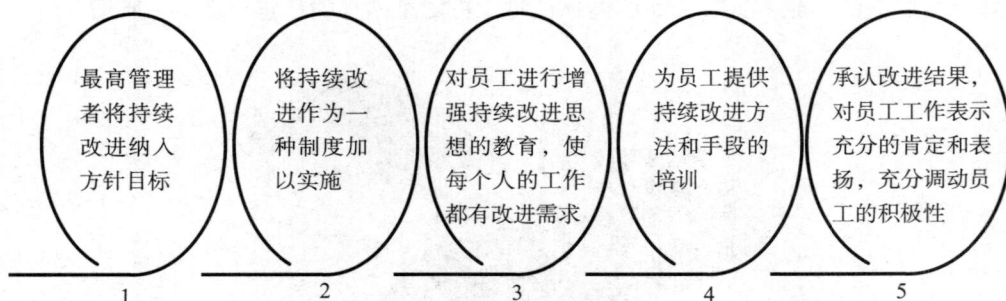

图 8-7　持续改进工作要求

8. 1. 9　产品 / 服务交付时间控制

1. 内涵

交付时间是指企业将产品配送至客户手中，双方货、款互相结清的时间。这里还有一个附加概念，即交付周期。交付周期是指从订货到交货的时间，这个概念还可以应用于产品从开始设计到结束设计的过程。为了降低制造成本，企业（卖方）要尽量缩短交货周期，而客户（买方）则要跟进交付周期。

2．控制方法

针对交付时间，企业可以使用准时交付管理法（On Time Delivery，OTD）进行管理。OTD 是解决交付问题的一剂良药，可以帮助企业明确时间节点，并让结果导向的思维方式在员工群体里不断固化。

简单来说，OTD 就是从订单到配送，是指从客户下单开始跟踪整个物流过程，直到货物完全交付到客户手中整个过程的管理，涉及信息系统、作业、管理、跟踪、评估、成本控制、绩效考核、售后服务全流程。

OTD 除了指准时交付管理法，还表示这套管理法中的一项重要指标——准时交付率。这个指标可分为两个子指标，一个是需求支付率（On-time Delivery to Customer Demand，OTDD），另一个是承诺支付率（On-time Delivery to Commitment，OTDC）。

（1）OTDD

OTDD 侧重客户需求，假设客户的需求是 100，最终交付是 80，OTDD 就是 80%。

（2）OTDC

OTDC 侧重企业承诺，假设客户的需求是 100，企业承诺是 80，最终交付是 80，OTDC 就是 100%。

假设客户需求是 100，企业承诺 80，最终交付 60，OTDD 就是 60%，OTDC 就是 75%，根据公式 OTC=OTDD×OTDC，可以得出：OTC 为 45%。

8．1．10　产品回收控制

1．内涵

产品回收管理是一个较新的管理领域。产品回收不等于废品回收，产品回收的目的是以最小的成本恢复产品最大的经济价值，同时满足技术、生态与法律的要求。产品回收的内涵可描述为：按照法律、合同要求，或者责任义务，生产企业对所有弃置产品、零部件和材料的管理。

2．控制内容

（1）回收什么

什么产品可以进行回收处理？这要看产品本身所剩余的价值，针对剩余价值的不同，产品有不同的回收办法。这里必须提到一个重要概念，即再生资源。我们知道，资源可分为可再生资源和不可再生资源。再生资源就是将回收产品经过加工变成的可再利用的资源，如报废的钢铁、合金、塑料、橡胶、纸张等经加工后所获得的资源。再生资源是产品回收的重要对象。

产品回收对象还包括滞销产品、不合格品及废旧生产设备、仪器等，以及未组装、加工完成的半成品。

（2）谁回收

对于再生资源，我国有专门的法律规定，从事再生资源回收经营活动者必须符合工商行政管理登记条件，领取营业执照后方可从事经营活动。企业要注意回收方的资质问题，避免出现产品回收风险。

对于一般的滞销产品、不合格品及废旧生产设备、仪器等，除了法律法规有专门规定的，企业可自行选择回收方进行回收处理或自行处理，能再利用的尽量再次利用，以发挥其剩余价值。

（3）如何回收

对于再生资源，我国出台了《再生资源回收管理办法》，此规定于 2007 年实施，2019年修订。该办法对再生资源回收进行了详细规定，企业在进行产品回收时要严格遵守该办法。

对于一般的滞销产品、不合格品及废旧生产设备、仪器等，企业可采用再加工和售卖两种办法。再加工是指企业通过对拟回收产品或设备进行修理、拆解等手段，使其重新具备出售价值或使用价值；售卖是直接将这些产品或者设备出售，以获得直接的经济利益。

8.2　过程协同

8.2.1　需求确认协同

需求是制订采购计划的基础，因此采购部有必要对需求进行确认。需求确认是采购准确性的保证。

1．需求确认协同的对象与内容

需求确认协同主要涉及以下协同对象和协同内容。

（1）采购部

采购部是常见的需求管理部门，需求确认协同工作是由其主导进行的，采购部要与各部门保持紧密沟通，确保需求得到及时、准确的回复。

（2）需求申请部门

需求申请部门即企业因生产经营需要提出采购申请的职能部门，如生产部、物流部、营销部等。

采购部与需求申请部门协同的主要内容是确认具体需求，采购部要确认所需物品的名称、性状、品牌、型号、价格、数量等内容，保证准确无误。

（3）仓储部

仓储部是企业生产资料的储备部门，管理和储存着企业的物料、设备与产品。

并非所有需求都需要采购解决，采购部与仓储部协同的主要目标是确认所需物品是否有库存或有多少余量，以便有计划地进行分配或者采购，使需求得到满足的同时确保库存合理。

（4）财务部

与财务部的协同内容主要是资金，包括需求申请部门的经费计划、采购项目的资金需求等。

（5）供应商

与供应商的协同内容主要是确认其是否有足量的、可以满足采购需要的拟采购的物品，包括型号、价格、数量等。另外，如果供应商无货，要确认其最快到货时间，并据此考虑是否等待或更换供应商。

以上是需求确认协同中涉及的主要部门与协同内容，需求协同往往是多部门、内外部的多元协同，这对需求管理部门的协同能力提出了较高的要求。

2．需求确认协同中的注意事项

在进行需求确认协同工作时要注意以下三个问题。

（1）及时协同

及时协同是指各部门进行需求协同时要及时、迅速、果断，出现问题要立刻协同，不能放任问题发展，以免给企业带来经济损失。

（2）随时协同

随时协同是指各部门协同负责人要时刻关注需求确认情况，关注工作进程，有节点、有计划、有目的地进行协同。

（3）专人协同

各部门都有其主要工作，因此要求进行协同的人是各部门专门配置的人。负责协同的人要对自己所在部门的业务有全面了解，对所提需求背后的意义有深刻认知，同时还要具有较强的沟通能力和协作能力，要有全局意识和团队精神。

8．2．2　招标采购协同

招标采购是最常见的采购方式。招标是一项复杂的工作，牵涉很多部门和人员，招标采购工作中的协同主要涉及以下部门和内容。

1．招标管理部门

由于招标采购的重要性，有些企业会专门设立招投标管理部门，也有企业直接让采购部负责招标工作。

招标管理部门是招标采购协同工作中心，招标采购协同工作中所有的问题都会汇集到这里，也从这里发出。除非有特别安排，否则后续的招标与评标协同工作的主要负责部门都是招标管理部门。

2．企业管理层

在进行招标工作时，企业要作为法人担任招标人，因此招标管理部门要与其确认是否有必要采取招标方式进行采购。

3．招标代理机构

如果企业没有编制招标文件和开标评标的能力，一般会请招标代理机构主导工作。与招标代理机构的协同内容主要是确认代理机构的资质，与其商讨价格、立项、约定合作细节等。

4．需求申请部门

与需求申请部门的协同内容主要是请其为招标采购工作提供建议，并让其派出专业人士跟进招标采购工作。

5．相关政府部门

与相关政府部门的协同内容主要是招标项目备案事宜，特别是依法必须进行招标的项目。根据相关法律规定，依法必须进行招标的项目，招标人自行办理招标事宜的，应当向有关行政监督部门备案；委托代理机构招标的，也要将代理合同等信息在相关部门一同备案。

6．其他部门

其他部门主要是指后勤、行政、财务等相关部门。招标管理部要与这些部门密切沟通，确保招标工作的场地、经费、物品、人员等到位。

8．2．3　评标协同

评标是招标采购中开标后的工作，一般由评标委员会负责。评标委员会和招标人要依据招标文件规定的评标标准和方法对投标文件进行审查、评审和比较。评标工作的协同主要涉及以下相关方和内容。

1．评标委员会

评标由评标委员会负责。评标委员会是由招标人的代表和有关技术、经济等方面的专家组成的，成员人数为 5 人以上的单数，其中技术、经济等方面的专家不得少于成员总数的 2/3。

　　评标委员会的构成对招标管理部门提出了要求，后者首先要明确评标委员会人员构成，其次要分别与招标人，有关技术、经济等方面的专家沟通、协同，具体的协同内容包括由谁担任评标委员会成员等。

2. 招标人

　　无论是否请第三方代理机构主导招标工作，招标人都会参与评标并发挥重要作用，因此招标管理部门要与招标人代表确定评标的时间、地点、程序等内容。

3. 招标代理机构

　　由招标代理机构主导招标工作的，招标管理部门要与其紧密沟通，协同处理评标事宜，具体事宜包括时间、地点、场所、人员、程序等。

4. 投标人

　　投标人可分为两类，一类是中标人，另一类是未中标人。对于中标人，评标结束后，应安排其进入定标程序；对于未中标人，评标结束后，要做好通知和后续相关工作。

　　另外，与投标人协同的一个重点是在评标开始之前，及时告知投标人的相关负责人关于评标的时间、场地、程序、规章、注意事项等内容。

5. 其他部门

　　其他部门主要是指后勤、行政、财务等相关部门，招标管理部要与其密切沟通，确保评标工作的场地、经费、物品、人员等到位。

8.2.4　供应商协同

　　企业与供应商之间是一种协同关系。企业与供应商协同主要是为了保障采购质量，提高采购工作的效率。与供应商的协同可以分为三个阶段，即前期、中期与后期。应当明确的是，与供应商的协同工作主要是由企业采购部进行的，在一些特殊情况下也需要企业决策层出面。

1. 前期协同——调查与接洽

　　调查与接洽是与供应商协同的前期阶段。在此阶段，双方的"协同感"不强，主要以双方互相考察为主，但也会有一些接洽内容。企业根据市场需要和自身需求考察供应商的资质与能力，供应商也会同时考察企业的经营能力，双方均需考虑效益和持续发展问题。

　　此时双方的协同主要发生在双方的主要负责人或业务负责人之间。

2．中期协同——谈判与合作

谈判与合作是与供应商协同的中期阶段。在此阶段，双方通过前期考察已基本确认了合作意向，双方交流的重点有以下两项。

（1）合作方式与合作时间

企业与供应商会通过谈判与签订合同来解决该问题。此时，双方协同正式开始。

（2）合作流程

双方确认合作关系后，企业的采购需求与供应商的产品供给、产品质量、产品校验、配送与运输、接受与交付等是双方接下来交流的重点，也是真正体现协同的过程。

此时双方的协同从主要负责人或业务负责人之间上升到企业与企业之间、部门与部门之间。

3．后期协同——评价与维护

评价与维护是与供应商协同的后期阶段。在此阶段，双方最少已经完成了一次合作，双方对对方的实际情况有所了解。企业开始对供应商做出评价，甚至划分等级，供应商亦然。

（1）评价

通过将供应商的产品或物料投入生产或使用，需求申请部门会做出反馈，而这个反馈会成为评价供应商的主要依据。与供应商的协同从采购部扩展到需求申请部门，而各需求部门的协同是通过采购部完成的。

（2）维护

根据供应商的供应能力，企业会选择维护策略。一般来说，对于供应能力强的供应商，企业会重点维护、保持交流，积极促使双方合作长久持续地进行；对于供应能力一般的供应商，企业会有选择地进行维护；对供应能力差的供应商，企业可能选择不维护甚至放弃合作。

选择维护策略时除了要考虑供应商的供应能力，还要考虑维护成本，因此一般都会涉及与财务部的协同。对于比较重要、特殊的供应商，维护策略可能还需要企业决策层定基调、提建议，这会涉及与企业决策层的协同。

综上，在企业与供应商的协同中，采购部是处于中间地位的。采购部收集企业高层、需求申请部门和相关职能部门的协同信息，再与供应商接触，双方的协同是多元、多样的。

8. 2. 5　生产协同

生产协同是企业供应链管理的重要环节之一，是企业供应链为了适应市场竞争环境而不断提高产品制造效率和质量的发展结果。

1. 生产协同模式

随着供应链的不断发展，从最初简单的能生产、能销售、能交货到现代化的精益生产供应链，企业供应链管理已从粗略的、被动式的管理逐渐发展为精益化的、主动式的管理，这一变化反映的是企业供应链对市场需求的响应速度的不断提升。

在企业供应链发展的过程中，生产过程也在不断地发生变化，由独立生产模式逐步演变为多方协同甚至跨供应链协同的生产模式。

（1）制造商内部各部门或系统的生产协同

承载供应链生产职责的是制造商。在企业供应链管理发展初期，市场竞争还不是十分激烈，客户需求仅处于能买到的水平，对制造商的生产要求也比较宽松，只要能生产、能交货就可以。

在这一阶段，生产协同模式一般局限在制造商内部，是为了实现生产目标而对内部各生产单位、部门和不同原料、设备的生产及装配系统之间进行协同，因此这种协同可以简单理解为制造商的内部生产协同。

（2）供应链上游各制造商之间的生产协同

随着企业供应链的不断发展，为了满足市场需求的变化，对供应链生产协同的要求也在不断提高。在这一阶段，生产协同的范围开始逐步往供应链上游扩展，同时对供应商、制造商提出了要求。

生产协同模式发生变化的原因在于制造商为了满足甲方企业的订单生产要求，需要对自身的生产能力和流程进行更新和调整。为了不断提高生产能力和水平，制造商将供应商纳入生产协同的范围成为必然。

这一阶段的生产协同模式已逐步走向了基于供应链全程的生产协同。

（3）基于供应链全程的生产协同

当企业供应链进入主动式、精益生产的阶段后，基于供应链全程的生产协同便成了主流。

这一阶段的生产协同充分利用了以互联网技术为基础的网络技术、信息技术，生产协同将串行工作变为并行工程，实现了供应链全程的产品设计、制造、运输和销售等合作的生产协同模式，最终通过改变业务经营模式与方式达到充分利用资源的目的。

（4）跨供应链的产品设计和生产协同

跨供应链的产品设计和生产协同是基于供应链全程的生产协同模式的又一发展创新，是供应链生产协同发展较为成熟后产生的高级模式。

跨供应链的产品设计和生产协同适用于业务复杂、体量庞大的大型企业，是一种要求较高的生产协同模式。

2．生产协同系统

最常用的生产协同系统有三种，即制造执行系统（Manufacturing Execution System，MES）、制造运营管理（Manufacturing Operation Management，MOM）、协同制造管理平台（Collaborative Manufacturing Management Platform，CMMP）。

（1）MES 一般包含计划调度、生产、质量、物流、设备、工艺等多个方面。传统的MES 正逐步被面向智能制造的 MES 所取代。相比之下，对面向智能制造的 MES 来说，系统集成能力已成为重要考量因素，其中包括与 SQL、ORCAL 等数据库的集成，与 PDM（对接 BOM、工艺）、ERP（对接计划、物料）、WMS（对接物流、运输）、仿真（对接数据）等软件的集成，以及与 iOS、Android 移动端的集成等。

（2）MOM 系统包含生产、库存、质量、维护四大对象模型及其支持的业务流程。MOM 作为一个完整的层级，承担着企业上层业务流程与底层生产设备之间的信息转换功能。

（3）CMMP 系统在企业供应链管理方面可帮助解决设计、工艺、生产、物流、财务环节的问题，以实现企业供应链管理设计层、计划层、执行层的高效协同，达到快速响应市场需求、实现企业利润最大化的目的，从而不断提升企业竞争力。

3．生产协同价值

企业供应链生产协同可以实现各环节、节点之间，企业或部门之间的信息流的沟通、共享和结合，是供应链内部或企业内部的信息传输模式的一种升级。

在生产协同的条件下，作为生产主体的制造商不再是一个个独立的控制环，而是形成了相互连接的、完整的控制环。生产协同的价值主要体现在以下四个方面。

（1）降低了供应链成本

生产协同可以降低产品制造过程中原材料、物料的库存成本，使基于需求管理和订单拉动的生产流程成为可能。

（2）提高了供应链敏捷度

基于现代信息化技术的供应链的生产协同可以高效地在生产环节内的各企业、工厂、仓库之间调配物料、人员及设备等，实现订单交付周期的不断缩短，不断提高企业供应链应对市场变化的整体敏捷度。

（3）实现了过程可控

生产协同在降低库存成本、提高周转效率的同时实现了产品制造过程的可视化，包括物流可见性、生产可见性、计划可见性等，更好地监视和控制了产品的生产过程，实现了过程可控。

（4）提高了集中管理的能力

信息的沟通和共享是生产协同的要求之一，这同时增强了供应链核心企业集中管理的能力，实现了流程管理从设计、配置到测试、使用、改善等在整个生产流程中的不断改善，在提高集中管理能力的同时节约了实施成本和流程维护、改善的成本。

8.2.6　物流协同

物流协同是供应链协同体系的重要组成部分，是采购整合、制造整合、渠道整合、信息整合等部分的重要支撑。

供应链协同体系需要物流协同的支撑才能实现重构优化，各环节、节点企业需要考虑物流成本的有效归集和合理分配，这不仅要求企业降低某项业务的单一成本，而且对整体成本的降低提出了要求。

1．物流协同模式

物流协同也经历了随供应链发展变化的过程，走过了从传统物流到现代物流再到协同物流的发展道路。

物流协同的发展变化反映了企业通过改变物流方式、物流途径，深度挖掘物流利润源泉的趋势，通过综合从供应商到客户的企业供应链运作，使商流、物流、信息流和资金流的流动达到最优，取得全面、系统的综合效果。

在物流的发展过程中，协同也从内部协同、单一协同演变为互动协同、系统协同，具体体现在经济特征、技术特点、运营目标和 IT 技术等多个方面，具体如表 8-5 所示。

表 8-5　不同阶段物流协同的比较

发展阶段 / 七个方面	传统物流阶段	现代物流阶段	协同物流阶段
技术特点	技术基础简单，重点在于提高物流作业技术与装备	工业技术逐步成熟，重点在于信息系统与系统优化	供应链协同与协同商务
经济特征	竞争较弱的产品经济	有竞争的商品经济	满足个性化需求的服务经济
运营目标	提高物流各环节的作业效率	物流系统成本最优	关注供应链系统整体价值
服务特点	被动式服务	多样化、可选择的产品	个性化服务和规模化定制

发展阶段 七个方面	传统物流阶段	现代物流阶段	协同物流阶段
系统特征	包装、运输、储存功能各环节简单串联集成	物流系统综合集成	与协同商务系统融合集成，是供应链协同系统的支撑
重点内容	关注物流各项业务的作业效率	关注物流整体成本	关注客户反映，建立合作伙伴间的协同关系，谋求共赢
IT 技术	实现各环节间信息沟通	物流信息管理系统与网络	供应链各环节的信息共享与协同操作平台

物流协同的不断发展正是供应链各环节成员企业为了适应激烈的市场竞争而不断提高客户服务能力这一趋势的体现。

各成员企业为了服务客户的一致目标而主动或被动地协调自身的行动，从而在不断的改善中建立稳定的供应链合作伙伴关系。

2．物流协同系统

仓库管理系统（Warehouse Management System，WMS）是指通过入库业务、出库业务、仓库调拨、库存调拨和虚仓管理等功能，对批次管理、物料对应、库存盘点、质检管理、虚仓管理和即时库存管理等内容进行综合运用的管理系统。它可以有效地控制并跟踪仓库业务的物流和成本管理全过程，实现或完善企业的仓储信息管理。

WMS 可以独立执行库存操作，也可以与其他系统的单据和凭证等结合使用，能够为企业提供更为完整的企业物流管理流程，是物流协同系统的重要组成部分。

物流执行系统（Logistics Execution System，LES）是指以物料拉动为核心，统筹考虑物料在不同仓储单元的交互，实现物料从入库、库内管理、出库、拉动、转移到最终装配的物流管理系统。

WMS-LES 一体化系统是针对供应链物流管理痛点而开发的系统，企业通过该系统能够构建供应链的核心竞争力。

3．物流协同的优化识别

判断企业供应链物流协同能否继续优化的要点有以下三个。

（1）是否存在运输路线的交叉和重叠

不管原材料的运输还是最终产品的运输，在供应链物流管理过程中，这些运输路线的交叉或重叠都意味着物流协同可以进一步优化，这也是物流协同能否优化最简单的识别点。

通过对必要路线的规划分析可以使供应链前端和后端在满足物流需求的同时实现协同。

（2）物流资源配置能否进一步优化

在企业供应链管理过程中，每一区域、市场范围内的物流资源配置是一定的，它们是为了满足以该物流配送点为中心辐射范围内的物流需求。

在实现物流资源均衡状态的同时要不断减少货物搬运次数，不管将产品配送到客户手中的过程还是将原材料运输到制造商工厂的过程，物流资源的进一步优化都意味着物流协同的潜力。

（3）载具、载量是否充分利用

订单所包含的产品、货物的种类、数量、单位体积等都将直接影响物流效率，能否根据物流路线两段的企业运输需求合理安排载具、载量是物流协同能否优化的识别点之一。

8. 2. 7　交付协同

交付协同是指供应链各成员企业为了实现同一交付目标而进行的协同活动。交付协同管理直接影响企业供应链客户服务水平，及时交付率是衡量需求端客户满意度的重要指标之一。

1．交付协同过程

交付协同过程可分为两个阶段，即从供应商、制造商到供应链核心企业的交付过程和从供应链核心企业到客户的交付过程，这是以不同主体为交付对象的分类方式。

供应链的交付协同是从供应端到需求端的，但在实际的交付过程中，由于核心企业位于中间位置，因此可以把交付协同视为上述两个过程。

2．交付协同内容

（1）订单协同

供应链核心企业得出需求预测数据后会向供应端企业下达订单，订单通过供应链不断向上传递。

订单协同的要点在于内部需求产生后，采购员、供应商、生产控制（PC）、物料控制（MC）可以同时收到并确认信息，各方在信息一致的条件下生成有效订单。

（2）计划协同

一般来说，计划协同是指供应商生产计划执行过程中的多方协同，这是准确交货的重要考察内容。

基于物料采购周期的计划协同可分为四个部分，即订单评审、生产缓冲、紧急交付、检验交货。其中，生产缓冲是指供应商的买料采购周期和生产排产等待周期，这个周期往往是制约交付的关键因素。

（3）送货收货协同

传统的交付一般是供应商完成订单生产后就向甲方企业交货。该模式一方面占用了企业的库存，增加了成本，另一方面容易造成物流的周转问题，出现风险。

理想的送货收货协同是需求企业的生产或者销售计划与供应商的交付计划协同，通过互联网信息化供应链管理系统，由系统设定供应商打出货单的日期和数量。供应商确认后，按照出货单送货。

通过可视化的 IT 系统，企业可以看到货物是否可以交付，并预留出时间处理异常和相关问题。

3．交付协同问题

在交付协同中最常见的模式是：企业接到客户需求，转成内部需求，形成内部需求计划释放给 MC，MC 释放给采购，采购释放给供应商，供应商收到后回复采购，采购再依次向上传递。一个常见的市场需求需要在供应链中层层转换。

在上述过程中难以避免的问题有：供应商响应滞后，不能确定交期；每一层转换过程中的回复不及时，可能影响交付协同的进程；订单管理人员无法得知具体的执行情况；订单信息传递的过程本身就耽误了生产准备的时间。

要想解决以上常见问题，除了要提升沟通效率，更重要的是要善于利用现代化的交付协同管理系统，通过整合生产、物流等阶段的信息化管理系统，构建适合企业供应链的一体化、可视化交付协同管理系统。

8．2．8　回收协同

回收是逆向供应链的重要环节。逆向供应链即从客户手中回收产品并对回收的产品进行报废处理或再利用的一系列活动。回收协同是指逆向供应链中各成员企业的协同活动。

1．回收协同主体

如果将产品从供应端传递到需求端客户的过程称为顺向，那么回收就是这一过程的逆向过程。回收协同的主体发生了顺序上的变化，变为以客户为起点，将产品传递到回收节点的企业，回收产品经过一系列处理流程后按照规定的处理结果再向后续企业进行传递。

客户、回收企业、报废处理企业、分销商、零售商都是回收协同过程的主体。

2．回收协同流程

回收的物流形式一般有两种，即退货逆向物流和回收逆向物流。

（1）退货逆向物流是指客户将不符合订单要求的产品、根据销售协议规定接近有效期限的产品及有瑕疵的产品退回至上游供应商的物流过程。

（2）回收逆向物流是指将供应链终端客户所持有的废旧物品回收至供应链上对应节点企业的物流过程。

这两种形式的回收在协同流程上可分为五类，即直接再售产品流程、再加工产品流程、再加工零部件流程、报废产品流程、报废零部件流程。

（1）直接再售产品流程包括回收、检验、配送。

（2）再加工产品流程包括回收、检验、再加工。

（3）再加工零部件流程包括回收、检验、分拆、再加工。

（4）报废产品流程包括回收、检验、处理。

（5）报废零部件流程包括回收、检验、分拆、处理。

3．回收协同重点

产品回收至供应链节点企业后，对其进行检验和分类处理是重点，因为在企业供应链复杂、产品种类众多的情况下，供应商或企业可能无法直接得知产品回收的准确原因。

除了企业主动召回产品的情况，多数情况下产品检验和处理的工作人员需要在操作过程中才能发现问题和原因。

一般来说，回收检验和处理的结果有四种：再利用，即直接再次使用或对产品进行再销售；维护升级，即对产品进行再包装、修理、修复或再生产；拆解使用，包括零部件、配件的使用和原料处理后再循环；报废处理，包括各类产品的报废处理手段。

8.3　过程监管

8.3.1　评标监管

为了规范企业供应链招投标项目的评标活动，维护评标工作的严肃性、权威性，确保活动公平、公正、公开地有序进行，企业要对评标活动全过程进行监管，保证企业供应链招投标活动的顺利进行。

1．评标监管组织

企业供应链管理过程中的评标监管应由供应链管理部、招标项目所属部门、监察部三方共同负责，企业可成立评标监管组织。

招标项目所属部门的经理负责监督、检查全部评标工作的具体执行情况；招标项目主管负责组织评标工作，并为整个评标过程提供服务。

评标委员会成员是评标过程中的主要工作人员，负责招标项目的评标工作，以及执行评标保密工作。评标人员负责评标过程中的相关事务，对工作中获悉的相关评标保密信息必须进行保密。

2．评标监管内容

（1）评标监管范围

① 评标委员会成员名单。评标委员会成员名单对外应当保密。

② 评标地点。评标委员会应提供不易受外界干扰的评标地点，并对该评标地点保密。

③ 评分标准与办法。评分标准大体框架可以在标书中注明，以便供应商提供相关资料，但具体分值在一般情况下须保密。

④ 评标现场记录。评标是一个复杂的过程，涉及价格、商务、技术等综合性内容，评分办法也不可能做到完美，有时会做一些微调，所以关键是评委要达成共识，并且这些协商内容要绝对保密。

⑤ 评标原始记录材料。这些材料主要包括评委打分明细表、评委倾向性意见、特殊情况下的供应商得分排名情况及加分情况等。

（2）评标委员会成员监管

评标委员会成员监管主要涉及以下七个方面。

① 参与评标的评标委员会成员严格遵守国家有关保密的法律法规和企业供应链招标管理制度的相关规定，严格自律，确保评标信息不被泄露。

② 与投标人有利害关系的人不得进入评标委员会。

③ 如果与投标人有利害关系的人已经进入评标委员会，经审查发现后，应当按照法律规定更换，评标委员会的成员自己也应当主动退出。

④ 评标委员会成员的名单在中标结果确定前应当保密。

⑤ 评标人员对外联系只能通过会务设置的电话，通话时须由招标人员的监督，个人手机由招标人员统一保管至评标工作结束。

⑥ 评标委员会成员不得私自离开评标现场，不得私下接触投标人，确实在评标未完成情况下需要离开评标现场的，不允许再返回。

⑦ 评标人员不得以口述、电话、传真、书信等方式将有关评标内容（如评标情况、评标方式等）透露给未参加评标的人员（包括亲属、朋友、同事等），不得擅自对外公布评标情况，不得向评委所在单位汇报评标情况，即使本单位领导主动询问也不得答复。

（3）评标地点保密监管

评标地点保密监管主要涉及以下三个方面。

① 招标人员、评标人员不得以任何形式向外界透露评标地点。招标人员、评标人员没有向各自单位汇报评标情况的权利和义务。

② 评标人员不得在会议室之外讨论有关评标内容及评标情况，不得随便进入非本次招标使用的会议室。

③ 评标现场除评标委员会成员及有关监督人员外，不得允许其他人员进入。

（4）评标资料保密监管

评标资料保密监管主要涉及以下十个方面。

① 招标人员应将评标用的资料和记录统一登记编号、统一发放和回收、统一保管处理。

② 评标人员不得将个人计算机带入评标用会议室，评标期间所用的文具（如笔、记录本等）由招标人员统一安排，不得使用个人携带的文具。

③ 使用统一的记录本记录有关资料和评标情况，评标结束后将记录本交还招标人员。

④ 评标期间，任何人都必须对投标文件及其汇总材料进行妥善保管和存放，任何材料不得带出评标会议室，评标完成后如数交还招标人员。

⑤ 所有评标人员应按照要求对各自的评分表或者评价表进行签字，由评标委员会统一对签字部分进行密封，以备核查。

⑥ 所有评标人员的评分表、评价表和结论性意见，无论是否将其打分计入总分，均必须将之妥善归档保存。

⑦ 评标结束后，评标人员将评标结果及会议现场记录报告等相关资料交还招标人员，招标人员需对其知悉的保密信息妥善保管，严格保密。

⑧ 评标中产生的废纸、废表格、废草稿，要集中存放，由招标人员统一销毁。

⑨ 相关人员须严格遵守文件、资料管理制度，对评标过程中的评标文件、资料及各种表格等只在评标规定的场所使用，不外带，不复印。

⑩ 工作人员如发现资料遗失等问题，应及时向招标人员报告，招标人员根据资料的重要性进行处理。

3．评标监管中的泄密处理

评标人员及招标人员违反企业供应链招标管理制度，泄露评标信息，给企业造成损失的，应根据泄密责任人的情节轻重进行处理。

评标人员及招标人员发生泄密或资料遗失等问题时，应及时向招标项目主管报告。招标项目主管应根据泄密的严重程度给予警告，并处以相应等级的罚款。

评标人员及招标人员有意造成泄密时，招标项目主管应报上级进行处理，并立即取消其评委资格，禁止其参加评标工作，并向其追究相应的赔偿责任。

泄密评标人员属于评标专家成员的，企业有权上报相关管理部门取消其评标专家成员资格，要求其不得再参加任何本企业供应链招标项目的评标工作，并在指定的媒体上予以公告。情节严重构成犯罪的，依法移交公安机关追究其法律责任。

8.3.2 合规监管

合规监管是指企业在法律法规的管理要求下统一制定内部制度、规范，对内部运作行为进行监督和检查，增强内部控制，对违规行为进行持续监测、识别、预警，建立一套预防、控制、化解合规风险的管理机制。

企业供应链合规监管是指对供应链运作过程中的各环节、节点的主体行为进行监督和管控，是促进供应链良性循环的重要监管手段。

1．合规监管组织

要进行供应链合规监管，首先要搭建一个完善的合规监管组织架构，根据合规管理工作的内容，监管组织一般由合规管理部、监察部、审计部、供应链管理部构成。

在搭建合规监管组织架构时要遵循以下三大原则。

（1）独立性原则

独立性原则是合规监管组织的核心原则。独立的合规监管首先体现在监管路径的独立上。

（2）专业性原则

合规监管的专业性体现在法律方面。首先，合规的主要义务来源是法律法规和行业规范要求，合规监管组织只有具备专业的法律能力，才能准确把握法律法规要求并正确执行。其次，企业制度建设和规范的合规体系建设也有较高的法律要求。此外，在监管过程中，调查合规问题、执纪问责工作也需要企业对内外部相关合规条文有较深入的理解。

（3）适当性原则

适当性体现在监管界限和监管需求两个方面。

合规管理部门的汇报线路一般是垂直的，即下级向上级汇报，不受其他部门的限制。在开展合规监管工作的同时，相关人员要注意监管的权利界限，不能影响正常的业务运行。

合规监管组织建设一定要与企业供应链管理需求的发展相适应，要与实际需求成比例，过于繁杂的监管过程可能会导致事倍功半的效果。

2．合规监管内容

合规监管的内容主要涉及五个方面，即商业贿赂监管、供应商合规名单监管、合规管理体系监管、特定法律法规监管、出口管制监管。

（1）商业贿赂监管

商业贿赂监管包含企业供应链各环节、节点过程中的职权工作。监管手段有合规尽职调查、合同约束、信息技术手段程序防范、反商业贿赂相关法律法规等。

（2）供应商合规名单监管

供应商合规名单监管是对上游供应商的监管，包含其资质、诚信记录、涉案信息等，一般可分为供应商黑名单管理监管和供应商合规等级管理监管。

（3）合规管理体系监管

合规管理体系监管主要是指按照 ISO 19600《合规管理体系——指南》，重点监管 12 项准则。

（4）特定法律法规监管

特定法律法规监管是指对知识产权相关法律、反垄断相关法律等的执行情况进行监管。

尤其要注意对供应商进行知识产权相关法律方面的合规监管，企业要在供应商引入阶段进行早期评估，要在合同中进行明确约束，要加强知识产权保护意识。

（5）出口管制监管

从事出口业务的企业要注意出口管制监管，包括哪些物项受管制条例的限制、产品和技术来源问题调查等。

3．合规监管的重点问题

合规监管的重点问题主要涉及七个领域，即市场贸易领域、环保安全领域、产品质量领域、劳动用工领域、财税管理领域、知识产权领域、合作伙伴领域。

（1）市场贸易领域

重点监管商业贿赂、垄断、不正当竞争、资产交易、招投标活动等合规风险。

（2）环保安全领域

重点监管安全生产、环境保护等合规风险。

（3）产品质量领域

重点监管产品质量、交付质量、质量体系等合规风险。

（4）劳动用工领域

重点监管劳动合同签订、履行、变更和解除，以及劳动合同管理制度等合规风险。

（5）财税管理领域

重点监管纳税方面的合规风险。

（6）知识产权领域

重点监管知识产权的注册、许可、转让及商业秘密和商标保护等合规风险。

（7）合作伙伴领域

重点监管合作伙伴的各项合规风险，通过签订合规协议、要求做出合规承诺等方式，促使商业伙伴合规经营。

8.3.3 风险监管

供应链风险管理是指对供应链中出现的意外事件或变化所带来的风险进行管理的过程。风险监管是对这一系统过程的监督和管控。

不管企业个体还是供应链整体，进行风险监管时都必须同时考量内外部环境风险，忽视任何一个方面都可能造成巨大的隐患。

1．风险监管组织

风险监管组织由供应链风险管理委员会、企业风控中心共同组建形成，风险管理委员会的领导者应由核心企业的最高领导或供应链管理部经理兼任。风险监管组织向下延伸至各环节，包括计划、采购、制造、运输、销售等。

2．风险监管内容

风险监管的内容主要包含五个部分：供应商管理风险监管、质量管理风险监管、产品技术研发管理风险监管、物流管理风险监管、合同管理风险监管。

（1）供应商管理风险监管

供应商管理风险监管包括采购过程监管、新供应商准入与考核监管、供应商绩效考核监管、供应商整合与供应商变更监管、供应商实地评审监管、供应商关系监管、招投标过程监管等。

（2）质量管理风险监管

质量管理风险监管主要围绕生产制造过程中的人员、设备、原料、工艺、环境、监测等环节的风险展开。

质量管理风险监管的范围涵盖了原料采购、验收储存、生产制造、分析检验、信息系统、校验校准、设备设施、文件程序、人员培训、产品销售、售后服务等方面。

（3）产品技术研发管理风险监管

产品技术研发管理风险监管覆盖了新产品、新技术的研发全过程，共包含五个阶段，即创新概念讨论阶段、商业效益评估阶段、新产品（技术）开发阶段、规模化生产阶段、市场商业化阶段。

每个阶段的产品技术研发风险不同，企业需要对不同阶段的不同风险进行监管，例如，创新概念讨论阶段的监管重点是方向性问题，商业效益评估阶段的监管重点是市场分析评估结果的准确性问题。

（4）物流管理风险监管

物流管理风险监管主要集中于四个方面，即物流从业人员流动性问题、薪酬和绩效引发的问题、物流业务过程中的财务票据合规问题、物流运营过程中的仓储配送和责任问题。

（5）合同管理风险监管

合同管理风险监管主要包含五个阶段，即合同准备、合同构建、合同拟定、合同签订、合同履行。

① 合同准备阶段主要监管要约邀请的理解、要约撤回和撤销的风险。

② 合同构建阶段主要监管承诺的构成、中标通知书、意向书、合同签订主体的合法性和有效性。

③ 合同拟定阶段主要监管合同标题、签约主体、条款释义、计量单位、价格、质量标准、权利与义务、违约责任、地址与履约期限等内容的拟定程序。

④ 合同签订阶段主要监管文本的形式、盖章的样式、原件与复印件效力、附件的补充等内容的风险。

⑤ 合同履行阶段主要监管货物质量验收、付款结算、合同变更和解除、违约追究等程序。

3．供应链风险的管控措施

供应链风险的管控措施包括三个方面，即信息化建设、供应链弹性建设、审计监察。

（1）信息化建设

在企业供应链管理过程中，充分利用信息技术建设供应链信息共享平台，不仅可以提高供应链的运行效率，而且可以作为管控供应链风险的重要手段。

风险的重要成因之一就是信息问题，企业通过供应链信息化建设可以实现内外部信息的沟通与交流，减少信息不对称或失真带来的问题，降低风险发生的概率。

（2）供应链弹性建设

供应链弹性建设是指供应链处理非预期事件和风险能力的建设，具备弹性的供应链可以在风险发生后快速恢复正常的运行状态。

弹性供应链的建设要点有三个，即生产流程的标准化、安全库存的管理能力和供应链管理能力的成熟度。

（3）审计监察

审计监察是发现企业供应链问题及其风险的重要职能手段，可以对运营、控制、风险、治理等环节进行评估和评价，维护企业各项业务的正常运行。

8.3.4　问题监管

如果简单将企业供应链分为计划和执行两部分，那么可以认为供应链执行是由供应计划所驱动的，供应计划是由需求计划和订单所驱动的，需求计划和订单则是由客户和市场所驱动的。因此，可以说供应链问题本质上是市场问题。

供应链问题监管是对企业供应链各环节、节点运作情况的监督和管控，涉及原料供货商、供应商、制造商、仓储商、运输商、分销商、零售商及终端客户等多个主体。

1．问题监管组织

问题监管是对供应链管理全过程的监管，供应链问题的监管组织一般以供应链管理部为中心，根据各环节、节点的业务情况延伸到对应部门。

2．问题监管内容

供应链问题监管主要聚焦于四点，即制度规范流程执行、产销不协调、无价值活动繁多、牛鞭效应。

（1）制度规范流程执行

在供应链管理过程中，企业会制定一系列的制度、规范和流程，以管理各项工作的运行。这些制度、规范和流程的实际执行情况直接影响供应链的运行成果，很多供应链问题的产生来源于对制度的忽视、对规范的乱用和对流程的破坏。

（2）产销不协调

企业在供应链管理过程中最常碰到的问题就是产销不协调，这个问题通常体现为市场销售环节对生产制造环节产品的生产效率和产能的抱怨，以及生产制造环节对以计划和市场为主的需求预测不准确的抱怨。

（3）无价值活动繁多

困扰企业供应链管理的又一个问题是无价值活动过多，这个问题反映的是供应链各环节企业之间合作的问题。

由于供应商和制造商分别按照各自的周期运转，从核心企业的视角来看，两者在供应链各环节的衔接上就出现了过多无价值的活动。虽然无价值活动在任何环节都可能出现，但在供应商和制造商的相互协同上更加显著。

（4）牛鞭效应

牛鞭效应是指在供应链需求传递过程中的一种变异放大现象，信息流从最终客户向原料供应商传递时，无法实现准确的信息共享，每传递一级都经过了传递主体的修改，从而使信息被不断扭曲放大，最终导致需求信息出现越来越大的波动。

这种信息扭曲放大的过程呈现在图形上，就像一根甩起的牛鞭，因此被称为牛鞭效应。

造成这一需求异常波动变化的原因是供应链各环节成员的风险转移。为了妥善应对未来需求的变化，各环节成员倾向于在自身需求预测数值的基础上加一个修正增量作为向下的订单量，这就导致了层层转移的需求增量。

如何克服牛鞭效应问题的影响、提高供应链的效率、保证产品交付周期是监管中的重要内容。

3．供应链问题的解决要点

解决制度规范流程执行问题的要点在于日常活动的管理，为此要增强各责任主体的权利意识，明确谁负责、谁检查、谁监督，不断提高规范化工作水平。

解决产销不协调问题的要点在于计划、市场和生产制造环节的沟通和协调。需求的不确定性一直存在，妥善地利用历史数据作为需求预测基础、利用市场销售环节人员做判断、使生产制造适应才是解决产销协调问题的关键。

解决无价值活动繁多、牛鞭效应问题的要点在于构建供应链利益的一体化，加强供应链供应端协同，充分利用信息技术实现订单信息、需求信息的共享和沟通。通过实现各级供应商、制造商的高度协同，不断提高企业供应链的整体效率。

8.3.5　内控监管

供应链内控监管是指为保证供应链各环节、节点业务管理活动正常有序地运行，保护资产的安全完整，保证会计信息资料的正确可靠，而在内部采取的对财务、人员、资产、工作流程实行调整、约束、规划、评价和控制的一系列活动。

1．内控监管组织

供应链内控监管组织由内控管理部、供应链管理部、审计部共同组成。内控监管的基本内容包含控制环境、会计系统、控制程序三个部分，主要可以分为事前防范、事中控制和事后监督三个环节。

2．内控检查评价机制和形式

内控监管的目标为：保证企业经营管理合法合规、资产安全、财务报告及相关信息真实完整，提高经营效率和效果，促进企业实现发展战略。

内控检查评价机制和形式的确定要以实现上述目标为核心，实行整体检查评价和各部门自查两级检查评价机制。

整体检查评价包括年度综合检查评价和审计部独立检查评价。各部门自查主要指各部门内控自查。

年度综合检查评价是指内控管理部对各部门内部控制实施情况的综合检查与评价，每年根据管理需要和外部监管要求，选取一定数量的有关部门进行检查评价。

审计部独立检查评价是指审计部每年对有关部门内部控制的实施情况进行独立检查评价。检查评价结果经内控监管组织审定后，作为年度综合检查评价的组成部分。

整体检查评价的检查区间应与上一检查区间衔接，内控管理部与审计部不重复检查同一部门。

各部门自查由内控管理部和审计部组织的内控综合检查评价和责任部门内控流程测试两个部分组成。其中，内控综合检查评价至少每年组织一次，内控流程测试至少每半年组织一次。

整体检查评价和各部门自查是日常内控监管的重要组成部分。

专项检查评价是专项监督的表现形式，一般是在发展战略、组织结构、经营活动、业务流程、关键岗位员工等发生较大调整或变化的情况下，内控管理部、供应链管理部、审计部对内部控制的某个或某些方面进行的有针对性的检查评价。

3. 内控监管建设

内控监管建设主要包括四个方面，即建立健全管理制度和规范、组织机构控制、预算控制、风险防范控制。

（1）建立健全管理制度和规范

内控监管在很大程度上取决于规范制度的监督和管控作用。企业要按照相关法律法规的要求不断完善各项规章制度，加快内控监管规范制度体系的建设和实施。

（2）组织机构控制

组织机构的控制包括对组织机构的设置、分工的科学性、部门岗位责任制、人员素质的控制。

（3）预算控制

预算控制是内部监管的重要组成部分，其内容可以涵盖企业供应链管理活动的全过程，包括计划、采购、生产、物流、销售、售后等诸多方面。

（4）风险防范控制

在市场经济环境中，企业供应链风险不可避免地存在，企业要树立风险防范意识，建立风险评估与管控机制，不断强化企业内控监管能力。

8.3.6　财务监管

供应链财务监管是指对从最终端客户下单、订单核对、付款到供应端生产制造、物流交付这一供应链运作过程中所有与资金流动有关的活动的监管。

1．财务监管组织

供应链财务监管组织由财务部、供应链管理部共同组成。财务监管的主要目标是降低供应链营运资本、改善营运资本管理、提高库存透明度和加强财务服务水平。

2．财务监管内容

财务监管主要聚焦于企业与终端客户、企业与供应商和制造商、企业与物流商、企业与分销商和零售商之间的资金往来活动。

（1）企业与终端客户

企业与供应链终端客户的资金往来集中在产品订单，企业应对产品种类和数量、产品单价、订单金额、实际支付金额等要素进行核查，确保数据真实有效。

（2）企业与供应商和制造商

企业与供应商和制造商之间的资金往来主要集中于物资、物料订单和生产订单。在保证招投标过程和结果公平、公正的基础上，企业要对供应商、制造商的选择和准入及后续签约过程中是否存在利用职务贪污受贿问题进行监督和检查。

（3）企业与物流商

在产品交付过程中，企业与物流商之间的资金往来主要集中于物流订单，同时企业要对库存、仓储方面的财务问题进行检查。

（4）企业与分销商和零售商

企业与分销商和零售商之间的资金往来主要集中于销售订单。企业需要对于产品销售单价、折扣价格、订单金额等要素进行核查，严查相关人员"吃回扣"的问题，降低企业损失。

3．财务监管原则

财务监管主要有三大原则，即权、责、利相结合的原则，合规性原则，全面性原则。

（1）权、责、利相结合的原则

权、责、利相结合的原则要求贯彻以责任为中心、权利为保证、利益为手段，建立财务监管责任制度。

企业必须按照资金运动过程与阶段，将有关指标分解落实到应对该项指标直接承担责任的部门或个人，建立横向责任部门与纵向责任部门相互交织的管理责任制。

（2）合规性原则

合规性原则是指财务工作必须符合国家的法律、法规和政策。相关法律、行政法规、企业规章都是财务工作的依据。

（3）全面性原则

财务活动贯穿供应链管理的全过程，财务监管也必须是对全过程的监管。因此，财务监管要体现全面性原则。企业必须全面规范各环节、节点的财务活动，使财务活动的各个方面都有章可循，共同形成一个完整的互相补充、互相制约的财务监管体系。

8.3.7 质量监管

质量监管是指对分布在整个供应链范围内的产品质量的产生、形成和实现过程进行监管，以实现供应链运作过程中产品质量的控制和保证。

1. 质量监管组织

质量监管组织主要由质量管理部、供应链管理部共同组成，质量监管的目的是确保企业严格执行质量管理制度，有效控制并提高产品质量，提高客户满意度。

2. 质量监管内容

质量监管内容包含但不限于以下九项。

（1）生产物料是否合格，是否造成产品性能的缺陷。

（2）制程检验是否合格，在测试中是否发现不合格或不良情况。

（3）生产人员是否严格按照生产工艺流程进行生产，产品生产过程和作业操作是否规范。

（4）产品是否通过了企业内部质量管理体系的审核。

（5）产品质量的数据分析结果是否符合预期。

（6）产品入库、出库前是否发生过质量变化问题而导致不合格。

（7）物流运输过程是否造成产品质量变化。

（8）产品交付质量是否符合合同规定。

（9）客户是否对产品质量进行投诉。

3. 质量监管主要风险点

质量监管的主要风险点有四个，即质量管理职责分工风险、质量控制能力风险、质量标准执行风险、质量管理工具运用风险。

（1）质量管理职责分工风险

缺乏明确的生产质量责任制，导致员工质量控制积极性不高，严重影响质量管理的执行；质量管理的职责分工不明确或不合理，导致质量管理相关制度、措施难以有效执行，从而严重降低质量管理的效果；质量管理的相关制度规定不明确，造成质量管理活动缺乏依据，进而影响质量管理活动的执行。

（2）质量控制能力风险

生产人员不具备相应的质量执行能力，导致质量控制管理难以有效执行，严重影响产品质量；质量管理人员不具备相应的质量管理能力，难以有效地进行生产过程的质量监控和问题处理，进而导致质量管理效果不佳。

（3）质量标准执行风险

生产质量标准制定不科学，从而严重影响整个质量管理的效果；员工素质、设备性能等因素导致生产质量标准执行不到位，进而严重影响质量管理效果和产品质量。

（4）质量管理工具运用风险

缺乏必要的质量管理工具，影响质量控制管理工作；质量管理工具运用不合理，造成质量控制管理出现偏差。

8.3.8 回收监管

回收监管是指在逆向供应链中，对从客户手中回收产品的流程及对回收的产品进行丢弃或者再利用的一系列活动的监管。

1. 回收监管组织

供应链产品回收的监管组织应由供应链管理部、资产管理部、监察部三方共同组成。监管组织的构成是由回收这一过程的内容决定的。

其中，供应链管理部对回收过程负责，资产管理部对回收产品的处理程序和结果负责，监察部对回收过程中的职务违规违法行为查处负责。

2. 回收监管内容

回收监管的内容主要包含三个方面，即回收资质监管、回收过程监管、检验和处理结果监管。

（1）回收资质监管

除了产品回收直接退回供应商的情况，回收资质的监管多是对专业回收机构或对企业的监督和检查，包含注册名称、法人、股东、监事、财务及主要联系人、注册资金、注册地址、税号、工商经营范围等可以证明企业自身实力和社会关系的信息。

除了营业执照上的基本信息，特种行业的回收还需要审核回收企业是否具备对应的经营资质，如再生资源回收企业需要办理再生资源回收经营登记备案。

（2）回收过程监管

回收过程主要包含从终端客户手中获取回收产品、将回收产品运输到规定的地点、进行回收产品的检验和处理。

从终端客户手中获取回收产品这一过程的监管内容主要是确认回收人员是否按照企业规定的价格标准和程序获取产品、客户对回收是否存在疑问、是否发生价差和回扣等。

在回收产品的运输过程中，监管的要点在于确认运输的回收产品的种类和数量是否准确无误、运输损耗是否为非人为损耗、抵达地点是否符合规定等。

回收产品的检验和处理过程监管要点是确认检验和处理的工人是否按照回收处理规定对产品进行分类、拆解、处理，是否有组织、有预谋地对回收产品进行更换等。

（3）检验和处理结果监管

回收产品的检验和处理结果是监管的重点之一，根据回收产品的用途不同，回收产品可分为再利用产品、再加工产品、拆解产品和报废产品。

再利用产品的监管重点是确认产品是否准确地配送给相应企业、数量和型号是否对应。

再加工产品的监管重点是确认产品是否投入生产和制造过程、数量和型号是否对应。

拆解产品的监管重点是确认拆解零部件和配件的使用和分配是否按数量和型号进行统计。

报废产品的监管重点是确认产品是否符合报废标准，报废的流程是否合规，实际报废的数量和型号，是否存在以好充次、虚假报废的情况。

此外，对于涉及企业供应链各环节商业机密、制造技术机密等保密信息的产品的回收，要增加涉密销毁监管这项内容。

3. 回收监管问题防控手段

回收监管问题的防控手段可以总结为以下两个方面。

（1）明确主体责任，界限清晰

确定回收过程中各成员的主体责任，形成界限清晰的权利范围，形成相互制约的系统结构。

加强日常监管，督促各成员企业基于自身权利范围及时开展自查自纠，从自身薄弱环节和突出问题入手，发现回收过程中的问题和风险。

（2）严格执行相关规定和制度

形成系统的回收管理制度和规定，监督各成员企业严格执行相关规定和制度，使回收程序在管理制度框架内运行。

8.3.9 客户关系监管

客户关系是指企业在供应链管理过程中为了达成经营目标，在获取客户、跟进客户、维护客户的过程中与客户建立的联系。

客户关系具有多样性、差异性、持续性、竞争性、双赢等特征。

1．客户关系监管组织

供应链客户关系监管组织由客户服务部、供应链管理部共同组成，监管的目标是建立并维护健康良好的客户关系。

2．客户关系监管内容与方法

（1）客户关系监管内容

企业要根据自身所处的供应链位置确定客户的类型。客户关系监管内容主要包括客户基本信息、客户获取途径、客户需求、客户偏好、历史订单、现有订单、成交金额、客户等级、客户投诉与抱怨、客户意见与建议等。

（2）客户关系监管方法

① 客户状况记录表。该表是对客户信息状况的调查记录，具体如表 8-6 所示。

表 8-6 客户状况记录表

客户基本信息	客户名称		地址	
	法人		总经理	
	联系方式			
营业状况	主营业务		员工人数	
	营收数据		信用记录	
合作记录	现有订单		金额	
	历史订单		金额	
客户投诉与抱怨	项目		备注	
客户意见与建议	说明一		说明二	

② 客户关系卡。客户服务部根据固定的格式编制客户关系卡片，并对其实行区分化管理，即根据客户的重要程度将客户划分为重要客户和一般客户。企业对重要客户应单独管理，单独制作重要客户的客户关系卡。客户关系卡应随客户情况的变化而更新，随时记录并保留有用信息。

3．客户关系维护措施

（1）注意事项

① 根据客户情况的变化不断调整客户关系维护手段，并进行跟踪记录。

② 维护客户关系不仅要关注现有客户，还要更多地关注潜在客户。

③ 要利用现有客户关系进行更多的分析，使客户关系得到进一步的巩固。

（2）具体措施

① 分解客户维护任务，将其分配给相关人员，并确定完成期限。

② 经常通过电话、电子邮件或者面谈的方式与客户进行沟通，以保持良好的关系。

③ 实行对特定客户访问和对所有客户巡回访问相结合的回访制度，充分了解客户的需求。

④ 积极地将各种有利的情报分享给客户，包括最新的行业信息和政策信息等。

⑤ 向客户提供企业新产品信息，并询问其新产品的使用感受。

⑥ 邀请重要客户参加企业举办的大客户招待会，并请其提供宝贵意见。

⑦ 节日期间向客户表达节日祝福，并赠送带有企业特征的礼品。

⑧ 在落实改进措施的过程中，应及时掌握客户的反馈信息，并上报监管领导。

⑨ 定期汇报客户关系维护工作情况。

8．3．10 廉洁监管

廉洁监管是对企业供应链管理全过程进行的全面监管，是对供应链各环节、节点责任人员利用职权谋取私利而给企业带来的危害性或负面影响进行排查、识别、评估和防控管理的过程。

供应链管理过程中的廉洁监管重点针对物资采购、招标投标、选人用人、工程建设、投资决策、财务管理和资产运营等腐败行为易发、多发的重点领域、关键环节和特殊岗位。

1．廉洁监管体系

企业供应链廉洁监管不是单项监督和检查工作的简单叠加，而是与供应链战略目标相一致、与企业供应链发展进程相适应、与企业监管制度相衔接、与供应链各环节工作相互促进的活动。

为了实现将廉洁监管融入管理过程，突出监管重点，抓好监管领域、重要岗位、重要事项和关键环节的廉洁风险防控，分级分类地实施廉洁监管措施，增强企业管控能力，企业必须建设以监察部和供应链管理部为核心、各环节责任主体自监自管的全面廉洁监管体系。

通过廉洁监管体系的整体推进，以制约和监督权力运行为核心，以岗位风险防控为基础，以加强制度建设为重点，妥善利用现代化信息技术，建立和完善权责清晰、流程规范、措施有力、预警及时的廉洁监管防控机制，不断提高预防腐败能力，提升企业供应链管理水平。

2．明确职权范围，识别廉洁问题

（1）明确岗位职权

在企业供应链管理全程中，对每一环节、每一节点都要进一步明确部门、岗位的职权名称、内容、行使主体和规定依据，对职权行使的主体、条件、范围、程序、时限和监管方式等内容进行梳理、规范，编制职权目录，绘制各类职权运行流程图，使职权规范运行。

廉洁监管尤其要关注涉及人、财、物、核心技术、商业秘密和无形资产管理等关键内容的岗位的职权。

（2）搜集廉洁监察信息

以企业监察部、供应链管理部为核心的廉洁监管体系要加强各部门之间的沟通协调，定期或不定期地收集以下六种廉洁监察信息，以便及时发现并识别廉洁问题。

① 监事会、巡视、审计、专项检查和效能监察等各项监督和检查过程中发现的廉洁监察信息。

② 通过员工讨论会、民主测评等方式获知的涉及有关领导人员的廉洁监察信息。

③ 员工投诉、匿名或署名举报等方式查出的涉嫌腐败的廉洁监察信息。

④ 通过问卷调查、网络舆情、调研座谈等方式了解的廉洁监察信息。

⑤ 排查识别出的廉洁监察信息。

⑥ 通过其他途径反映的廉洁监察信息。

（3）识别廉洁问题

企业供应链管理廉洁问题的排查识别主要以权力运行是否规范受控为判断标准，通过自查、员工评、专家议和监察部门审等方式，重点对可能造成利用职权谋取私利的以下五个因素进行评估。

① 权力结构与授权因素。供应链管理各环节决策主体的职权是否明确；决策程序是否完善；决策权、执行权、监督权是否相互制约且相互协调；供应链管理各环节、节点的重要岗位授权的范围、事项、条件和期限是否清楚，自由裁量权限是否适当；责、权、利是否明确且对等；授权事项与被授予者的履职能力是否相匹配。

② 制度因素。企业现行的供应链管理制度内容是否适用、管用、可操作；各项廉洁

监管制度是否配套健全；制度的执行是否有程序保障；监督制约机制是否健全完备，监察、审计和法律等部门职能是否明确，监督是否到位、有效；考核评价机制否健全、可操作；对过错责任的追究是否及时；管理是否形成闭环。

③ 权力运行因素。供应链经营管理的各项操作流程是否健全，流程是否设计合理、步骤齐全、次序得当，衔接时间是否合理，过程是否受控；供应链各环节、节点的上下游企业信息传递、沟通、共享是否顺畅，有无相关人员主观遗漏、隐瞒、封锁、错误传递信息的现象；是否合理运用技术手段把重要监管程序嵌入供应链信息系统，实现在线可视化运行。

④ 思想道德因素。企业供应链管理过程中是否培育诚信文化、合规文化，相关人员的廉洁教育是否存在盲区、盲点，廉洁教育是否与岗位职责紧密结合。

⑤ 外部环境因素。处于易发多发腐败行为环节、节点的管理人员，是否与构成业务回避人员有非正常接触，利益相关主体的诚信守法意识和廉洁情况，社会公众、媒体舆论等对企业的满意度。

3．廉洁问题预防与管控手段

（1）评估廉洁风险

预防企业供应链廉洁问题的关键在于科学合理地评估风险，并将这些风险纳入制度和程序的监管范围，降低廉洁问题的发生概率，实现有效的廉洁监管。

供应链廉洁风险的评估可以采用定性与定量相结合的方法，根据权力的重要程度、自由裁量权的大小、腐败行为发生的概率及危害程度等因素，定期对收集和排查到的廉洁风险进行评估，合理确定风险等级，明确风险分类和典型风险事项。

监察部和供应链管理部要对岗位、部门的廉洁风险识别结果逐一登记、汇总，编制廉洁风险及等级目录，形成相关廉洁问题的信息数据库，并在一定范围内予以公开。

（2）廉洁问题预警

合理利用现代信息技术，开发廉洁问题预警系统，并根据定期的廉洁风险评估结果，对各类可能发生的廉洁问题进行预警。

对处于相应风险等级各环节、节点管理岗位的人员，分别运用任职谈话、岗前培训、谈心疏导、函询告诫等方式及时进行处置，做到早发现、早提醒、早纠正。

及时调整、完善供应链廉洁问题的防控内容、等级和措施；加大对廉洁问题动态监控的力度，定期对廉洁监管工作进行自查和抽查，及时发现缺陷并加以改进。

（3）主要防控措施

企业供应链廉洁问题的主要防控措施可以总结为以下四项。

① 优化权力结构。进一步建立和完善规范化的供应链管理结构，形成权力结构制约、业务牵制、关键岗位不相容、责权利对等的权力结构；通过结构优化手段对供应链廉洁问题进行源头预防。

② 规范权力运行。完善企业供应链管理制度，通过各类制度和规范力量将过程监控原则和廉洁从业规定写在供应链各环节、节点上。

企业要充分发挥纪检、巡视、审计等专门监督职能的作用，明确监督责任、途径和方法，加强效能监察、内部控制和过程监督，健全考核评价制度，切实形成结构合理、程序严密、制约有效的权力运行机制，防范腐败行为的发生。

③ 推进民主公开。充分发挥员工的监督作用，完善相关信息的公开制度，通过内部网络、公开栏等方式，逐步推进供应链重要业务和管理事项的信息公开，加大信息公开力度；设置有效的投诉和举报途径，使各环节、节点的权力人员接受监督。

④ 强化科技防控。充分利用信息化监管平台，改进企业供应链流程监管方式和途径，逐步实现网上实时动态监控；安排专门人员处理企业相关网络舆情的收集、研判和处置工作。

第 9 章
供应链精益精细精进管理

9．1　供应链评估

9．1．1　评估内容模型

SCOR 模型是很多供应链评估机构进行企业供应链评估时的理论指导工具。

计划（Plan）、采购（Source）、生产（Make）、配送（Deliver）、退货（Return）五大流程是 SCOR 模型对供应链的界定。

国内供应链评价模型在兼顾传统 SCOR 模型的同时，对企业数字化供应链评估也提出了要求。其中，五大评估内容为供应链交付可靠性、供应链响应性、供应链敏捷性、供应链成本、供应链资产管理，具体如图 9-1 所示。此外，国内也有一些供应链评估机构对供应链的成熟度、复杂性和数字化供应链指标做了评估。

9．1．2　评估方法介绍

这里以供应商能力评估、供应商环境风险评估、仓储物流评估、供应链安全评估为例，简单介绍一下供应链评估的方法。

1．供应商能力评估

供应商能力评估是依据供应商的能力、规模、质量管理等评估标准，实施供应商导入、筛选和评估的行为，其重点是根据风险点、关键控制点对供应商产品的制程特点和供给过程进行评估。

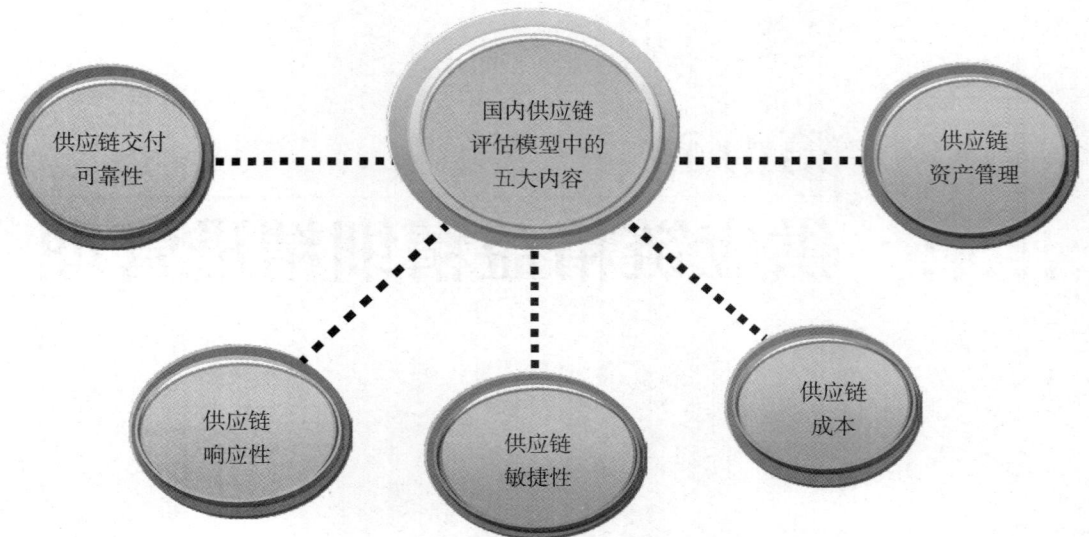

图 9-1　国内供应链评估模型中的五大内容

制定评估标准时要考虑产品和行业的特点，例如，纺织类、食品类和高风险类行业对供应商有不同的要求。供应商评估以质量管理体系标准为蓝本，结合生产能力、生产规模、环保、社会责任、卫生、安全等方面的检查点，执行综合性评估。

评估标准要涵盖供应商的资质，人员与系统管理要求，设施环境，设备管理，进料、制程、终检，不合格管理，文件体系，客户投诉，设计开发，客户服务等方面。

通过供应商能力评估，可以帮助企业实现供应商的筛选，定期进行绩效追踪；帮助企业形成有效、有针对性的整改方案；通过发现偏差，可以帮助并督促供应商持续改善，从而高效、优质地帮助企业完善供应商管理过程。

2．供应商环境风险评估

供应商环境风险评估是指企业依据法律法规及行业标准，针对供应商环保管理系统及运作状况，所实施的关于现场勘察、筛选和持续改善的可操作性评估。其作用是识别风险，发现问题，推动供应商及时整改，切实消除重大隐患，实现合规要求。

供应商环境风险评估项目包括但不限于以下五项内容：

（1）政策及法规的识别；

（2）环保管理系统评估；

（3）环保设施运行核查；

（4）现场风险筛选；

（5）职业健康安全危害评价。

3．仓储物流评估

仓储物流评估是指以通用标准或特定标准对仓储物流环节企业进行的评估，评估重点是识别偏差并满足物流需求。

仓储物流评估涵盖仓储物流企业货物从入到出的整个链条，包括企业资质、人员要求、货物运输商、货物验收、仓储管理、仓储的环境与设施、数据管理系统、分拣、包装、装运、配送、冷链管理等。

仓储物流程评估旨在识别仓储物流企业上下游的改善需求和风险点，不断督促并优化其运营，持续从硬件、软件、管理等方面改善仓储物流环节的绩效。

4．供应链安全评估

供应链安全评估旨在验证供应链从起点到终点的产品流、信息流、资金流的安全性及货物的流通状况，从而提高全供应链的安全性。

供应链安全评估项目包含但不限于以下七项内容：

（1）安全责任与目标；

（2）风险评估；

（3）商业合作伙伴；

（4）网络、信息安全；

（5）程序、文书安全；

（6）人员安全；

（7）安全教育、培训和安全意识。

9.2　供应链精益化管理

9.2.1　供应链精益化管理模型

1．精益管理

精益管理思想来源于精益生产，是从丰田的生产实践中衍生出来的一种管理理念。

精益管理在生产系统的管理实践中逐步获得成功后，开始逐步延伸到企业的各项管理活动中。随着精益管理在各类企业管理业务中的不断发展，它也从一开始的具体业务管理方法和工具转化为企业的战略管理理念。

精益管理对企业各项活动的要求是必须运用精益思维，力求以最小的资源投入创造尽可能大的价值，在人力、设备、资金、材料、时间和空间等方面不断降低企业成本。

精益管理的目标可以概括为：在为客户提供满意的产品和服务的同时，将浪费减少到最低水平。

2. 供应链的精益管理

在供应链运作过程中，由于各环节、节点的复杂性及协同合作的不理想性，浪费时有发生。浪费是指在供应链管理过程中，所有不能增值的行为所导致的成本浪费，即物料、设备、物流、人力等项的成本超过了其可以产生的相应产品价值。

从需求端来看，所有增加了成本却没有增加相应产品或服务价值的事物与活动都属于浪费。这些浪费最终都会通过供应链的网链系统从供给端转移到需求端，造成客户成本的增加。随着市场竞争激烈程度的不断加剧，转移给客户的浪费会逼迫他们做出其他选择，最终使供应链相关企业的市场份额降低、竞争力下降。企业为了谋求生存和发展，自然就要面对如何降低供应链的成本、实现对供应链进行精益化管理的问题。

供应链精益管理以精益思想作为理论指导，以"消除浪费，创造价值"为重要目标。

要实现供应链精益管理，就要对每一个环节、每一家企业或每一个部门进行整合，在不断提高客户需求变动响应速度的同时减少甚至消除对应过程的浪费，在现有资源的统筹范围内，以尽量少的资源产生最大化的价值，从而最大限度地满足客户的需求。实现了上述过程和管理理念的供应链，即可称为精益供应链。

供应链精益管理或精益供应链可以帮助企业不断减少浪费、降低成本、缩短执行周期、强化价值，最终实现企业竞争力的不断提升。

3. 精益管理模型

供应链精益管理的关键在于全局化的设计，要在各环节、节点力求实现成本的优化。

（1）模型介绍

精益管理并没有通用模型，这里介绍一种由生产精益管理领域延伸到供应链管理的模型。

该模型包含五个部分，即生产系统化、程序标准化、度量精细化、改进持续化、人员职业化。企业可通过这五个部分的不断精益求精来消除浪费，实现供应链价值最大化和创造创新，具体如图 9-2 所示。

通过该模型，供应链管理者可以在过量生产、等待时间、运输占用、高库存低周转、过程过剩等问题中谋求成本节约，不断地提升供应链价值创造能力和整体效益。

（2）模型应用

精益管理模型在实际应用时需注意以下六点。

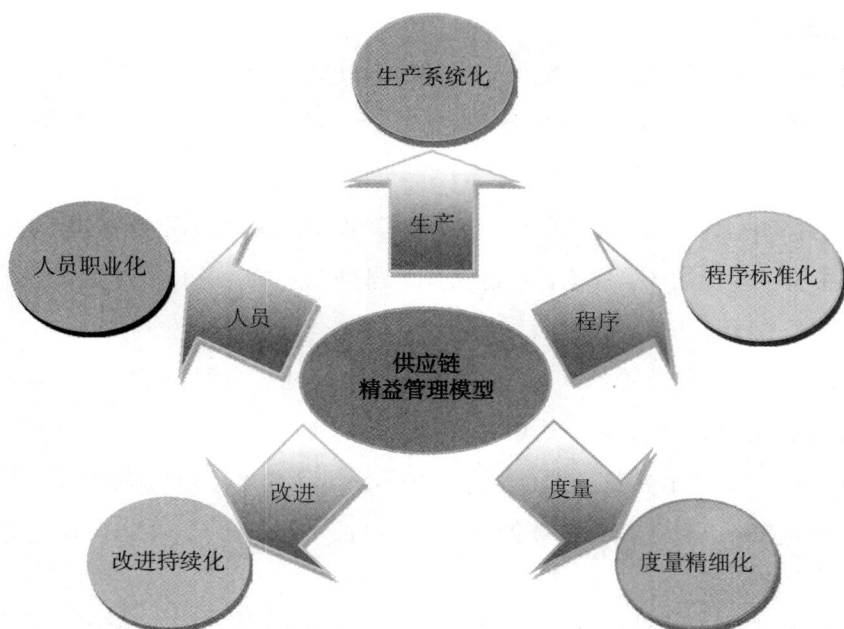

图 9-2　精益管理模型

① 缩减准备工作。将准备工作看作少价值或无价值活动的组成部分，减少需求、计划、采购、生产、仓储、库存、物流等环节流程中的准备工作。

② 统一完成。根据客户需求确定速度，使各环节、节点上的企业实现协同。

③ 质量保证。在产品或服务的生产全过程中制订质量保证计划，确保在供应链全过程中能够达到质量标准。

④ 标准化设备。在最大限度范围内实现设备的标准化，确保从供应商到企业到运输商再到分销商和零售商，都能够完成对设备兼容性和标准化的投资。在设备标准化的背景下，实现多种情况、复杂条件中的各方高效转换。

⑤ 人员参与。要实现真正的供应链精益管理，最根本、最基础的条件就是各环节、节点人员的全面、全过程参与。

⑥ 高效存储。高库存、低周转在企业供应链管理现状中并不是一个少见的问题，"预备式"库存虽然不是造成上述问题的主要原因，但其在一定程度上降低了库存的周转率。动态、高效的存储方式就是将货物以最短的时间、最少的搬运次数转运到对应的拣货组和运输组中。

9.2.2　供应链精益管理方法

为了能够合理设计并有效地实施供应链精益管理，除了掌握精益管理模型，企业供应链管理部还要学习供应链精益管理方法。

1．识别浪费的方法

实现供应链精益管理的前提是能够正确地识别浪费。

通常有四种识别浪费的方法，即品质管理七大手法、挣值分析法、价值流图分析法、防呆法。

（1）品质管理七大手法。品质管理七大手法又称初级统计管理方法，是常用的统计管理方法。它主要涉及控制图、因果图、相关图、排列图、统计分析表、数据分层法、直方图等工具。

（2）挣值分析法。挣值管理本是项目管理的一种方法，主要用于项目成本和进度的监控，这里将其套用到供应链过程管理中。

挣值分析有三个基本参数，即计划值（PV）、实际成本（AC）和挣值（EV）。其四个评价指标为进度偏差（SV）、成本偏差（CV）、成本执行指标（CPI）和进度执行指标（SPI）。

（3）价值流图分析法。产品增值活动往往只占业务流程的很小一部分，大部分活动都是非增值的。

价值流图分析法有助于企业观察和理解产品从原材料到送达客户手中这个过程中的物料流动和信息流动及其中的增值活动和非增值活动，从而发现浪费并确定需要改善的地方，为改善活动定下蓝图和方向。

（4）防呆法。防呆法就是通过设计让错误发生的概率降至最低的一种方法。

在供应链精益管理领域，防呆法的作用是通过一些措施和工具防止错误发生。比如，在生产环节为了实现生产合格率100%的目标，企业必须在设备、工具等方面进行改善，添置防止不合格品产生的设备，这种设备就是防呆装置。

2．六西格玛管理

（1）方法概述

六西格玛管理（Six Sigma Management）是世界级企业追求卓越过程中一种先进的绩效改进工具。作为一种全新的管理模式，它充分体现了量化科学管理的理念。

六西格玛即 6σ ， σ 代表标准差，标准差用于描述各种可能的结果相对于期望值的波动程度。六西格玛表示在每100万次中有3.4次出错，即合格率为99.999 66%。

六西格玛管理是通过设计、监督每道生产工序和每个业务流程，以最低的经营成本和最短的经营周期获得最高的客户满意度，从而提升企业盈利能力的管理方式。它既关注产品、服务质量，又关注过程的改进，是驱动经营绩效改进的一种方法论和管理模式。

六西格玛管理的原则是注重客户、注重流程、全员参与、持续和突破性改进、数据和客观事实依据的决定、预防为主。它是在新经济环境下企业获得竞争力和持续发展能力的经营策略。在供应链管理中，六西格玛管理是实现精益供应链的较为理想的方法。

（2）方法应用

六西格玛管理能够将理念变为行动，将目标变为现实。它一般是由组织的最高管理者推动的，其核心是一个分析和改进业务流程的系统模型，即 DMAIC 模型。

DMAIC 模型中的五个字母分别对应企业供应链管理的五个阶段，即 D（Define，界定）、M（Measure，测量）、A（Analyze，分析）、I（Improve，改进）、C（Control，控制）。

每个阶段都有一系列的工具和方法支持该阶段目标的实现。每个阶段使用的典型方法与工具如表 9-1 所示。

表 9-1　支持 DMAIC 过程的典型方法与工具

阶段	活动要点	典型方法与工具
界定阶段（D 阶段）	项目启动	头脑风暴法、排列图、亲和图、失效模式与影响分析（FMEA）、树图、质量功能展开（QFD）、流程图、效益计算
测量阶段（M 阶段）	确定项目基线	运行图、过程能力分析、分层法、FMEA、散布图、时间序列图、水平对比法、直方图、抽样计划、测量系统分析
分析阶段（A 阶段）	确定关键影响因素	因果图、抽样技术、散布图、箭线图、假设检验、回归分析、方差分析、五问法、多变量分析、参数设计
改进阶段（I 阶段）	设计并验证改进方案	试验设计、FMEA、过程仿真、过程能力分析、利益相关者分析、表决方法、防错技术
控制阶段（C 阶段）	保持成果	控制计划、过程流程图、标准操作程序、控制图、防错技术

9.3　供应链精细化管理

9.3.1　供应链精细化管理模型

1．精细管理

精细管理是一种理念、一种管理思维。它是社会分工精细化和社会大众对质量要求的提升必然产生的结果。

如果将企业管理分为高、中、低三层，那么精细管理是针对低层而言的。精细管理的终极目标是对战略和目标的分解、细化并落实，这个目标使企业的战略规划能够贯彻到企业实际运作的各个环节，也就要求企业各级战略执行者用具体、明确、可执行的标准去将上层、抽象、总体的战略进行分解、细化、实施。常见的 5S 管理就是典型的精细管理。

2．供应链的精细管理

（1）供应链适合做精细管理

供应链本质上是一个由各企业和企业各部门组成的网链结构，具有复杂性、动态性、响应性、交叉性。供应链的这些特点决定了精细管理有极大的施展空间。

（2）供应链有必要做精细管理

由于经济全球化和企业之间竞争的加剧，企业之间的竞争更多地表现为供应链之间的竞争。打造具有快速响应能力的精细供应链，是企业提升竞争力的有力手段之一。对需要改进供应链管理水平的企业而言，精细管理有很大的价值。

3．精细管理模型

（1）理论准备

在供应链走向精细化管理的过程中，看板管理与 JIT 发挥了重要作用。

看板管理是指在某道工序内或前后道工序之间进行信息交流、确认与传递的管理方式。

JIT 是指准时生产，是一种拉动式的管理方式，其核心内容是保持物质流和信息流在企业运作各环节中的同步，最终实现恰当的物料（设备或资源）在恰当的时间节点出现在应该在的位置、进入应该进行的程序。而物质流和信息流的同步需要看板管理，从而实现 JIT。需要注意的是，JIT 不仅是一种生产方式，更是一种思维、一种理念，企业可以结合实际化为"JIT 采购""JIT 物流"等。

（2）模型解释

JIT 下的生产是由客户的真实需求拉动的，后道工序拉动前道工序，一直到最上游的采购，这符合供应链的运作逻辑，因此基于 JIT 的精细化供应链管理模型应运而生，具体如图 9-3 所示。

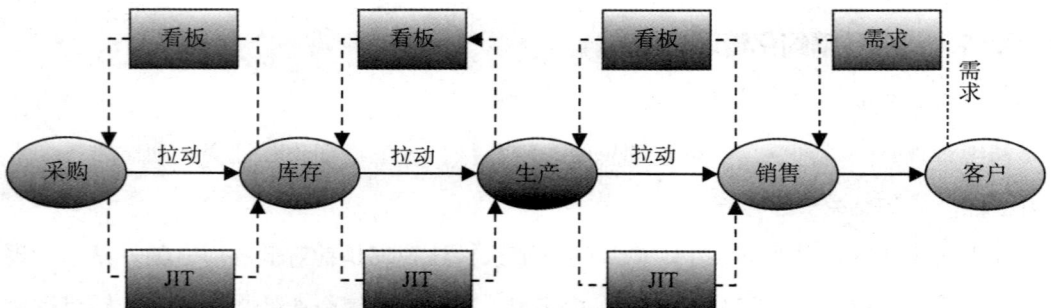

图 9-3　基于 JIT 的精细化供应链管理模型

在该模型中，一切从客户需求出发，由需求带动销售，销售拉动生产，生产拉动库存，库存拉动采购，采购又衔接另一个供应链结构的末尾，形成闭环。

在每个环节内部或环节之间，企业都通过看板管理来保证 JIT 的正常运作。该模型化用了 JIT 生产的含义，对采购管理、库存管理、生产管理、销售管理等供应链上的主要事项都进行 JIT 管理，做到采购供给准时、库存盘点准时、生产交付准时、销售发货准时。

（3）模型使用

该模型化用了看板管理和 JIT 管理，将其运用到供应链精细管理中。企业在使用时要注意看板管理和 JIT 管理的特性，否则无法发挥其作用。

其中，对于看板的操作，要制定严格的规范，否则容易陷入形式主义。实际使用中要坚持看板管理的原则：无看板不进行；看板来自下一个程序；看板必须与实物紧密结合。实际上，看板管理更像是一种管理工具。具体使用什么看板、如何使用看板、确定什么样的看板内容，要根据企业运行的实际情况决定。

在运用 JIT 管理时，企业要通过合理的需求、计划、目标等，使供应链中的采购、运输、装配、生产等都更加高效便捷。最好能在供应链管理的各环节尽量做到模块化、标准化、自动化。

最后，需要强调的是，无论传统意义上的精细化管理还是该模型下的看板管理、JIT 管理，企业都不能忽视人的作用。管理工作的主体是人，管理工作的实质客体也是人，要想实现供应链管理从粗放式管理到精细化管理，都需要相关人员（无论管理人员还是操作人员）转变观念，制定科学、合理、正确、准确的管理制度、工作流程、作业标准，积极主动地学习、理解、掌握、执行新的管理制度、工作流程、作业标准，并且在实践中不断地积累、总结，提出进一步的改进、完善建议。

9.3.2　供应链精细管理方法

除了应用上述管理模型，企业还可以灵活运用各种供应链管理方法，将其与上述管理模型或其他模型、方法结合，寻求供应链精细管理最优解。以下是三种常见的供应链精细管理方法。

1．5S 管理法

5S 管理是指整理（Seiri）、整顿（Seiton）、清扫（Seiso）、清洁（Seiketsu）、素养（Shitsuke）五个项目。5S 管理通过规范现场、现物，营造一目了然的工作环境。

其中，整理是指区分物品是否必要，在生产、办公现场不放置任何不相关物品，目的是腾出空间；整顿是将所有物品按规定放置在恰当的位置，定名、定量、定位，目的是防止将时间浪费在寻找所需物品上；清扫是指清除办公或生产现场的污染，并防止污染再次产生；清洁是指将上述三项制度化、规范化，维持成果；素养是指提升人员品质，使员工对任何工作都做到认真、细致。

5S 本是为改善生产现场而提出的解决方案，后被广泛应用于各个领域。在供应链管理中，5S 管理在生产环节、仓储环节、物流环节、职能管理工作中都能发挥重要作用。

2．五要素管理法

五要素管理法属于现场管理领域，这里的五要素是指人、机、料、法、环。

（1）人

人即人员。管理人永远比管理机器、材料困难。人是生产管理中最大的难点，也是所有管理理论讨论的重点。围绕着人这个因素，不同的企业有不同的管理方法。

（2）机

机即机器，是指生产中所使用的设备、工具等用具。在生产中，设备是否正常运作、工具的好坏都是影响生产进度、产品质量的重要因素。

（3）料

料即物料，是指半成品、配件、原料等。在如今发达的工业化产品生产模式下，企业分工十分细化，一般的生产工作都是几个部门同时运作几种甚至几十种配件或部件。当某一部件未完成时，整个产品都不能组装，进而会造成装配工序停工待料。

（4）法

法即法则，是指生产过程中所需遵循的规章制度，包括工艺指导书、标准工序指引、生产图纸、生产计划表、产品作业标准、检验标准、各种操作规程等。

（5）环

环即环境。某些产品（如计算机、高科技产品）对环境的要求很高。环境也会影响产品的质量。例如，在调试音响时，周围环境应当很安静。食品行业对环境有专门的规定，产品卫生必须达到国家规定的标准。

五要素管理法是将影响产品质量的五大要素进行统筹管理的管理方法。这种方法对供应链精细管理有较高的借鉴价值。在供应链管理全过程中涉及的重要事项不外乎人、机、料、法、环。例如，在采购管理中，人即采购人员；机即相应的办公设备和运输设备；料即采购的对象——物料或其他用品；法即采购制度、采购计划等；环即对采购对象的引进限制、运输中的污染防止等。在实际使用中，企业可对供应链各环节进行有针对性的设计，将每个要素分解成指标、规范或清晰明了的程序。

3．QCDPSM 管理法

QCDPSM 代表供应链各环节的六大重要管理目标，即质量（Quality）、成本（Cost）、交货期（Dlivery）、生产效率（Production Efficiency）、安全（Safety）、士气（Morale）。

（1）质量。质量是企业生存之本，其重要性不言而喻，质量往往是企业之间竞争的关键。

（2）成本。成本首先影响企业的盈利能力，其次影响企业能否在市场竞争中取得价格优势。

（3）交货期。商机是转瞬即逝的，只有满足客户的交货需求，才能提高客户满意度。

（4）生产效率。效率的提高意味着生产时间的缩短、产量的提高、生产成本的降低，以及企业竞争能力的提高。

（5）安全。安全是企业运行的基本要求。企业不仅要保证设备、物料、产品的安全，还要重视人员安全。

（6）士气，即员工积极性。士气是影响生产效率和产品质量的重要因素，只有员工保持高昂的斗志，才能促使企业达成经营目标。

与五要素管理法类似，QCDPSM 管理法也是现场管理的重要方法，且二者往往结合使用。企业推行精细化供应链管理时可化用这两种管理方法，借鉴其管理思维，对供应链各环节的 QCDPSM 都进行精细化设计，细化每个目标的管理标准，形成可执行的、规范的制度或手册，并引导员工学习、使用。

9．4　供应链精进化管理

9．4．1　供应链精进化管理模型

1．精进管理

如果将企业管理分为高、中、低三层，那么精进管理是针对高层而言的。精进管理需要做的就是将管理的科学性和艺术性发挥到极致，通过组织级别的调配和管理来制定发展方向、发展目标、发展战略。

2．供应链的精进管理

供应链的精进管理对应的是供应链各个环节的上层建筑，如采购战略、生产战略、销售战略等。很多企业的决策者没有精进管理的概念，将精力花在事务性工作和解决一般问题上，这是不合理的。精进管理关注的应当是组织层面的问题。对于供应链，管理者关注的应该是整条供应链的顺利运行、多条供应链的协同等问题。

3．精进管理模型

（1）模型介绍

精进管理模型以精进管理的两方面和六要素为基础，结合供应链管理的主要事项，以思维升级为推力，努力促进供应链管理升级，具体如图 9-4 所示。

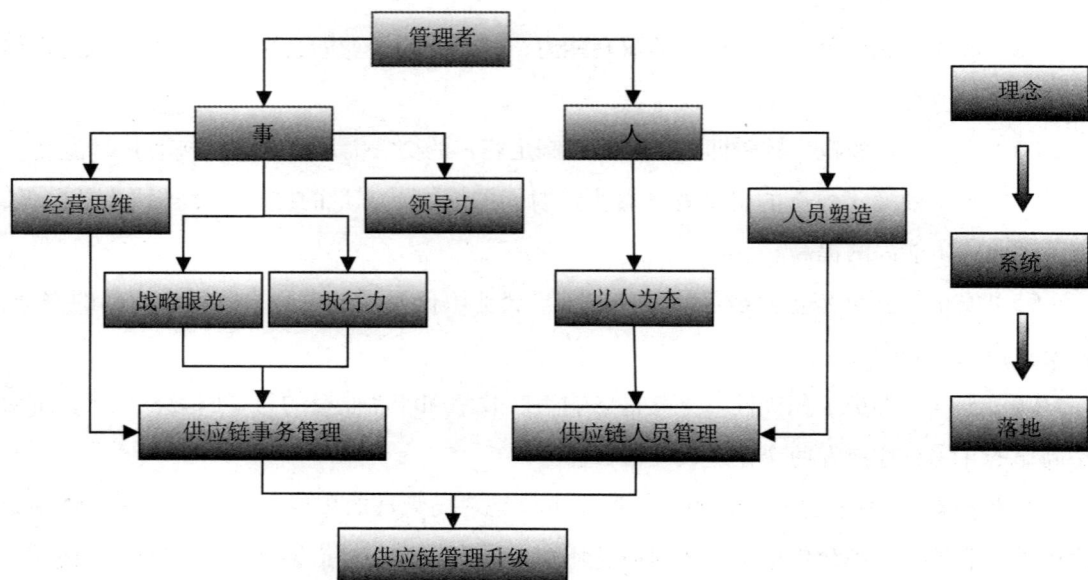

图 9-4　精进管理思维下的供应链管理

企业管理无非是对人和事的管理。事的管理要求管理者具有良好的经营思维、前瞻的战略眼光、优秀的领导力及强大的执行力；人的管理要求管理者一方面重视人力资源的重要性，塑造"以人为本"的企业文化，另一方面通过不同的方式和方法选择、培养、使用和留住能为企业发展做出贡献的人。

（2）模型使用

这套模型的重点在于转变管理者的思维，引导其进行思维升级，形成管理新思维。通过学习和活用此模型，管理者能够认识到如何进行组织级别的调整，以及调整和改进的方向。

在供应链管理中，相关管理者可以通过理念塑造将两个方面和六大要素的调整系统地分配到供应链管理实操的各个环节，最终落地为企业管理成果，即企业成功通过精进化管理对供应链管理完成了调整升级。

9.4.2　供应链精进管理方法

以下三种供应链精进管理方法能够帮助企业管理者进行更为精进的人与事的管理，从而使其具备对供应链的调控能力。企业管理者并不一定需要亲自执行这些方法，而要在理解这些方法的核心思想后，思考如何活用这些方法，将其融入供应链精进管理。

1．约束理论

（1）方法概述

约束理论（Theory of Constraints，TOC）的关键词是"Constraints"，即制约。该方法的核心思想类似木桶效应，即企业整个生产经营系统的绩效通常由少数因素决定，这些因素就是系统的制约因素。

TOC 认为企业生产经营的各环节是一个链条，各环节的优化累积不等于系统、整体的优化，企业应从企业链的最薄弱环节——约束或瓶颈着手优化。TOC 就是找出妨碍实现系统目标的约束条件，并对其进行消除的系统的改善方法。

（2）方法使用

TOC 的"链式思维"非常适合应用于供应链改进，因为这种方法可以被理解为一种逻辑思维方法，可用于企业生产运营管理、全面质量管理、分销与供应管理、财务管理、工程与项目管理、市场销售活动、人事管理、战略决策等相关领域。其具体使用步骤如下。

① 识别系统约束。约束既可能来自企业内部，也可能来自企业外部。企业应优先处理内部约束，内部约束可能来自物料、能力、市场、政策、固有制度、员工态度、习惯等，但在多数情况下，约束来自企业不恰当的规定、制度和策略。

② 对系统瓶颈进行开发。最大限度地开发瓶颈，提高瓶颈利用率，使约束资源的产能最大化；最大限度地利用时间、节约准备时间、设置缓冲时间，力争满负荷；在瓶颈设备前设置质量检验，减少无用功，统计瓶颈产出并进行改进。

③ 一切服从约束。实现系统其他部分与约束部分的同步，充分利用约束环节的生产能力；调整企业政策文化及考核指标，非约束资源的安排服从约束资源的需要；利用 TOC 理念调整企业经营的各环节。

④ 打破瓶颈。提高约束产能，一般将步骤①与步骤④等同，但在提高之前先开发是非常重要的；一般情况下，步骤②与步骤③可以满足需求，不要轻易增加投资；若经过步骤②与步骤③后产能仍不满足，可以考虑增加产能。

⑤ 重新识别系统约束。重返步骤①，重新识别系统约束，进行持续改善；识别一个约束后，企业要调整一系列政策；经过一轮循环，系统可能产生新的瓶颈，不要让人员惰性成为新的瓶颈。

2．麦肯锡 7S 分析法

（1）方法概述

麦肯锡 7S 分析法是化用麦肯锡 7S 模型得到的分析方法。该模型是麦肯锡公司研究中心设计的企业组织七要素，它指出了企业在发展过程中必须全面地考虑各个方面的情况，包括结构（Structure）、制度（System）、风格（Style）、员工（Staff）、技能（Skill）、战略（Strategy）、共同的价值观（Shared Vision）这七项内容，具体如图 9-5 所示。

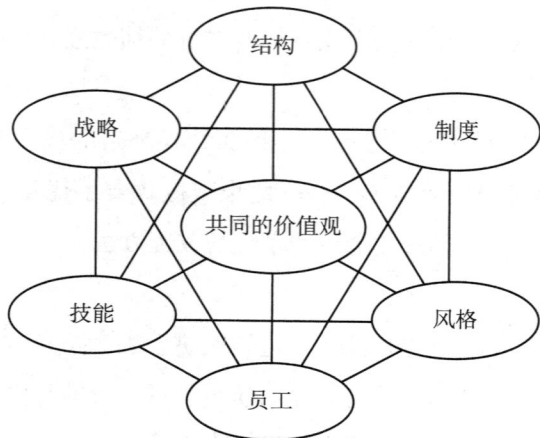

图 9-5　麦肯锡 7S 模型

在麦肯锡 7S 模型中，战略、结构和制度属于企业成功的硬件要素，风格、员工、技能和共同价值观属于企业成功经营的软件要素。只有硬件要素和软件要素协调统一，企业才能得到长期的发展，而如何进行协调是企业管理者应该思考的内容。

（2）方法使用

麦肯锡 7S 分析法是对七要素统筹考虑得到的分析方法。在供应链改进管理中，麦肯锡 7S 分析法适用于以下三种情况。

① 制定供应链管理战略。通过对七要素的分析，制定适应供应链精进与改善的战略。

② 评估战略的有效性和可行性。通过对七要素的分析，评估战略的有效性和可行性。

③ 分析战略方案成败原因。从七个方面进行分析，确定战略不能成功实施的具体原因。

3．标杆管理法

（1）方法概述

标杆管理法（Benchmarking）又称标杆法、标杆分析法、基准分析法、水平对比法等，该方法对企业管理者的战略眼光要求很高，因为该方法要求企业不断选择强有力的竞争对手，并以其产品性能、质量管理、售后服务等各个方面作为标杆，通过收集资料、分析比较、跟踪学习等一系列规范化程序，采取改进措施，提高竞争力，从而实现超越标杆企业的可形成良性循环的一种管理方法。

标杆管理法是一种面向实践、面向过程的管理方法。实施标杆管理法需具备以下三个要素。

① 标杆管理实施者，即发起和实施标杆管理的组织，一般是企业的高层领导或某个组织的负责人。

② 标杆对象（伙伴），即被定为标杆、被学习借鉴的组织，是任何乐于通过与标杆管理实施者进行信息和资料交换进而开展合作的内外部组织或单位。

③ 标杆管理项目（标杆管理内容），即存在的不足，企业或组织通过标杆管理向他人学习借鉴以谋求提高的项目或领域。

（2）方法使用

通过标杆管理法，企业可以从优秀的供应链管理对手中学习管理经验。实际使用该方法时，应按照以下七个步骤开展。

① 确定标杆管理目标。这里的目标是指标杆企业的供应链管理体系和办法。管理人员应确认标杆信息的使用者及其需求，从而明确界定实施标杆管理的主题。

② 组建标杆学习团队。组建、挑选、培训及管理标杆学习团队，同时引进专家管理工具，确保每位成员都清楚自己的责任，团队需制定各阶段目标。

③ 选定标杆对象及项目。选定标杆对象所在产业及该对象的最佳表现典范，还要敲定标杆学习的信息来源，如其员工、专家、政府报告、行业文献、产业报告等。

④ 搜集并分析信息。明确信息搜集方法，培训负责搜集信息的人员；在联络标杆对象后，依据既定的规范搜集信息，然后对信息进行分析。

⑤ 比较并找出差距。分析标杆学习过程中搜集到的信息，将本企业和标杆对象的供应链管理过程和活动指标进行比较，找出差距，并分析产生差距的原因。

⑥ 采取改善措施。标杆学习团队提出多套改进方案，并根据搜集到的信息制订详细的实施计划；实施标杆活动，最后制作标杆学习实施成果报告。

⑦ 持续改进。通过本次标杆学习活动将企业竞争力提升后，企业可全面整合各类活动，在保持原有成果的基础上调整标杆，制订持续改进计划。